虞山派
与
明末清初的学风

周小艳 著

社会科学文献出版社
SOCIAL SCIENCES ACADEMIC PRESS (CHINA)

目 录

001 / 绪　论

013 / 第一章　虞山派经学与明末清初的学风
015 / 　　第一节　钱谦益的反经正经
035 / 　　第二节　冯班的尊经复古
042 / 　　第三节　冯复京的经学注疏

059 / 第二章　虞山派史学与明末清初的学风
064 / 　　第一节　六经皆史
075 / 　　第二节　经经纬史
092 / 　　第三节　诗史互证

113 / 第三章　虞山派诗学与明末清初的学风
116 / 　　第一节　别裁伪体亲风雅
125 / 　　第二节　分辨诗体
142 / 　　第三节　以性情为精神，以学问为孚尹
151 / 　　第四节　转益多师是汝师

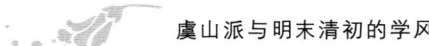

175/ 第四章 虞山派藏书与明末清初的学风
178/   第一节 以藏书为文化传承的纽带
204/   第二节 收藏与治学并举

242/ 结 语

244/ 参考文献

绪　论

　　明清两代的学风大相径庭，明代学风偏于蹈空，而清代学风偏于核实。两种学风路径的转变绝非一蹴而就，而是经历了漫长的历史过程。明末清初恰处于两种学风的转变当口，既因袭了宋明理学重义理的学风特点，又表现出对宋明空疏学风的批判。

　　于承继的层面上来说，明末清初之学风处于宋元理学与清代考据学的转折点上，其既不似宋明理学之纯讲义理，又不似清代考据学之为考据而考据，而是在继承义理的基础上融入考证的元素，使义理与考据相结合。钱穆《述清初诸儒之学》曰："言神州学风者，莫尚于清初。上承宋明理学之绪，下启乾嘉朴学之端。有理学家之躬行实践，而无其空疏；有朴学家之博闻广览，而无其琐碎。宋明诸儒专重为人之道，而乾嘉诸儒则只讲读书之法。道德、经济、学问兼而有之，唯清初诸儒而已。言其环境，正值国家颠覆，中原陆沉，创巨痛深，莫可告语。故一时魁杰，其心思气力，莫不一注于学问，以为守先待后之想；而其行己持躬，刻苦卓励，坚贞不拔之概，尤足为百世所仰慕焉。要而言之，则厉实行、济实用之二语，盖足以尽之也。"[①] 汉学重视章句和训诂，在经书的搜集、整理、考订方面做了很多工作，然也失之烦琐，或动辄万言，或终身沉浸于校订字句和考证名物之中，而无暇

---

① 钱穆：《述清初诸儒之学》，《史林》1987年第1期，第138~139页。

关注义理的阐发。徐干曰:"凡学者,大义为先,物名为后,大义举而物名从之。然鄙儒之博学也,务于物名,详于器械,务于诂训,摘其章句而不能统其大义之所极,以获先王之心。此无异乎女史诵诗,内竖传令也。故使学者劳思虑而不知道,费日月而无成功。故君子必择师焉。"① 故随着学术的发展,汉学也必当受到质疑,于是义理之学兴起。王应麟说:"自汉儒至于庆历间,谈经者守训诂而不凿。《七经小传》出而稍尚新奇矣,至三经义行,视汉儒之学若土梗。古之讲经者,执卷而口说,未尝有讲义也。元丰间,陆农师在经筵始进讲义。自时厥后,上而经筵,下而学校,皆为支流曼衍之词,说者徒以资口耳,听者不复相问难,道愈散而习愈薄矣!"② 宋儒虽反对汉学,然其仍难以舍弃汉学的治学方法,而纯讲义理,必当在词章训诂的基础上阐发义理。明末清初儒者反对理学提倡汉学,亦难以做到彻底摒弃宋学,而仅仅是以汉学修正宋学,使训诂考据与义理相结合。

于批判的层面上说,明末清初之学风乃"对于宋明理学一大反动"③。宋明理学在兴起之初,在思想解放和阐释经义等方面相比于汉学,无疑是进步的。于是于元明成为官学后,理学益显,汉学益微。然宋学在批判汉学的糅杂和真伪时,也犯了相同的错误,不仅掺杂了佛老思想和理论,甚至不惜改经、删经以合己说。即如林庆彰所质疑的:"宋儒对汉人大加批评,以为'千年无真儒',怀疑汉人认定的经书作者、章节顺序等,他们是否有较高一等的理论依据?或仅是主观的判断?宋儒将经书一再删改……更改过的经书本子,是否即是孔门原来的样子?改本所建构的理论是否即圣人的本意?引用佛、老的宇宙论和工夫论,虽有其必要,但是既是排佛,又引佛禅入儒,岂非自

---

① (汉)徐干撰,龚祖培校点《中论·治学》,辽宁教育出版社,2001,第7页。
② (宋)王应麟著,(清)阎若璩、何焯、全祖望注,栾保群、田松青校点《困学纪闻·经说》,上海古籍出版社,2015,第291页。
③ 梁启超撰,朱维铮导读《清代学术概论》,上海古籍出版社,2011,第7页。

绪　论

失立场？"①

　　明儒非但视理学自身疏误而不顾，亦以宋学为准八股取士，命题制义皆宗宋经义，明永乐间胡广等奉敕撰《四书大全》《五经大全》，明成祖御制序文，颁行天下，二百余年尊其为取士之用书，使科举考试完全抛弃了汉唐的注疏，而专以宋人、元人的传注为主。而其所谓大全者，并非真正的大全，《易经》只取《本义》，《诗经》只取《集传》，《尚书》只取蔡沈，《春秋》只取胡安国，《礼记》只取陈澔，其余则忽略不读。于是学者所服习者，唯"《本义》、《集传》，蔡沈、胡安国、陈澔之所谓五经而已。《易》、《诗》、《书》、《礼经》，学文者犹加诵习焉，《春秋》则概删圣人之经不读，读胡氏传。传亦不尽读，择其可为题目者，以其意铺叙为文，不敢稍逾分寸，以求合于有司。又最甚者，择取传中字句文义，以意牵合，妄托圣经，移彼就此，名为合题。……慢弃圣言，割裂传注，又如朱子所谓名为治经而实为经学之贼，号为作文而实为文字之妖者也"②。更有甚者，运用"八股之法，一在于摹圣人之言，不敢称引三代以下事，不敢出本题以下之文，一在于排比有定式。夫题之义理，有敷衍数十端，然后足以尽者；有举其一端，扼要而无遗者。今必勒为排比，则是多端者不可尽，而得其一说而毕者，必将强为一说以对之，其对之又必摹其出比之语，斤斤然栉句比字而不敢或乱"③。然而谨遵圣人之言进行阐发的曼衍之言，虽排比数十端，却毫发不逮圣人，从而导致贩夫竖子皆不知仁义道德之名，奇能异士以此为务而耗尽一生，登科甲第之士不知兵马财赋之数。

　　学者为举业之用，但取《四书》《五经》而读之，中举之后则束之高阁，而"钻研于蒙存浅达之讲章。又其后则以为泛滥，而说约出

---

① 林庆彰：《清初的群经辨伪学》，华东师范大学出版社，2011，第 25 页。
② （清）陈廷敬：《午亭文编·经学家法论》，《清代诗文集汇编》153 册，上海古籍出版社，2011，第 331 页。
③ （清）魏禧：《魏叔子文集·制科策上》，《清代诗文集汇编》92 册，上海古籍出版社，2011，第 107 页。

虞山派与明末清初的学风

焉。又以说约为冗,而圭撮于低头《四书》之上,童而习之,至于解褐出仕,未尝更见他书也"①。以致很多士子"一经之外,罕所通贯。近日稍知务博,以哗名苟进,而不究本原,徒事末节。五经诸子,则割取其碎语而诵之,谓之'蠡测';历代诸史,则抄节其碎事而缀之,谓之'策套'。其割取抄节之人,已不通经涉史,而章句血脉皆失其真。有以汉人为唐人,唐事为宋事者;有以一人析为二人,二人合为一事者"②。士子一旦青云得志,便可家至显达,光宗耀祖,因此不仅学子本人以此为务,其父母兄弟亦以此为责督促仕学之子。"每见子弟于四股八比之外,略有旁览,便恐妨正业,视为怪物。"③ 间 "有一二好学者,欲通旁经而涉古书,则父师相谯呵,以为必不得颛业于帖括,而将为坎坷不利之人"④。士人从童蒙时期即为举子业做准备,只读可取功名、享富贵的十八房稿,其余则一概不读。然而在专心攻读的十八房稿中,又有取舍,即仅筛选能命题之文,其余内容则删去不读。"昔年《五经》之中,惟《春秋》止记题目,然亦须兼读四传。又闻嘉靖以前,学臣命《礼记》题,有出《丧服》以试士子之能记否者。百年以来,《丧服》等篇皆删去不读,今则并《檀弓》不读矣。《书》则删去《五子之歌》《汤誓》《盘庚》《西伯戡黎》《微子》《金縢》《顾命》《康王之诰》《文侯之命》等篇不读,《诗》则删去淫风、变雅不读,《易》则删去《讼》《否》《剥》《遁》《明夷》《暌》《蹇》《困》《旅》等卦不读,止记其可以出题之篇,及此数十题之文而已。"⑤ 以至于天下学子不但平日未曾睹见古经传,"即国朝经书中传

---

① (清) 黄宗羲:《破邪论·科举》,《黄宗羲全集》,浙江古籍出版社,2012,第204页。
② (明) 杨慎:《升庵外集》卷十"举业之陋",学生书局,1976,第2页。
③ (明) 祁承爜:《澹生堂藏书约》,广陵书社,2010,第15页。
④ (清) 顾炎武:《日知录》卷十六"十八房",《顾炎武全集》(第18卷),上海古籍出版社,2012,第644页。
⑤ (清) 顾炎武:《日知录》卷十六"拟题",《顾炎武全集》(第18卷),上海古籍出版社,2012,第648~649页。

绪　论

注义训一切抹去，止留总语读之，以求经书速完"①。更有甚者即连总语一并弃而不读，找人代笔策文，背之而应试。顾炎武曰："今日科场之病，莫甚乎拟题。且以经文言之，初场试所习本经义四道，而本经之中，场屋所出之题，不过数十。富家巨族延请名士馆于家塾，将此数十题，各撰一篇，计篇酬价，令其子弟及僮奴之俊慧者，记诵熟习。入场命题，十符八九，即以所记之文，抄誊上卷，较之风檐结构，难易迥殊。《四书》亦然。发榜之后，此曹便为贵人，年少貌美者，多得馆选，天下之士，靡然从风，而本经亦可以不读矣。"②科场舞弊之风猖獗的根本原因，既因科举考试有影响一人甚至一家荣耀的重要作用，又与科考制度有关。当时科举考试实行三场制，即乡、会试分为三场，时间虽有先后，但无轻重之别，因此士子只攻一场即可，不必三场皆过。况"昔之所谓三场，非下帷十年，读书千卷，不能有此三场也。今则务于捷得，不过于《四书》一经之中拟题一二百道，窃取他人之文记之，入场之日，抄誊一过，便可侥幸中式，而本经之全文有不读者矣。率天下而为欲速成之童子，学问由此而衰，心术由此而坏"③。三场考试的主要范畴为《四书》，但以《四书》取试亦有四百多年的历史，其中可出之题和常出之题早已为士子所预知，只需提前准备好，待入场之后抄录即可。富贵之家延请馆士代为拟作，贫贱之人亦可窃取篡夺他人旧文，由是科举考试已全然失去了选拔人才的作用，筛选留用的大多为投机取巧、抄袭舞弊之人，从而导致学问愈加衰败，人心愈加腐坏。

归有光亦曰："近来一种俗学，习为记诵套子，往往能取高第。浅中之徒，转相放效，更以通经学古为拙。……夫终日呻吟，不知圣

---

① （明）詹景凤：《詹氏性理小辨》卷三〇，明刻本。
② （清）顾炎武：《日知录》卷十六"拟题"，《顾炎武全集》（第18卷），上海古籍出版社，2012，第649页。
③ （清）顾炎武：《日知录》卷十六"三场"，《顾炎武全集》（第18卷），上海古籍出版社，2012，第648页。

人之书为何物，明言而公叛之，徒以为攫取荣利之资。要之，穷达有命，又不可必得；其得之者，亦不过酣豢富贵，荡无廉耻之限，虽极显荣，只为父母乡里之羞。"① 科场中选之文，则讽诵摹仿，移前掇后，多有雷同；科场中举之人，则为浅率模拟之徒，非惟六经不通，即圣人之言、圣人之书、圣人之德亦恍然不知。故皮锡瑞说："元以宋儒之书取士，《礼记》犹存郑注；明并此而去之，使学者全不睹古义，而代以陈澔之空疏固陋，《经义考》所目为兔园册子者。故经学至明为极衰时代。"② 因《四书大全》《五经大全》摒弃经学旧说，乃为摘择宋元经说、注释杂凑而成，"既非经传，复非子史，展转相承，皆杜撰无根之语"③，最便于空疏不学之人。故在科举制义的荼毒下，学子非但汉学不知，宋学也是略知章句而非通经，且肆意抄袭，舞弊成风，学风愈加浮滥。

为摆脱宋学和八股取士的桎梏，王守仁倡导革新，在解放思想、求自由、破除禁欲主义等方面给明代学术打了一针强心剂，然而他也为虚无主义和空疏、空谈之风打开了大门，导致义理空谈取代了传统儒学的经世致用，致使学风愈加空疏。"时心学盛行，谓学惟无觉，一觉即无余蕴，九容、九思、四教、六艺皆桎梏也。"④ "（王）艮读书，止《孝经》、《论语》、《大学》，信口谈说，中理解。"⑤ 贺钦 "学不务博涉，专读《四书》《六经》《小学》，期于反身实践。谓为学不必求之高远，在主敬以收放心而已"⑥。于时不仅阳明后学止读《四书》《五经》，不以博涉为务，心学末流及末流的追随者亦更加空疏，

---

① （明）归有光：《震川先生集》卷七"山舍示学者"，上海古籍出版社，1981，第151~152页。
② （清）皮锡瑞：《经学历史》，中华书局，2011，第210页。
③ （清）顾炎武：《日知录》卷十六"经义论策"，《顾炎武全集》（第18卷），上海古籍出版社，2012，第645页。
④ （清）张廷玉：《明史·邓元锡传》，岳麓书社，1996，第4134页。
⑤ （清）张廷玉：《明史·王畿传》，岳麓书社，1996，第4123页。
⑥ （清）张廷玉：《明史·贺钦传》，岳麓书社，1996，第4117页。

绪　论

秉承"心外无物""心外无理",甚至连《四书》《五经》都弃而不读,惟靠心念,追逐"万物皆在心"的空想、空谈。明弘治、正德年间,李梦阳、何景明等七子崛起,倡言妄古,"操觚云涌,而咸以读书为戒,至有晋魏以还,茫然心目者。……故不肖妄谓,国朝文章之盛,几轶古先,而学问之衰,无逾晚季。至于嘉隆,玄谈日沸,即豪特之士崛起其间,而属辞者虞讥于堆垛,多识者取诮于支离,不有执事出而挽之,将恐两家者言,浸淫无极"①。吴晗曾论述王阳明心学与明七子复古运动结合后的学风:"谈性理者以'实践'为标榜掩其不读书之陋,谈文学者以'复古'为号召倡不读汉后书之说,两家互相应合,形成一种浅薄浮泛的学风。即有一二杰出之士,亦复泛涉浅尝,依傍门户,不能自立一说,进一解。蝇袭蛙传,风靡一世。"② 学风至此,已然开始受到各方的攻击,即其内部纷争和反动也开始躁动。李恕谷曰:"高者谈性天,撰语录;卑者疲精死神于八股。不唯圣道之礼乐兵农不务,即当世之刑名钱谷,亦懵然罔识,而搦管呻吟,遂曰有学。"③ 顾炎武曰:"昔之清谈老、庄,今之清谈孔、孟。未得其精,而已遗其粗;未究其本,而先辞其末。不习六艺之文,不考百王之典,不综当代之务,举夫子论学论政之大端,一切不问,而曰一贯,曰无言,以明心见性之空言,代修己治人之实学。"④ 于是明季学坛在科举制、阳明心学、复古论和竟陵派的合力作用之下,愈加脱离读书、格物、务实的实学,沉浸于不切实际的虚无、妄想、空谈的浮泛荒疏之中。

但宋明理学急速衰落的程度和明代社会无孔不入的空疏学风,已非明代学者自身之力所能挽救,则必经外力的"反动"以彻底地摧毁

---

① (明)胡应麟:《少室山房集·与少司马王公》,上海古籍出版社,1993,第813页。
② 吴晗:《胡应麟年谱》,《清华大学学报》(自然科学版)1934年第1期,第203页。
③ (清)李塨:《恕谷后集》卷九"书明刘户部墓表后",河北教育出版社,2009,第800页。
④ (清)顾炎武:《日知录》卷七"夫子之言性与天道",上海古籍出版社,2013,第307~308页。

它，方能涅槃。恰如其时，清兵入关为明代社会投了一颗深水炸弹，彻底唤醒了国民。他们开始反思明亡之痛，将之归罪于心学的空谈，于是不惜余力地对王学实行破坏与瓦解，并开始探索实行、实习、实言的经世致用之学。① 颜元明确提出"救弊之道在实学不在空言"，②假使实学不明，哪怕言语再精致美妙，书籍积累得再多，也空留虚幻，于世无益。因而他强调："明道不在《诗》《书》章句，学不在颖悟诵读，而期如孔门博文、约礼，身实学之，身实习之，终身不懈者。"③李颙也大力倡导"道不虚谈""学贵实效"，只有"明体适用而经纶万物，则与天地生育之德合矣"④，才能称之为儒。

然而以前明遗老为主力军团的讨伐军，已然在明清易代的时局中失去了政治依靠力和影响力，其中一部分人虽然成了"贰臣"，却也并未进入政治核心而是游离于政权之外。他们手无政治之利器，只能发起学风与学问之战。但"他们不是为学问而做学问，是为政治而做学问。他们许多人都是把半生涯送在悲惨困苦的政治活动中，所做学问，原想用来做新政治建设的准备，到政治完全绝望，不得已才做学者生活。他们里头，因政治活动而死去的人很多，剩下生存的也断断不肯和满洲人合作，宁可把梦想的'经世致用之学'依旧托诸空言，但求改变学风以收将来的效果"⑤。这场寄寓了黍离之悲的学风整治运动，将明末清初绝大多数学子集结起来，不约而同地朝着"经世致用"的目标而努力，呈现出批判空疏无学，倡导经世之学和提倡通经学史、重视博物考证的共同趋向，然不同学派又各有侧重，略有不同。以顾炎武为代表的浙西学派，重视博证与实地考察，倡导考文知音，通经致用；以黄宗羲为代表的浙东学派则偏重于史学和学术思想史研

---

① 参见黄爱平《朴学与清代社会》，河北人民出版社，2003，第26页。
② （清）颜元：《存学编》卷三"性理评"，《颜元集》，中华书局，2012，第75页。
③ （清）颜元：《存学编》卷一"上太仓陆桴亭先生书"，《颜元集》，中华书局，2012，第47页。
④ （清）李颙：《二曲集》卷十四"盩厔答问"，中华书局，1996，第120页。
⑤ 梁启超：《中国近三百年学术史》，商务印书馆，2013，第16页。

究，治史以经史；以颜元、李塨为代表的颜李学派提倡"实文、实行、实体、实用"，更加重视践履务实，批判宋明理学的锋芒更为鲜明；① 以钱谦益为代表的虞山学派则更注重注疏与博物。

　　虞山派的钱谦益，作为扭转明末清初学风之领军人物，以其在文坛的巨大影响力，推进了学风的转变，然他命运多舛，宦海沉浮，几经荣辱。归庄《祭钱牧斋先生文》曰："百余年来，文章之道，径路歧而芜秽丛。自先生起而顿辟康庄，一扫蒙茸。知与不知，皆曰先生今日之欧苏两文忠。先生之文，光华如日月，汗浩如江海，巍峨如华嵩。至其称物而施，各副其意，变化出没，不可端倪，又如生物之化工。残膏剩馥，霑溉后学，使空空者果腹，伥伥者发蒙。……先生通籍五十余年，而立朝无几时，信蛾眉之见嫉，亦时会之不逢。抱济世之略，而纤毫不得展；怀无涯之志，而不能一日快其心胸。"② 钱谦益"才大学博，主持东南坛坫，为明清两代诗派一大关键"③，却因种种原因难以大展宏图，遭际坎坷，充分体现了理想和现实的矛盾。他有很高的政治期许，应为官场舵手，却一直游离于政权之外，难展宏图；他本与马士英政见不合，却依附马士英、阮大铖，为二人歌功颂德；他开城降清，冀希获得重用，却再次被闲置，乃悔变节之行，参与反清复明；他以东林党人自居，却遭东林抵制，叱为贰臣；他是学术巨擘，著作却遭清政府毁板销滞，禁而少嗣；他崇尚儒家思想及经史百家，望以经史救国，却寄之无望，只得倾心诗文乃至奉佛信道；他以藏书之珍，富甲东南，却遭绛云之火毁之大半；他倾尽心力撰修明史，书稿未竣即为余丁去取无留；他于耄耋之年交心于柳如是，对其爱护有加，却难保其母女周全；他以平生之力护乡族周全，身方入冢即为乡族欺夺资产……从钱谦益的一生遭际来看，他一直心系国家，期望

---

① 参见王俊义、黄爱平《清代学术与文化》，辽宁教育出版社，1993，第12页。
② （清）归庄：《归庄集》卷八"祭钱牧斋先生文"，上海古籍出版社，2010，第470~471页。
③ 徐世昌：《晚晴簃诗汇》卷一九，天津退耕堂刊本。

 虞山派与明末清初的学风

匡正除恶，在政治上有所作为，只是他的心性、才识和能力与他的政治野心殊不相称，而且在面对人生重大选择时，又软弱怯懦、贪生怕死，为人所不齿。但不可否认的是，虽然士人对他巴结南明和开城降清之举颇有微词，却很少有人质疑他的学术能力和学术影响，因此他掌舵四海文坛五十年。

钱谦益的学术思想一如他的政治选择，屡受不同学派、学风的二律碰撞，亦呈现矛盾和困惑：他汲取了东林党人顾宪成宗程、朱，诋陆、王的理学思想，后又向管志道行弟子礼，接受明心见性的心学熏染，持"绳狂""贬伪"之说；他受教家学及顾宪成的影响，欲以《春秋》致知格物、经时治世，同时又深受他的母亲及管志道儒佛并行互助思想的影响，笃力于个体修为；其既服膺于东林党宁折不弯的经世人格，又倾慕李贽等率真狂放的个体人格；其诗早学复古派，澜翻背诵《空同》《弇山》二集，后又服膺于性灵说，与三袁和汤显祖等交往甚密；其古文先学秦汉，后受归有光影响转学唐宋八大家，尤以苏轼为重……

所以在钱谦益学术脉络中，总能感受不同思潮在他脑海中的碰撞激荡。他一直欲调和各种矛盾，并在调和矛盾的过程中，对明代各种学说、学派有了更为清醒的认识，于是才能取精华去糟粕。故而他对明代各种学说、学派既有继承又有批判。他既是王阳心学、程朱理学、七子复古说、钟谭性情说的批判者，又是他们的传钵者。他将理学之经世致用与心学之致良知融合，既强调治经经国，亦看重个人修为，而抛弃空谈与死板；他将复古与性情相融合，以真情为首，以格调为辅，既尊奉秦汉盛唐，又兼学魏晋两宋，而扬弃剽袭和浮滥；他将儒家入世思想与佛释的出世修为相融合，既欲执挽朝堂，又能清净修为，而抛弃执念和虚妄；他也在明末清初的风云际会中沉浮漂转，以继承为内核，以批判为利器，尊经重史，倡导实学扬弃空浮，扛起扭转学风的大旗。

绪　论

　　虞山派在钱谦益的带领下，或"反经"以求真，扫除空谈之依据；或以藏书为手段，破除空疏之习气；或以训诂为工具，清除荒谬之根底；或以辨伪为方法，澄清对经典之误读；或以史学为根据，而推之当世之务，为明末清初学风的转变做出了巨大的贡献。

第一章
虞山派经学与明末清初的学风

第一节 钱谦益的反经正经

虞山派领袖钱谦益作为明末清初文坛执牛耳者，在经学、史学、诗学、佛学等方面皆卓有建树，其"通经汲古"、经史一体、博综、致用等学术主张反映出明末清初以"批判"和"承续"为特征的学风趋向，蹈空而务实。

一 经学正变

经学传统肇自两汉，称为汉学，又称古学，以章句和训诂为主要手段，以复原经学的面目，并与政治相附庸，成为治国方略。然其失之驳杂，真伪斑驳悉归圣人，又各为立说，授受源流；并五经博士砣砣终身校订字句，考证名物，而无暇于义理的阐发。徐干曾言："凡学者大义为先，物名为后，大义举而物名从之。然鄙儒之博学也，务于物名，详于器械，矜于诂训，摘其章句，而不能统其大义之所极，以获先王之心。"[①] 魏、晋继承汉学而荟萃于唐，彼时关于汉学之弊，时有显露修正。流至宋代，集汉、晋、唐之大成，创为宋学，又称理学，乃在批判继承汉学的基础上生长和衍发，摒弃章句和训诂之学，专讲义理，追求"内圣"的经世路线以及"尚礼义不尚权诈"的致思趋向，其缺也妄，疑经、辨经、删经、改经，致六经面目全非，且继承唐以来经、道分途之说，以汉学传经而非传道，传道而非解经。元明承袭宋学，将其定为官学，并以其作为选拔人才的标准，然其流弊也日益凸显，经学日益荒疏而义理空谈之风日益兴盛。钱谦益清晰地

---

① （汉）徐干撰，龚祖培校点《中论·治学》，辽宁教育出版社，2001，第7页。

 虞山派与明末清初的学风

认识到经学之发展流变和各家利弊,并从正变论的角度论述经学之发展,曰:

> 十三经之有传注、笺解、义疏也,肇于汉、晋,粹于唐,而是正于宋。欧阳子以谓诸儒章句之学,转相讲述,而圣道粗明者也。熙宁中,王介甫(安石)凭借一家之学,创为新义,而经学一变。淳熙中,朱元晦(熹)折衷诸儒之学,集为传注,而经学再变。介甫之学,未百年而熸,而朱氏遂孤行于世。我太祖高皇帝设科取士,专用程、朱,成祖文皇帝诏诸儒作《五经大全》,于是程、朱之学益大明。然而再变之后,汉、唐章句之学,或几乎灭熄矣。①

经学肇自汉晋,粹于唐,正于宋而又变于宋。宋凡两变。一变于王安石,编撰《三经新义》创"荆公新学",鄙薄汉唐儒学之烦冗琐细的注疏方式,而以简洁的笔法训释经义,开创"性理之学",促进了宋代疑经变古学风的形成。然王安石新学乃为其变法的依据,至其变法失败,新学亦随之消亡。二变于朱熹,朱熹在总结汉学及新学的基础上,折中诸儒之学,以二程的理论为基础,荟萃周敦颐、邵雍、张载的学说以及佛教、道教的思想,集大成乃撰《集注》,开创"义理之学",朱学遂为显学。元代恢复科举考试,诏以朱氏学说为取士标准。明代设科取士亦以朱氏传注为主,并召诸儒集萃《五经大全》,于是朱学益明,汉学益晦。朱学之变,矫正了汉儒的烦琐庞杂,挖掘义理内涵,更利经世致用,然朱学之本身亦带有弊端,即朱学怀疑、鄙薄汉儒失圣人经旨,岂朱学即能继承先王圣训?朱学质疑汉儒之经非圣人训治,岂宋学之经即为圣人之制?朱学肆意删改汉学之经以其非经学之本真,岂宋学之删改即为经学之本原?钱谦益进而总结宋代以来经学之谬,有三:

---

① (清)钱谦益著,(清)钱曾笺注,钱仲联标校《牧斋初学集》卷二十八"新刻十三经注疏序",上海古籍出版社,2009,第850页。

016

第一章 虞山派经学与明末清初的学风

  一曰解经之谬,以臆见考《诗》、《书》,以杜撰窜三《传》,凿空瞽说,则会稽季氏本为之魁;二曰乱经之谬,石经诧之贾逵,《诗传》拟诸子贡,矫诬乱真,则四明丰氏坊为之魁;三曰侮经之谬,诃《虞书》为俳偶,摘《雅》、《颂》为重复,非圣无法,则余姚孙氏矿为之魁。①

这三种谬端皆源自宋学末流之脱离章句训诂,而师心自妄,随意疑经、删经、改经之妄举。在钱谦益看来,六经乃圣人之作,只可尊之、重之,切不可随意非议、嗤点,宋学之举已开非经、疑经之端倪,实与圣人相悖。且宋代性理之学本身既包含程、朱所谓"性即理",亦包含陆、王提出的"心即理",于个体修为和个性解放大有裨益,然流至末端乃过于追求个人心性的"致良知"而脱离了"内圣"的经世路线。故而钱谦益认为经学之荒疏与宋学之经道分离有很大关系,曰:

  汉儒谓之讲经,而今世谓之讲道。圣人之经,即圣人之道也。离经而讲道,贤者高自标目,务胜于前人;而不肖者汪洋自恣,莫可穷诘。则亦宋之诸儒扫除章句者,导其先路也。②

于汉儒而言,经与道是一体的,讲经即讲道,圣人之经即圣人之道,故汉儒讲道必本于经。然至宋儒扫汉儒章句之学,脱离经的本体而沦为形而上的阐释,人各一词,莫衷一是,于是自认贤良之人高自标目,而不肖者更加汪洋恣肆,务以己学高于汉学而疑之、毁之,从而导致学风浮泛,满嘴妄言。而此途开端于宋儒,转关于《宋史》,因:

  修《宋史》者知其然,于是分《儒林》、《道学》,厘为两传,儒林则所谓章句之儒也;道学则所谓得不传之学者也。儒林

---

① (清)钱谦益著,(清)钱曾笺注,钱仲联标校《牧斋有学集》卷十七"赖古堂文选序",上海古籍出版社,2010,第768页。
② (清)钱谦益著,(清)钱曾笺注,钱仲联标校《牧斋初学集》卷二十八"新刻十三经注疏序",上海古籍出版社,2009,第851页。

虞山派与明末清初的学风

与道学分，而古人传注、笺解、义疏之学转相讲述者，无复遗种。此亦古今经术升降绝续之大端也。①

宋儒于经、道传疏上庭分二野，导开经、道分离之途。元代修辑《宋史》，经、道分立两传，把邢昺、孙奭等重视训诂、注疏的学者归入儒林，把周敦颐、张载等格物穷理、穷理尽性的理学家归入道学，彻底实现了宋儒经、道分离的理想，于此理学愈加兴盛，儒学愈加衰退。至此，经学之发展实分两端：一为汉唐章句训诂之学，一为宋代义理之学。宋学之初兴，乃欲矫汉学过于注重训诂而无暇顾及义理的弊病，并非完全排斥章句训诂，只是随着义理之学的发展流变，才逐渐执义理阐发之一端，而忽于章句训诂。故义理兴而章句晦，宋学兴而汉学晦。而经学和道学的分家，又会加速修道学者对于经学的荒废，疏于章句训诂，故少学寡闻。

> 汉儒之言学也，十年而学幼仪，十三而学乐，诵诗舞勺，成童而舞象，二十而学礼，惇行孝弟，三十而博学无方，孙友视志，春诵夏弦，秋学礼，冬读书，其为学之科条，如是而已。其言性言天命也，木神则仁，金神则义，火神则礼，水神则知，土神则信，存恻隐羞恶恭敬是非之心，以长育仁义礼智之性，所谓知性知天者，如是而已。宋之学者，自谓得不传之学于遗经，扫除章句，而胥归之于身心性命。近代儒者，遂以讲道为能事，其言学愈精，其言知性知天愈眇，而穷究其指归，则或未必如章句之学，有表可循，而有坊可止也。②

汉儒之经是建立在苦学的基础上的，自十岁开始春诵、夏弦、秋学礼、冬读书，仁、义、礼、智、信悉而疏通，方能治经讲经；而宋儒自以

---

① （清）钱谦益著，（清）钱曾笺注，钱仲联标校《牧斋初学集》卷二十八"新刻十三经注疏序"，上海古籍出版社，2009，第851页。
② （清）钱谦益著，（清）钱曾笺注，钱仲联标校《牧斋初学集》卷二十八"新刻十三经注疏序"，上海古籍出版社，2009，第850~851页。

第一章　虞山派经学与明末清初的学风

为得圣人不传之秘，幼而失学，空口白牙，信口雌黄，故其言愈多其学愈疏，知识愈渺。汉儒讲经与宋儒传道差别无他，实因博学与寡学之分。

> 自儒林道学之歧分，而经义帖括之业盛，经术之佹，漫非古昔。然而胜国国初之儒者，其旧学犹在，而先民之流风余韵犹未泯也。正、嘉以还，以剽袭传讹相师，而士以通经为运。万历之季，以缪妄无稽相夸，而士以读书为讳。驯至于今，谷学晦蒙，缪种胶结，胥天下为夷言鬼语，而不知其所从来。国佻巫，士志淫，民风厉。生心而发政，作政而害事，皆此焉出。①

钱谦益很敏锐地指出明末学风、士风衰颓肇始于宋学。宋学纯讲义理，使儒林与道学分途，从而致章句之学、训诂之学与义理之学分走两路，宋儒与国初之儒未泯先民之流风余韵，尚以章句和训诂为方法阐发义理，即其并未脱离文本空讲义理。自正、嘉以还，士风日下，不以读书为荣反以读书为耻，剽袭成风以讹传讹，道与经相离甚远。今人非但不学蔑古，还高蹈标目，自以为博学通知，著书立说以期不朽。钱谦益曰：

> 余观今世士大夫，著述繁多，流传错互。至于裁割经史，订驳古今，一人之笔可以穷溪藤，一家之书可以充屋栋。嗟乎！古之人穷经者未必治史，读史者未必解经，留心于经史者，又未必攻于诗文。而今何兼工并诣者之多也？郑康成、朱仲晦之徒，盖已接踵比肩于斯世，而古之专门名家者，皆将退舍而避席，不亦颠与！……荀卿曰：学数则始乎诵经，终乎读礼。学数有终，若其义则不可须臾舍也。古今之经学，未尝不明也。古人之书，其

---

① （清）钱谦益著，（清）钱曾笺注，钱仲联标校《牧斋初学集》卷二十八"苏州府重修学志序"，上海古籍出版社，2009，第853页。

019

 虞山派与明末清初的学风

精者吾之所当求,而其驳者吾之所当缺也。童而习之,穷老尽气,而不能窥其涯略,顾欲壮然肆然置身坛宇之上,列古人于其下,而订其是非,辨其当否。子言之:夫我则不暇。今之人可谓暇矣。①

古之学者幼小从学,博学无方,尚谦虚自勉,专研一经而不能窥其崖略,窃不敢自谓通儒博儒。而且古人自知学海之无涯,自身之有限,故往往独精一学,不敢经学、史学、诗学均称专家,所谓治经者未必涉史,治史者未必研经,经史兼专者却未必敢涉猎诗学是也。然今之学者幼小失学,却著述颇繁,各类学科无不涉猎,骄尚自夸,蔑视古人,擅自标目经学、史学、诗学样样精通,却徒事抄袭剽窃。长此以往,经学益熄,道学益敝,并而流为俗学危害学风、世风。

经学之熄也,降而为经义;道学之偷也,流而为俗学。胥天下不知穷经学古,而冥行擿埴,以狂瞽相师。驯至于今,轻材小儒,敢于嗤点六经,訾毁三传,非圣无法,先王所必诛不以听者,而流俗以为固然。生心而害政,作政而害事,学术蛊坏,世道偏颇,而夷狄寇盗之祸,亦相挺而起。②

今人高蹈凌空,目空一切,不再潜心于经书章句的解读和名物的训诂,不通晓经学之微言大义,更有庸妄之徒无知无畏,空自标目,随意嗤点古人,訾毁经传,割剥字句剽截章句,导致六经蒙晦,面目全非。这不仅使经学流于经义,亦使道学流为俗学,更为严重的是导致世人怀疑经典,蔑视学问,破坏学术道德的规范和对圣人训制的敬畏之心,滋生空浮无妄的学术风气,而学风影响世风,世风影响世运。世道偏

---

① (清)钱谦益著,(清)钱曾笺注,钱仲联标校《牧斋初学集》卷二十九"于氏日抄序",上海古籍出版社,2009,第884页。
② (清)钱谦益著,(清)钱曾笺注,钱仲联标校《牧斋初学集》卷二十八"新刻十三经注疏序",上海古籍出版社,2009,第851页。

第一章 虞山派经学与明末清初的学风

颇,夷狄盗寇趁机兴风作浪,危机四伏。

钱谦益一再言说理学至明代流为俗学,那么何为俗学?其曰:

> 夫今世学者,师法之不古,盖已久矣。经义之敝,流而为帖括;道学之弊,流而为语录。是二者,源流不同,皆所谓俗学也。俗学之弊,能使人穷经而不知经,学古而不知古,穷老尽气。盘旋于章句占毕之中,此南宋以来之通弊也。①

帖括之学与语录之学,皆为俗学。经学之熄,降而为经义,经义再降流而为帖括,使人沉于举业,痼于功名利禄,学古而不知古;道学之弊流为语录,使人空谈心性,空疏固陋而不自知,穷经而不知经。二者虽源流不同,危害则一,即终其一生或盘旋于章句之中或盘旋于义理之中,穷老尽气蒙蔽于俗学耻晦于经学而不自知,还茫然以为通知、通达。

> 俗学之敝,莫甚于今日。须溪(刘辰翁)之点定,卓吾(李贽)之删割,使人偏耳剽目,不见古书之大全,三十年于此矣。于今闻人霸儒,敢于执丹铅之笔,诋诃圣贤,击排经传,俨然以通经学古自命。学者如中风狂走,靡然而从之。②

流于明末"俗学之敝"日益严重,经宋、元、明诸儒所点定删节之书充斥世间,使世人徒为帖括和语录之学蒙蔽双耳双眼,而不见六经之大全,又无知无畏,狂妄无知,靡然自许为通儒通学。面对空疏无学而又目空一切的俗儒、俗学,钱谦益不禁发出感慨:

> 嗟乎!胥天下而不通经不学古,病虽剧,犹可以药石攻也。

---

① (清)钱谦益著,(清)钱曾笺注,钱仲联标校《牧斋初学集》卷三十五"赠别方子玄进士序",上海古籍出版社,2009,第992~993页。
② (清)钱谦益著,(清)钱曾笺注,钱仲联标校《牧斋初学集》卷四十三"颐志堂记",上海古籍出版社,2009,第1116页。

虞山派与明末清初的学风

胥天下而自命通经学古,如今人之为,其病为狂易丧心,和、扁望而却走矣。①

不通经不学古尚可以经世之学救之挽之,而自命为通经学古,奈之如何?

> 余惟世之论诗者,知有诗人之诗,而不知有儒者之诗。《诗三百篇》,巡守之所陈,太师之所系,采诸田畯红女涂歌巷谣者,列国之《风》而已。曰《雅》,曰《颂》,言王政而美盛德者,莫不肇自典谟,本于经术。言四始则《大明》为水始,《四牡》为木始,《嘉鱼》为火始,《鸿雁》为金始。言五际则卯为《天保》,酉为《祈父》,午为《采芑》,亥为《大明》。渊乎微乎!非通天地人之大儒,孰能究之哉?荀卿之诗曰:"天下不治,请陈佹诗。"炎汉以降,韦孟之《讽谏》,束广微之《补亡》,皆所谓儒者之诗也。唐之诗人,皆精于经学。韩之《元和圣德》,柳之《平淮夷雅》,《雅》之正也。玉川子之《月蚀》,《雅》之变也。②

诗有诗人之诗,有儒者之诗。《诗经》既为圣人经传,又为儒者之诗,肇自典谟,本于经术。故而古来精于诗学者,必先精于经学,因经学乃各学之源,史本于经,诗亦本于经,诗学、史学盖莫不统摄于经之下,而再生滋发。经学乃学术之本源,经学晦,诗学晦,史学晦,学术晦,学风亦因此晦,故挽救学风,扭转士风,刻不容缓,否则经学敝,世运衰,国运亦会随之衰颓。其曰:

> 先王之世,有典有则,诒厥子孙,崇教立术,顺《诗》、

---

① (清)钱谦益著,(清)钱曾笺注,钱仲联标校《牧斋初学集》卷四十三"颐志堂记",上海古籍出版社,2009,第1116页。
② (清)钱谦益著,(清)钱曾笺注,钱仲联标校《牧斋有学集》卷十九"顾麟士诗集序",上海古籍出版社,2010,第823页。

《书》、《礼》、《乐》以造士,变《礼》易《乐》,革制度衣服者有罚,析言破律,乱名改作,执左道以乱政者必诛,而不以听。士之选于司徒而升于学者,于辩言乱政之戒,恒凛凛焉。是故经学与国政,咸出于一,而天下大治。及其衰也,人异学,国异政。公卿大夫,竞出其聪明才智以变乱旧章。晋之刑鼎,鲁之丘甲田赋,郑之竹刑,纷更多制,并受其敝。又其甚也,获雁之鄙人,假田弋之说以干政事;而振铎之后,不祀忽诸。由此言之,经学之不明,国论之不一,其关于存亡治乱之故,犹病之著于肌表,诊视者可举目而得之,不待医和及缓而后知其不可为也。①

经学下关己身,上关国运,乃为经世致用之良器。个人心性修为须以经学为指归,通晓仁、义、礼、智、信等世俗人伦;通政治世亦须以经学为指归,方能政治通达国运昌盛。经学不明,学术因之而不明,国政亦会不明,此乃关系国政兴亡之业。唯经学与国政一,天下方能大治,及经学与国政为二,则经学衰,国异政。

二 匡救俗学

故于今时务,急中之急者乃摒弃俗学,恢复经学,以匡国政、救万民。何以救?如何救?钱谦益曰:"今诚欲回挽风气,甄别流品,孤撑独树,定千秋不朽之业,则惟有反经而已矣。"② 何谓反经?自反而已矣。

> 孟子曰:我亦欲正人心。君子反经而已矣。诚欲正人心,必自反经始;诚欲反经,必自正经学始。圣天子广厦细旃,穆然深

---

① (清)钱谦益著,(清)钱曾笺注,钱仲联标校《牧斋初学集》卷二十九"春秋匡解序",上海古籍出版社,2009,第877页。
② (清)钱谦益著,(清)钱曾笺注,钱仲联标校《牧斋有学集》卷三十八"答徐巨源书",上海古籍出版社,2010,第1314页。

 虞山派与明末清初的学风

思，特诏儒臣，是正遗经进御，诚以反经正学为救世之先务，亦犹二祖之志也。不然，夫岂其王师在野，方隅未静，汲汲然横经籍传，如石渠、开阳故事，润色太平也哉？①

于今之世俗学兴经学敝，故欲扭转学风，匡正时局，必须依孟子之言，反经正经。

> 学者之于经术也，譬如昼行之就白日，而夜行之光灯烛也，非是则伥伥乎何所之矣？古之学者，九经以为经，注疏以为纬，专门名家，各仞师说，必求其淹通服习而后已焉。经术既熟，然后从事于子史典志之学，泛览博采，皆还而中其章程，隐其绳墨。于是儒者之道大备，而后胥出而为名卿材大夫，以效国家之用。②

唯有经学明，经术熟，方可从事于子、史、典、志、诗、文之学，才可备采微言大义、经术章程，方可成为名卿材大夫，为国政之用。也即治学、治国必先从治经始乃为正途，否则本末倒置，贻害无穷。

> 相天下者犹医师也，上医医国，以康济一世为能事，而自顾一身，阴淫蛊惑，狂易丧志，我躬之不阅，而何以理天下？六经、《语》、《孟》之书，犹医经之《灵枢》、《本草》也；史传之所纪载是非失得淑慝善败，犹秦越人之《难经》、叔和之《脉经》、忠州之《集验方》也。有一病，必有一方。人之新病日增，而古方固已犁然具备，在善取之而已矣。③

经政治国，犹医者治病，必须熟读药典，通晓药理，方可治病救人。

---

① （清）钱谦益著，（清）钱曾笺注，钱仲联标校《牧斋初学集》卷二十八"新刻十三经注疏序"，上海古籍出版社，2009，第851~852页。

② （清）钱谦益著，（清）钱曾笺注，钱仲联标校《牧斋初学集》卷二十八"苏州府重修学志序"，上海古籍出版社，2009，第853页。

③ （清）钱谦益著，（清）钱曾笺注，钱仲联标校《牧斋初学集》卷四十"昨非庵日纂三集序"，上海古籍出版社，2009，第1073页。

024

第一章 虞山派经学与明末清初的学风

而六经犹医学之《灵枢》《本草》，研习六经犹医者研习医弓者，善者自可匡政救民，愚者尚可修身养性，提高修为。经学之于己、于人、于国均大有裨益，既可解救世人之懵懂无知，又可力挽空疏无妄之学风，还可除国政之弊病。然六经之学凡经三变，有汉儒之学，有荆公新学，有程朱理学，还有王阳明心学，欲矫心学之弊，该反何时之经，正何时之经？钱谦益答，必为汉学也。

> 六经之学，渊源于两汉，大备于唐、宋之初，其固而失通，繁而寡要，诚亦有之，然其训故皆原本先民，而微言大义，去圣贤之门犹未远也。学者之治经也，必以汉人为宗主，如杜预所谓原始要终。寻其枝叶，究其所穷，优而柔之，餍而饫之，涣然冰释，怡然理顺，然后抉摘异同，疏通凝滞。汉不足求之于唐，唐不足求之于宋，唐、宋皆不足，然后求之近代。庶几圣贤之门仞可窥，儒先之钤键可得也。今之学者不然，汨没于举业，眩晕于流俗。八识田中，结轖晦蒙，自有一种不经不史之学问，不今不古之见解，执此以裁断经学，秤量古人，其视文、周、孔、孟，皆若以为堂下之人，门外之汉，上下挥斥，一无顾忌。于两汉诸儒何有？及其耳目回易，心志变眩，疑难横生，五色无主，则一切街谈巷说，小儿竖儒所不道者，往往奉为元龟，取为指南。此无他，学问之发因不正，穷老尽气而不得其所指归，则终于无成而已矣。①

六经之学源自两汉，大备于唐、宋之初，其虽然烦琐冗杂，然微言大义去圣未远，所以治经必须以汉学为宗主，汉不足求之于唐，汉唐皆不足求之于宋，汉、唐、宋皆不足方可求之于近代。切不可犹今俗学之本末倒置，先求近学，近学之不足求宋、求唐、求汉。解决了反何时之经的问题了，那么如何反呢？钱谦益又指明了途径，唯"学"而已。

---

① （清）钱谦益著，（清）钱曾笺注，钱仲联标校《牧斋初学集》卷七十九"与卓去病论经学书"，上海古籍出版社，2009，第1706页。

虞山派与明末清初的学风

　　治本道而道本心,传翼经而经翼世,其关棙统由乎学。学也者,人心之日月也。儒者学圣,王者学天。存于密勿之为性原,质于上帝之为天命,流于制作见于典诰册命之为文章,继乎烈祖接乎尧、舜、禹、汤之为统系,敷于礼乐播于纪纲法度质文宽猛之宜之为治功。是故帝王以身一天下之不一而治以名,帝王以身正天下之不正而学以立。治学相需,不啻表里。《说命》三篇,次篇言政,终篇则言学。《周官》六属勉之以学古,入官即戒之以不学墙面,未有专治而遗学者。①

讲经、传道要义皆在于学,古之圣人、明君皆不废学,以学为正身、正事、正国之标的。《说命》终篇言学,《周官》勉以学古,皆为古圣贤明君正学、劝学之教诲,是以儒者学之以圣,王者学之以天。而近世学风之疏漏、剽袭、割剥皆因非学所致,故欲矫之非学无他。只有好学、品学、常学,方能自知自通,远胜他人耳畔嘈呱。且自有井田制以来,里有序乡有庠,即召以学。

　　古者井田之制既定,里有序而乡有庠。八岁入小学,十五入大学,其有秀异者,移乡学于庠序,移国学于少学。诸侯岁贡少学之异者于天子,学于大学,命曰造士。行同能偶,则别之以射,然后爵命焉。此书所谓侯以明之,时而扬之,承之庸之者也。中年考校,命国之右乡,简不帅教者移之左,左移之右。又不变则移之郊,移之遂,屏之远方。此所谓挞以记之,否则威之者也。先王之治天下,正德利用厚生,廉让生而争讼息者,养之教之而已。春令出民,里胥坐于右塾,邻长坐于左塾。冬民毕入,妇人相从,夜绩歌咏,余子在序室。民之在野在邑,无非学也,无非教也。出学而不帅教者,入学而不变者,则有挞记移屏之刑。于

---

① (清)钱谦益著,(清)钱曾笺注,钱仲联标校《牧斋有学集》卷十四"大学衍义补删序",上海古籍出版社,2010,第675页。

是乎制五刑而听其讼。由此观之，学之所弃，刑之所收也。未有不先学而后刑者也。论于乡，升之司徒，升之学，升诸司马，而后告于王。士之论定而任官者，如此其众也，则其不帅教不变而移且屏焉者或寡矣，则是学之用长而刑之用短也。乱政者杀，疑众者杀，四诛者不以听，何其严也！狱成而告王三，又然后制刑。三让而罚，三罚而耻，诸嘉石归于圜土，桁杨梏拲，无非学也，无非教也。则是学之意常胜刑，而刑之意常不胜学也。①

先王治理天下，正德厚生，选拔人才皆经乡学、庠序等层层推举，择其优异者而用之。而在选拔和培养人才的过程中，皆以学为先、刑为后。刑罚之产生亦为督学促学，所谓有奖有惩，学之优者可以推荐进入更高一层的学府，备以军政之用；学之劣也，须受挞记移屏之刑，即学之所弃者，刑之所收也。从学与刑之先后而言，先学而后有刑；从学与刑的使用对象来看，学之用长而刑之用短也；从学与刑的使用效果来看，学之意常胜刑，而刑之意常不胜学也。故普天之下一片读书祥和之声，居其政理其国者为苦学善学之士，居其野操之田者亦学亦教。

  人主思将帅之臣，则于学乎取之。学兴而文武之道兼举矣。三代以降，秦以吏为师，汉以经为师，唐人重词赋，宋人重制科。岂无崇儒劝学之主，而不知先王所以教化之意，法律之家与《诗》、《书》争驰，将帅之科与文学并设，教与刑为二，文与武为二，成周之盛治，岂复可几于后世哉！圣天子广厉学官，崇奖经术，慨然思见丰芑《棫朴》之盛，而苏学之复兴，实惟其时。倪君，刑官也，顾独以学校兴复为己任，可不谓知所先后哉？居今之世，奸邪并生，则思击断之吏；奴寇交江，则思爪牙之士。

---

① （清）钱谦益著，（清）钱曾笺注，钱仲联标校《牧斋初学集》卷四十一"苏州府修学记"，上海古籍出版社，2009，第1093~1094页。

虞山派与明末清初的学风

> 然吾以为学兴而可以兼举者,诚有见于先王教化之原,明主图治之意也。昔者范文正公天章条列,首以兴学取士先德行为言。其守边也,所至贼不敢犯,西人以谓胸中有数万甲兵。吾乡之士游是学也,以文正为师,出而用世,为孝友征伐之臣,斯亦可矣。①

修身治国平天下,皆以学为原本,人或思治国或思将国,然文、武之治,皆由学生。学兴可以见先王之教化,学兴可以明君王图治之意,学兴可以文治天下,学兴可以武帅万兵。昔范仲淹以兴学统甲兵,守边关,贼人闻风丧胆,莫敢侵犯。

> 古之君子,能相天下,谋王体,而断国论者,其所以修德居业,朝夕交戒,未尝不原本于学;汉、唐以来,权臣佞子,误军国而祸身家,前车后辙,相望而不知戒,其昏瞽溃败,未有不由于不学者也。古之言《那》诗者,称曰自古,古曰在昔,昔曰先民。故曰:昔我有先正,其言明且清。国家以宁,都邑以成,庶民以生。谁能秉国成,不自为正,卒劳百姓。言相天下者之不可以不学也。②

不仅范仲淹如此,古往今来能相天下、谋王体、断国论之谦谦君子,皆由学也;误军国、祸身家之权臣佞子,皆由不学也。一言以蔽之,成教化、美风俗、移人伦、相天下、兴国本唯学而已。

三 经世致用

钱谦益以敏锐的视角看出俗学的弊端和心学、科举笼罩下的学风流弊,以严厉的语言对其进行口诛笔伐,为扭转学风树立尊经学古的学术大旗。然而学风之整治仅为其初级目的,其最终目的乃以经学改

---

① (清)钱谦益著,(清)钱曾笺注,钱仲联标校《牧斋初学集》卷四十一"苏州府修学记",上海古籍出版社,2009,第1094~1095页。
② (清)钱谦益著,(清)钱曾笺注,钱仲联标校《牧斋初学集》卷四十"昨非庵日纂三集序",上海古籍出版社,2009,第1073页。

028

第一章 虞山派经学与明末清初的学风

变朝局,改变世乱,走的是经世致用的路子。强调经学与匡政的统一,强调经学对教化、风俗、人伦、国政的作用,期待重新培养世人以君民为念,以天下为己任的责任心和使命感,使学术与政治、实际联系得更加紧密,故而他一再强调,欲相天下、匡国政者必须要尊经学古,必须以读书为首要。所以他在教导世人读书之法时,亦首先强调针砭俗学之作用,施政理国之作用。

> 古之学者,必有师承。颛门服习,由经术以达于世务,画丘沟涂,各有所指授而不乱。自汉、唐以降,莫不皆然。胜国之季,浙河东有三大儒,曰黄文献溍、柳侍制贯、吴山长莱,以其学授于金华宋文献公(濂)。以故金华之学,闽中蜀外,独盛于国初。金华既没,胜国儒者之学,遂无传焉。嘉靖中,荆川唐先生起于毗陵,旁搜远绍,其书满家。自经史古今,以至于礼乐兵刑阴阳律历勾股测望,无所不贯穿。荆川之指要,虽与金华稍异,其讲求实学,由经术以达于世务则一也。①

金华之学与荆川之学虽师承不一,脉络不一,但钱谦益均深为叹服,只因两派之指归为一,即由经术以达世务。故今之学者要像古人一样注重师承,以经术传承经世之学,同时还要采取"经经纬史"的读书之法。钱谦益曰:

> 读书之法无他,要以考信古人,针砭俗学而已。《进学解》,韩退之所读之书也。《答韦中立书》,柳子厚所读之书也。古之学者,自童卯之始,《十三经》之文,画以岁月,期于默记。又推之于迁、固、范晔之书,基本既立,而后遍观历代之史,参于秦、汉以来之子书,古今撰定之集录,犹舟之有柁,而后可以涉川也,

---

① (清)钱谦益著,(清)钱曾笺注,钱仲联标校《牧斋初学集》卷四十三"常熟县教谕武进白君遗爱记",上海古籍出版社,2009,第1120页。

虞山派与明末清初的学风

犹称之有衡,而后可以辨物也。今之学者,陈腐于理学,肤陋于应举,汩没锢蔽于近代之汉文唐诗。当古学三变之后,茫然不知经经纬史之学,何处下手。由是而之焉,譬之驾无舵之舟以适大海,挟无衡之称以游五都,求其利涉而称平也,不已难乎?……经经而纬史,由韩、柳所读之书以进于古人,俾后之学者,涉焉而以为舵,称焉而以为衡。①

读书之目的乃为针砭俗学、匡正世务,然如何读书?读何书?世人被俗学蒙蔽日久,难免迷茫,钱谦益又为世人指明方向:先修读汉以来之经学,熟读默记十三经之文,通晓"圣贤之微言大义,纲举目张,肌劈理解,权衡尺度,凿凿乎指定于胸中"②;然后出而从事于史,先参读司马迁、班固、范晔之史书,再遍观历代史书;经史皆熟读熟通之后,还要参看秦汉以来之子书、古今集录、传记、诗文集等。由经、至史、至子、至集悉通晓后,才可辨"三才之高下,百世之往复,分齐其轻重长短,取裁于吾之权度,累黍杪忽,罄无不宜,而后可以明体适用,为通天地人之大儒"③,破俗学之禁锢,明世致用。

钱谦益之"经经纬史"的思想是与其政治理想联系在一起的,乃为经史治国之用。经政合一则政强;经政分歧则政乱。故经、史、子、集四门类中尤以经学为重,而经学又尤以《春秋》为重。

> 仆家世授《春秋》,儿时习胡《传》,粗通句读则已,多所拟议,而未敢明言。长而深究源委,知其为经筵进讲,针砭国论之书。国初与张洽传并行,已而独行胡氏者,则以其尊周攘夷,发

---

① (清)钱谦益著,(清)钱曾笺注,钱仲联标校《牧斋初学集》卷四十三"颐志堂记",上海古籍出版社,2009,第1115~1116页。
② (清)钱谦益著,(清)钱曾笺注,钱仲联标校《牧斋有学集》卷十四"汲古阁毛氏新刻十七史序",上海古籍出版社,2010,第680页。
③ (清)钱谦益著,(清)钱曾笺注,钱仲联标校《牧斋有学集》卷十四"汲古阁毛氏新刻十七史序",上海古籍出版社,2010,第680页。

第一章 虞山派经学与明末清初的学风

抒华夏之气,用以斡持世运,铺张金、元已来驱除扫犁之局,而非以为经义当如是也。①

钱谦益少学《春秋》,因其尊周而攘夷狄,以其为针砭国论之书。学《春秋》、用《春秋》,正可解清人入关之困顿,抒发华夏之气以扫除蛮夷之气、斡旋世运、匡复国本。

梁启超亦云:"庄生曰'《春秋》经世,先王之志'。凡学焉而不足为经世之用者,皆谓之俗学可也。"②《春秋》三传中当以左氏为正,公羊、穀梁为辅。"盖左丘明亲见圣人,高与赤则子夏之及门,其发凡取例,区以别矣。不独昔人所谓左氏大官,公羊卖饼家也。承学小生,佣耳剽目,刺取左氏之涯略,以充帖括。盖有传业为大师,射策为大官,而目不睹三传之全文者矣,又况外传子史之流乎?"③"左丘明亲授经于仲尼,公、穀皆子夏之门人。以宗法言之,左氏则宗子也,公、穀则别子之子也。"④ 公羊、穀梁为子夏之门人,从宗法而言,乃为孔门弟子之再传,名不正则言不顺。左丘明乃孔子之弟子,得圣人真传,且甚得孔子喜爱。"孔子之称丘明,则亦曰:'左丘明耻之,丘亦耻之。'"⑤ 孔子作《春秋》以匹夫庶士,考正国史,刊正君臣华夏经义之大法,"其文微、其义隐、其词危,言高旨远,至于游、夏不能赞一词"⑥,唯独左丘明继承孔子之志,"奋笔而为之传,广记而备

---

① (清)钱谦益著,(清)钱曾笺注,钱仲联标校《牧斋有学集》卷三十八"与严开正书",上海古籍出版社,2010,第1316页。
② 梁启超:《饮冰室合集》第一册,《湖南时务学堂学约》"经世"条,中华书局,1989,第28页。
③ (清)钱谦益著,(清)钱曾笺注,钱仲联标校《牧斋初学集》卷二十九"左汇序",上海古籍出版社,2009,第878页。
④ (清)钱谦益著,(清)钱曾笺注,钱仲联标校《牧斋有学集》卷三十八"与严开正书",上海古籍出版社,2010,第1316页。
⑤ (清)钱谦益著,(清)钱曾笺注,钱仲联标校《牧斋有学集》卷十九"华仲通诗文集序",上海古籍出版社,2010,第817页。
⑥ (清)钱谦益著,(清)钱曾笺注,钱仲联标校《牧斋有学集》卷十九"华仲通诗文集序",上海古籍出版社,2010,第817页。

 虞山派与明末清初的学风

言之,示劝戒,正褒贬,发凡起例,具文特书。使《春秋》大义,炳日星而沛江河者,丘明之力也。子言之,志在《春秋》,行在《孝经》。曾子、丘明,岂非仲尼之二辅乎?知我罪我,周身辟害,历秦度汉,始著竹帛。以是故,孔子之于丘明,不正明其著述本意,而姑以重言亦耻,表著其生平,殆亦定、哀之微词也与?"[1] 可以说,使孔子《春秋》大义炳如日星而沛若江河者,乃左丘明之力也,故而三传中当以《左传》为正。

钱谦益于"春秋匡解序"中说,汉代之所以享国长久,皆因其政令合一,经术修明。

> 余观三代以后,享国长久,盖莫如汉。当其盛时,政令画一,经术修明。以《春秋》一经言之,自张苍、胡母生、瑕丘江公以下,三家之弟子,递相传授,各仞其师说,至数百年不相改易。而董仲舒作《春秋决狱》二百三十二事,名儒萧望之等大议殿中,各以经谊对。诸所以定大议,断大疑,皆以《春秋》从事,何其盛哉!有宋之立国,不减于汉。自王氏之新学与新法并行,首绌《春秋》,以伸其三不足畏之说,遂驯致戎狄乱华之祸,没世而不复振。其享国之治乱,视汉世何如也?[2]

汉代治国,凡大策方针、治国决断,皆以《春秋》从事,故国家长治久安。《春秋》之义自张苍、胡母生、瑕丘江公以下,三家弟子递相传授,至数百年而不更易。董仲舒罢黜百家独尊儒术,亦以《春秋》为重,作《春秋决狱》二百三十二事,以《春秋》作为量刑治国之依据,乃为大成。

---

[1] (清)钱谦益著,(清)钱曾笺注,钱仲联标校《牧斋有学集》卷十九"华仲通诗文集序",上海古籍出版社,2010,第817页。
[2] (清)钱谦益著,(清)钱曾笺注,钱仲联标校《牧斋初学集》卷二十九"春秋匡解序",上海古籍出版社,2009,第876~877页。

第一章 虞山派经学与明末清初的学风

> 昔者汉世治《春秋》，用以折大狱，断国论。董仲舒作《春秋决事》，比朝廷有大议，使使者就其家问之，其对皆有法。何休以《春秋》驳汉事，服虔又以《左传》驳何休，所驳汉事六十条。故曰：属词比事，《春秋》教也。胡文定（安国）生当南渡之后，惩荆舒之新学，闵靖康之遗祸，敷陈进御，拳拳以君臣夷夏之大义摩切人主。祖宗驱斥胡元，复函夏之旧。《春秋》传解，断以文定为准。盖三百年持世之书，非寻行数墨，以解诂为能事而已也。今之学者，授一先生之言，射策甲科，朝而释褐，日中而弃之。有如汉人所谓仞其师说以《春秋》决事者乎？有如文定揩柱新说，扫荡和议，卓然以其言持世者乎？……诚欲使天下学者通经学古，谋王体而断国论，以董子、胡氏为仪的也。①

《春秋》之意，自左氏、公羊、榖梁三家以来，又经过几次补充完善。汉代董仲舒作《春秋决狱》，提出要以《春秋》大义作为断案量刑之依据，以补法律之缺，凡法律未规定者，依据《春秋》裁定；凡法律与《春秋》相悖之处，亦据《春秋》裁定，使以《春秋》为代表的儒家经义成为高于一切教义和学术的治国经略，并使朝廷大事皆有本可依，有经可据。东汉何休作《春秋汉议》得公羊本意，以春秋大义，驳正汉朝政事；服虔作《春秋左氏传解谊》以左氏之意驳何休，驳正汉朝政事六十多条。宋代学者胡安国感激时事，历时二十余年，作《春秋传》以寓意时事，阐发经世致用之旨，为"千古之定评也"。故当今之学者诚欲通经学古，谋王体、断国论，必须以董仲舒《春秋决狱》和胡安国的《春秋传》为仪的。因为"明《春秋》之大义，阐定、哀之微词，上医医国，此亦对症之良剂也"②。钱谦益志在朝

---

① （清）钱谦益著，（清）钱曾笺注，钱仲联标校《牧斋初学集》卷二十九"麟旨明微序"，上海古籍出版社，2009，第889~890页。
② （清）钱谦益著，（清）钱曾笺注，钱仲联标校《牧斋初学集》卷二十九"左汇序"，上海古籍出版社，2009，第879页。

 虞山派与明末清初的学风

廷,期于精忠报国匡扶社稷,故其居家治国行事皆"志在《春秋》,行在《孝经》"①,期为臣则忠,为子则孝,并用以谋王断国,变化成鬼神以扭转时局。虽钱谦益变节投清为人不齿,但其晚年忏悔不已,并积极投身于反清复明运动之中。

对俗学及士风展开批评和指责的并非从钱谦益开始,在钱谦益之前,其师东林顾宪成等已经批评王学之流弊,并展开激烈的辩论,顾宪成等人的立脚点亦在于摒弃游根空谈,倡导经世致用,然其取径亦以官学为主,即以程朱理学修正王学。但"钱谦益是敏锐的,他探寻到了先秦以来学术文化演进的内在轨迹;钱谦益是大胆的,无论是东林党人还是复社成员,他们也打着尊经的旗号,但对于程颐、朱熹等道学家,他们不曾有丝毫的怀疑。钱谦益是预时代之流并领风气之先的,他把握了时代发展脉搏,举出汉儒之学的标帜,在学术领域甚至说是主流意识形态领域展开一场思想的变革,即以汉人'诂经'而不是宋人'体道'的方式去寻求真理并弘扬真理"②。虽然程朱理学切合实际,追求经学治国之用,然而自"儒术"与"道学"分离,理学几乎舍弃了章句之学,纯为义理之阐发,并"性理"也包含"心性"之部分,故以程朱理学矫正王学,实难达到针砭俗学之目的。况针砭俗学仅为其最表层用意,其更深层的用意实为:一是在尊经的大旗下重返汉唐之学;二是实现学风从空疏到征实;三是实现从空谈到致用的转变。正如丁功谊所言:"尊经只是这个时代思潮的表层,经世致用和重返汉学才是这股思潮下潜伏交叉的激流。"③ 钱谦益很清晰地认识到以程朱理学修正王学,连针砭俗学的目的都达不到,更别说扭转学风和时局了。故钱谦益不仅对王学进行反思,也对理学进行反思,认为义理之学与章句训诂之学乃为经学升降之两端,而明代学风空疏的

---

① (清)钱谦益著,(清)钱曾笺注,钱仲联标校《牧斋初学集》卷四十一"景宁县改建儒学记",上海古籍出版社,2009,第1096页。
② 丁功谊:《钱谦益文学思想研究》,首都师范大学博士学位论文,2005,第54页。
③ 丁功谊:《钱谦益文学思想研究》,首都师范大学博士学位论文,2005,第55页。

症结恰在于"儒术"与"道学"分离，义理之学兴而章句训诂之学晦。所以在学术取径上，钱谦益汲取了顾氏的经世之举，避开了修正之举，溯流直上，走复兴汉学的通经学古之路，复兴汉学。

而且钱谦益将经学作为其他学科的统帅，经学明则史学明、诗学明则学术明，"经经纬史"、反经正经不仅是改变学风的口号和行动准则，也是考量各学科正伪之标准。"吾之于经学，果能穷理析义、疏通证明，如郑、孔否？吾之于史学，果能发凡起例、文直事核如迁、固否？吾之为文，果能文从字顺、规摹韩、柳，不俪规矩，不流剽贼否？吾之为诗，果能缘情绮靡、轩翥风雅、不沿浮声、不堕鬼窟否？虚中以茹之，克己以厉之，精心以择之，静气以养之。如所谓俗学之传染，与自是之症结，如镜净而像现，如波澄而水清。于是乎函道德、通文章，天晶日明，地负海涵，彼欲以萤火烧山，蜉蝣撼树，其如斯世何？其如千古何？"① 钱谦益是从各个学科门类全方位地复古汉学，振兴学风：于经学穷理析义、疏通证明；于史学发凡起例、文直事核；于诗学缘情绮靡、轩翥风雅；于文章文从字顺、简而不繁。其裨益有四：从学术态度上讲，由疑经、毁经变为尊经、复经；从学术方法上讲，从义理之学回归到训诂之学，并采取义理和考据相结合的路径；从学术风气上讲，由蹈空回归致实；从学术目的上讲，由个体解放回归经世致用。而此四点，亦正可契合其复兴汉学、扭转学风、匡扶国本的目的。

第二节　冯班的尊经复古

冯班自幼受教于其父冯复京和老师钱谦益，受二人的影响较深。冯班直接继承了钱谦益正经反经的治学理论和治学方法，是倡宗经、

---

① （清）钱谦益著，（清）钱曾笺注，钱仲联标校《牧斋有学集》卷三十八"答徐巨源书"，上海古籍出版社，2010，第1314页。

虞山派与明末清初的学风

征圣,以回归汉学,重新树立儒家经学的典范地位。钱谦益批评宋学,认为宋学之"儒术"与"道学"分途乃为导致后世学风空疏、六经尽毁之罪魁祸首,但他对宋初的程朱之学还是持保留意见的,认为程朱之学虽以义理为主,但尚未完全脱离章句训诂之学,而且程朱之学是以经世为使命的,亦是经世致用之学。其在批判俗学的过程中,除了复兴汉学,也积极汲取宋学之精华,汉、唐皆不明时尚可问之于宋;汉、唐、宋皆不明时尚可问于近代。又如针对《春秋》之学,钱谦益就提倡以董仲舒和胡安国为准的。冯班则不然,他对宋学的批判更为彻底,甚至有些偏颇,即于宋学一字信不得,必须以汉学为仪的。

一 尊经征圣

在冯班眼里,六经是一切事物之法则,一字动摇不得,不能有任何怀疑。冯班曰:"儒者于六经,如法吏之于三尺,一字动摇不得。法吏定罪,必据三尺;儒者论事,必本六经。自儒者之是非六经也,所以邪说竞作,更无以压之。宋朝诸君子,直是未睹其害耳。读六籍,必有不合,如见父母之过,口不得言也。初读时多不合,久后学问进,便觉得自家粗浅。"① 儒者之于六经,正如法吏之于律条,必须恪守谨遵,一字不得质疑,即便偶有不合,也要从自身寻找原因,而不得随意质疑六经。

"六籍裁于圣手,然秦火之余,诸儒传录,岂无讹窜,然大体不失。"② 秦火之后,六经虽靠传录,难免有讹误,但是六经裁于圣手,大体不失本意。又因"汉儒释经,不必尽合,然断大事,决大疑,可以立,可以权,是有用之学。去圣未远,古人之道,其有所受之也。宋儒视汉人如仇,是他好善不笃处"③。汉儒治经虽偶有差池,却在大

---

① (清)冯班:《钝吟杂录·读古浅说》,清康熙陆贻典刻本。
② (清)冯班:《钝吟杂录·读古浅说》,清康熙陆贻典刻本。
③ (清)冯班:《钝吟杂录·家戒上》,清康熙陆贻典刻本。

第一章　虞山派经学与明末清初的学风

是大非上遵从经学本意，为经世致用之学。至于宋儒质疑六经，并不是因为六经本身有问题，而是因为宋儒治经却不通经好古，只是一肚皮子不信。而且自宋儒质疑六经，邪说竞起，导致六经的典范地位动摇，并开创疑经、辱经的不良风气，败坏了学风。

因此，冯班极力反对士人对六经、汉学的质疑，屡次三番教导士人不要议论古人，不要訾毁贤人，不要质疑六经。冯班曰："尚论古人，不是与古人争是非。好讥评者，其为学必不得益。""文人儒者，大有异端。不信五经，喜毁古贤人，招合虚誉，立党败俗，皆圣人之罪人。"① 他还进一步要求，士人读书做事，必须以古人之是非为是非，以儒者之是非为是非，因为儒者之是非乃圣人之是非。"凡人之是非，当决之于君子。儒者之是非，当裁之以圣人之言。苟不合于仲尼，虽程朱，亦不可从也。"② 不仅宋学与孔子不合要遵从孔子，即便孔、孟不合者，亦当以孔子为尊。冯班尝曰："读《孟子》，有与《论语》不同处，当信孔子。读程、朱之书，有与孔孟不合处，当信孔、孟。"士人读书、儒者事经如侍奉父母，苟有不合，亦不得质疑。

> 士人读书学古，不免要作文字，切忌勿作论。成败得失，古人自有成论。假令有所不合，阙之可也。古人远矣，目前之事，犹有不审，况在百世之下，而欲悬定其是非乎？③

> 古之名人，皆是博学大才，一时重誉。所传文字，又经历代具识审鉴，以至今日，其有遗缪，乃是万中之一。近世轻薄之流，果于非古，非惟贻笑将来，亦惧有损盛德。凡我同人，读古有疑，恐是思之未至，毋惮博访详问，慎勿任意诋呵也。④

古人自幼博学通经，非宋儒和俗学浅薄无知之辈所能比，何况古

---

① （清）冯班：《钝吟杂录·家戒上》，清康熙陆贻典刻本。
② （清）冯班：《钝吟杂录·家戒上》，清康熙陆贻典刻本。
③ （清）冯班：《钝吟杂录·家戒上》，清康熙陆贻典刻本。
④ （清）冯班：《钝吟杂录·诫子帖》，清康熙陆贻典刻本。

虞山派与明末清初的学风

人所著典籍，又历经世代的审鉴，才得以流传至今，即便偶有遗缪，亦是万中之一，自当奉为经典。成败得失，古人早已有定论，况古今历时久远，世事变化万千，不可以今之事推测古人之事，不可以今人之是非推论古人之是非。因此，后世之才读古人之书和圣人之经，觉有不合己意之处，要博访详问，不能轻易诋呵。

> 古人议论，自有异同。或由于同时嫌隙；或由于时代悬远，风尚乖隔；或是救时之言，矫枉过正；或一时快言，不为笃论。假如王安石不信《春秋》，李泰伯不喜《孟子》，此亦可从耶？凡我同人，古人所称，自当研求，遇有诋刺，且宜存而不论，毋事逐声也。①

然而时代相同或时代悬远的古人之间，或由于个人嫌隙，或因时代变迁，或因矫枉之偏，或因意气之言，议论也会有差别，甚至迥异，那么如何论定呢？时代相差悬远的，可以时代远近论定，即以最古为则，以孔、孟为则；时代相同的，则要细细研求审定，存疑不论。

知识的海洋浩瀚无穷，以个体生命的短暂，穷其一生亦难窥其一二，加之每个人都有知识的盲区，因此当与古人、经书不合之时，多读书、多审视，自非错事。然圣人亦是人，六经亦非全然无错，遇见不合之处当审慎以避免误判，却不应迷信至斯。宋儒视汉儒如仇，冯班又视宋儒如仇，矫正流弊之心可鉴来者，矫枉过正之失却难以盲从。当然，冯班对汉儒和经学的盲从及对宋儒的仇视，亦与他要矫正明末清初浮泛学风的苦心有关，意欲以猛药救时弊，见解虽然偏激，却也有时效。同时，冯班对宋儒的批判和对汉儒的推崇，也是他一以贯之的学术体系的重要组成部分。他对宋儒的批判，实欲从经学的根本上推翻宋儒的立论，从而攻击前后七子的狭隘复古论，批判竟陵、公安的盲目唯心论。

---

① （清）冯班：《钝吟杂录·诫子帖》，清康熙陆贻典刻本。

二　读书信古

冯班对经学的尊奉虽然过于盲从，对宋儒的批判虽然过于严苛，但他却看到了宋儒与汉儒的根本差别：读书多寡。冯班曰："圣人好读书，豪杰好读书，文人亦好读书，唯宋儒不好读书。"① 因为"宋人不以读书为学"②，所以宋人读文字，看到的"一味都是虚气"。③ 如"敖陶孙器之评诗，如村农看市，都不知物价贵贱。论曹子建云：'如三河少年，风流自赏'。只此一语，知其未尝读书也"④。宋儒不仅自己不读书，而且好割裂古书，割裂拼凑，毁经不倦。偏明代科举选士，又以宋儒为根底，俗学不知宋儒的疏漏，还以宋儒为标榜，不读书，还"好以意改古书"，"好以近代议论裁量古人也，以俗本、恶本校勘古本也"⑤，导致很多古书遭到荼毒。

受科举制度的影响，士人读书但取科考之书，其余则以妨碍举业为名，弃如敝屣。

> 吾见人家教子弟，未尝不长叹也。不读《诗》《书》，云妨于举业也。以余观之，凡两榜贵人，粗得名于时者，未有不涉猎经史。读书好学之士，不幸而踬于场屋，犹为名于一时，为人所宗慕。其碌碌不知书者，假令窃得一第，或鼎甲居翰苑，亦为常人。其老死无成者，不可胜计，岂曰学古不利于举业乎？又不喜子弟学道，脱有差喜言礼义者，呼为至愚。不知所谓道者，只在日用中。唯不学也，居家则不孝不悌，处世则随波逐浪，作诸不善。才短者，犹得为庸人；小有才者，往往陷于刑

---

① （清）冯班：《钝吟杂录·家戒上》，清康熙陆贻典刻本。
② （清）冯班：《钝吟杂录·家戒下》，清康熙陆贻典刻本。
③ （清）冯班：《钝吟杂录·读古浅说》，清康熙陆贻典刻本。
④ （清）冯班：《钝吟杂录·读古浅说》，清康熙陆贻典刻本。
⑤ （清）冯班：《钝吟杂录·正俗》，清康熙陆贻典刻本。

虞山派与明末清初的学风

辟中，世网而死。其人不可胜屈指也。见三十年前，士人立身，尚依名教，相见或言《诗》、《书》，论经世之务。今则绝无矣。有一老儒，见门人读书则杖之，罚钱一贯。斯人也，竟困于青衿而死，亦何益哉！①

宋儒有四大病，近代尤甚。不喜读书，则君子、小人渐无别；不作文字，则词气鄙倍而不自知；不事功业，则无益于世；不取近代事，则迂疏。②

时人致力于八股考试，仅关注《四书大全》《五经大全》，全然不涉猎经学之学和诗文之学，只因于举业无益。然读书、治经、学史、作诗，居则有益于个人身心修养，有利于日常生活；进则有益于仕途晋升，有利于社会发展。于己、于人、于世皆大有裨益。反观不读书之人，不懂贤人之理，不知古今得失，居则不孝不悌，行不善之举；进则不事功业，贻害于世。于己、于人、于世皆祸害无穷。读书多寡不仅是君子与小人之别，圣人与俗人之别，亦会导致个体行为的善恶、社会的进退、学风的疏实。

宋儒和俗学的病因即在于不读书，因此要矫正宋儒之失，扭转俗人的学风，必须要多读书，必须要劝人多读书，冯班曰："余不教人作诗，然喜劝人读书。有一分学识，便有一分文章。但得古今十分贯穿，自然才力百倍。相识中多有天性自能诗者，然学问不深，往往使才不尽。"③ "多读书则胸次自高，出语皆与古人相应，一也；博识多知，文章有根据，二也；所见既多，自知得失，下笔知取舍，三也。"④ 因为有一分学识，便有一分文章，因此要知晓古今通变，唯有读书；要作好文章，唯有读书；要与古人相应，唯有读书。

---

① （清）冯班：《钝吟杂录·家戒上》，清康熙陆贻典刻本。
② （清）冯班：《钝吟杂录·家戒上》，清康熙陆贻典刻本。
③ （清）冯班：《钝吟杂录·正俗》，清康熙陆贻典刻本。
④ （清）冯班：《钝吟杂录·正俗》，清康熙陆贻典刻本。

> 杜子美云："读书破万卷，下笔如有神。"涉览既多，才识自倍，资于吟咏，亦不专在用事。今之律诗，始于永明，成于景龙，既以俪偶为文，又安得以用事为讳。况近世坟籍不全，师匠旷绝，假令力学，犹惧未到古人。凡我同人，纵使嗜好不同，慎勿自隐短薄，憎人学问，便谓诗人不课书史也。①

古今文章的高下、学风的寡博，多源于读书的多寡、力学的勤疏。六经及古人典籍流传至今，已然坟籍不全，与古殊异，已失接近古人的先机。即便今人力学至勤尚不可直追古人，但也不要避讳自己的短处，嫉妒古人的学识，放弃研学的精勤而不事经书。多读书胸次自然高，多读书眼界自然宽；多读书知识自然博；多读书文章有根据；多读书下笔知取舍。因此，今人更应该通过读书力学弥补先天的不足，通过读书提高修养和学识，缩短与古人的差距。

但在读书的过程中，亦要谨遵一法，即时刻尊经崇圣，不可妄议古人。"觉有不合意处，且放过去，到他时或有悟入，不可便说他不是。"② 儒者贵在多读书，然读书要求甚解，读一分便理会一分，遇见与古人不合之处，或自己理解不了的，姑且放过，待日后积累多时，自会通晓。同时，读书要想事半功倍，还要知晓读书的"求甚解"之法。冯班曰：

> 陶公读书，止观大意，不求甚解。所谓甚解者，如郑康成之《礼》、毛公之《诗》也。世人读书，正苦大意未通耳。今者朝读一书，至暮便竟，问其指归，尚不知所言何事，自云"吾师渊明"，不惟自误，更以教人。少年倦于讨求，从之而废。凡我同人，若遇此辈，所谓损友，绝之可也。③

---

① （清）冯班：《钝吟杂录·诫子帖》，清康熙陆贻典刻本。
② （清）冯班：《钝吟杂录·家戒上》，清康熙陆贻典刻本。
③ （清）冯班：《钝吟杂录·诫子帖》，清康熙陆贻典刻本。

 虞山派与明末清初的学风

读书有"不求甚解"一法，然亦有"求甚解"一法。"不求甚解"故为不误，然亦恐世人以无知当为"不求甚解"，羞于甚至懒于讨教研求。因此在读书之时，还要谨遵"求甚解"之法，以得古人要领。

> 天下非无嗜书好古者也，然窃谓有二病焉：不具一知半解，纵涉猎经史百家，究不得古人要领，其病若青盲；好翻驳古人，不惜诬圣非经，创为新奇炫世之说，其病若怖头狂走。膏盲之病，病止一身；狂走之病，病在天下后世，非细故也，先仲父定远公深恶之。公自少厌薄制举业，专意古学，矻矻至老。其情性激越，忽喜忽怒，里中俗子，皆以为迂。独于古人，精神吻合，若有夙契，于是非得失处，非信而有征，不轻下一字也。①

要之，冯班对扭转学风所做的努力主要是劝人多读书，同时要求世人在读书之时，要切忌非议古人和切忌读书不求甚解，追求与古人的精神契合，一以贯之尊经征圣的原则，体现了很强的崇古观念。冯班对读书之法的总结虽有偏颇，但他对读书重要性的倡导，于时、于世、于士都是非常有益的，恰中明末清初学风的弊病。同时，冯班在治经学、校古书、传诗法时亦谨遵尊经征圣的原则，以自己的治学之路，身体力行地带动学风的转变。

第三节 冯复京的经学注疏

"夫诗有实有虚，虚者其宗趣也，而以穿凿实之；实者其名物也，而以孤陋虚之。欲通经学古，以游圣人之樊，岂可得哉！诗自毛、郑，

---

① （清）冯武：《钝吟杂录序》，清康熙陆贻典刻本。

第一章　虞山派经学与明末清初的学风

上下其凡六家,半轶不传。今立于学宫者,其解诗,皆解他书之法也。既非风人之趣,若夫草、木、鸟、兽诸名物之类,非援据不明,非参伍不覈,顾往往置而不言,则比兴之义微矣。"① 六经之中,涉及名物最多者无逾于《诗》,"自天文地理、宫室器用、山川草木、鸟兽虫鱼,靡一不具,学者非多识博闻,则无以通诗人之旨意,而得其比兴之所在"②。鸟、兽、草、木等名物是《诗经》的发兴之本,"不知鸟、兽、虫、鱼、草、木之状类名号,则比、兴之意乖"③。但随着时代的变迁,很多名物今昔异名,传疑甚重。又"儒生家多不识田野之物,农园人又不识诗书之旨,二者无繇参合,遂使鸟、兽、草、木之学不传"④。名物疏解作为理解《诗经》的钥匙,在《诗经》学史上具有极其重要的地位。故自陆玑《毛诗草木鸟兽虫鱼疏》始,《诗经》名物疏解日益受到重视,陆续出现了一些著述。如宋人蔡卞的《毛诗名物解》,元人许谦的《诗集传名物钞》,明人林兆珂《毛诗多识编》、吴雨《毛诗鸟兽草木考》、毛晋《毛诗陆疏广要》、冯复京《六家诗名物疏》,清人陈大章《诗传名物集览》、姚炳《诗识名解》、焦循《陆氏草木鸟兽虫鱼疏疏》、牟应震《毛诗物名考》、赵佑《毛诗草木鸟兽虫鱼疏校正》、丁晏校正的《毛诗草木鸟兽虫鱼疏》、徐鼎《毛诗名物图说》等,其中《毛诗名物图说》采用图文结合的形式进行疏解,颇具观赏性。清代还集中出现了一些天文、地理名物疏解、考述方面的著作,如洪亮吉《毛诗天文考》、焦循《毛诗地理释》、朱右曾《诗地理征》、尹继美《诗地理考略》、桂文灿《毛诗释地》等。然众多疏解,大多因陆玑《毛诗草木鸟兽虫鱼疏》辗转增损,创见不多;在名物的选择上,大多局限于草、木、鱼、虫、鸟、兽等自然名物,对服

---

① (明)焦竑:《六家诗名物疏序》,见冯复京《六家诗名物疏》,《文渊阁四库全书》第八〇册,台湾商务印书馆,1986,第8页。
② (清)郑方坤编辑《全闽诗话》卷三,《文渊阁四库全书》本。
③ (清)戴震:《与是仲明论学书》,《戴震集》,上海古籍出版社,1980,第183页。
④ (明)郭乔泰:《毛诗多识编题辞》,明刻本。

043

饰、乐器、建筑等人工名物的关注不足；又"考证辨驳，往往失之蔓衍"①；同时名物疏解还常常沦为道德比附的工具，缺乏科学的依据②。而冯复京少习是经，旁通诸籍；少通指归，因缘互证；详加搜辑，鲜或缺遗；征引浩繁，抽简汰华。其作《六家诗名物疏》殚尽《诗经》所涉各类名物，旁征博引，详加考证，"谓以儒生而识田野之物，农圃而兼诗书之理"③。该著作一扫历代《诗经》名物疏解的浮尘，可以称为《诗经》名物疏解的集大成之作。④

一 广征博引

冯复京作《六家诗名物疏》所用书目颇广，叶向高称："其所采集自六经、正史以至诸子百家、稗官小说，与夫谶纬、医卜、天文、历数诸书，无不搜引连类。"⑤ 考《六家诗名物疏》引用书目，叶氏所言不虚。前代《诗经》名物注疏，多以子部字书、辞书，如《尔雅》《广雅》等，及《本草纲目》为主，兼采《毛诗训诂传》《诗集传》《经典释文》等，甚少兼及地志、谱系和集部文献。冯复京为《诗经》名物注疏，兼采经、史、子、集五百七十七部著述，其中经部二百二十八部，史部一百一十五部，子部一百八十三部，集部五十一部，突破了以往《诗经》名物注疏杂引字书、本草的局限，采引书目的数量、种类也堪称《诗经》名物疏历史之最。而且冯复京将征引书目的数量及名称，分门别类地著录于著作之前，既不没前人之功，又表现了很强的征实精神。具体数据可见图1-1。

---

① （清）永瑢等：《四库全书总目·诗识名解》，中华书局，2008，第133页下。
② 参见吕华亮《诗经名物的文学价值研究》，安徽大学出版社，2010，第4~8页。
③ （明）焦竑：《六家诗名物疏序》，见冯复京《六家诗名物疏》，《文渊阁四库全书》第八〇册，台湾商务印书馆，1986，第8页。
④ 参见周小艳《冯舒、冯班诗学研究》，人民出版社，2019，第65~66页。
⑤ （明）叶向高：《六家诗名物疏序》，见冯复京《六家诗名物疏》，明刻本。

第一章　虞山派经学与明末清初的学风

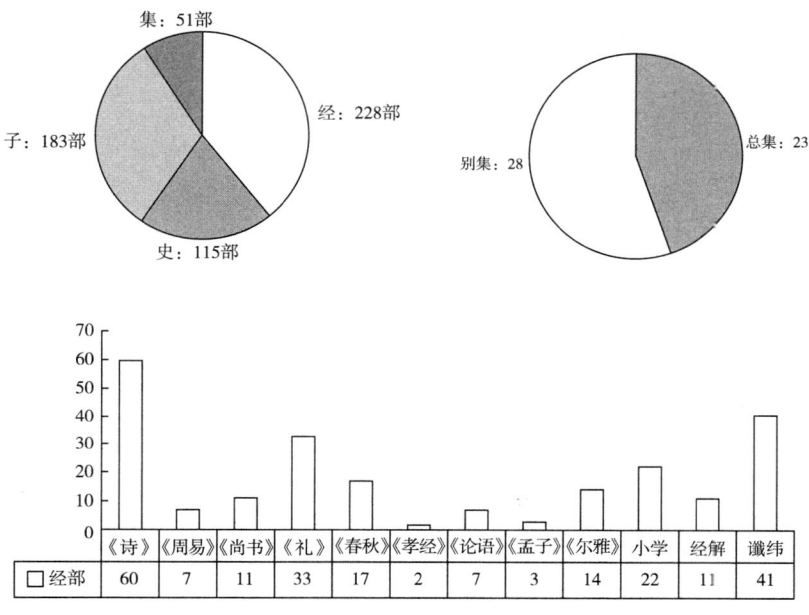

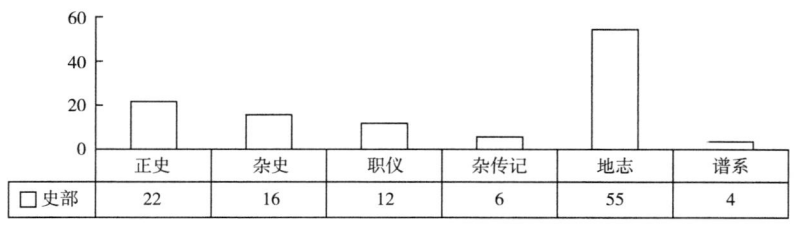

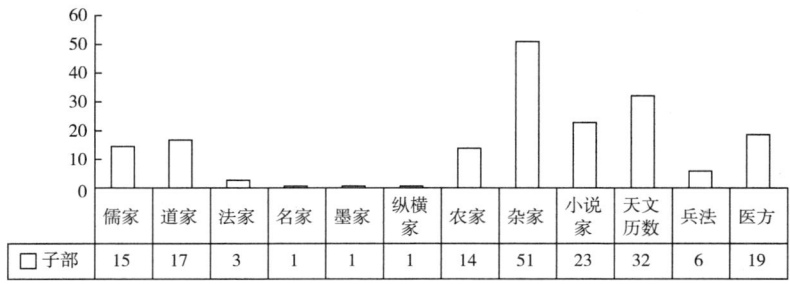

图 1-1　冯复京《六家诗名物疏》征引书目分类统计

045

《四库全书》著录明代《诗经》名物著作,除了《六家诗名物疏》,别有三部,分别为:林兆珂《毛诗多识编》、吴雨《毛诗鸟兽草木考》和毛晋《毛诗陆疏广要》。四部著述中,唯《六家诗名物疏》打破陆玑《毛诗草木鸟兽虫鱼疏》的体例,重新编排条目,并在草、木、鸟、兽、虫、鱼之外,另增设二十六门类,堪称《诗经》名物分类之最。其余三家皆依陆疏进行增补、阐发、考证,未脱离草、木、鸟、兽、虫、鱼六部的限制。因此,本文只能依照六部之限,选取四部注疏皆著录的条目,以说明明代《诗经》名物注疏的博烦之别。如关于"苤苢"的注疏。

陆玑《毛诗草木鸟兽虫鱼疏》曰:

> 苤苢,一名马舄,一名车前,一名当道,喜在牛迹中,故曰"车前""当道"也,今药中车前子是也。幽州人谓之"牛舌草",可鬻作茹,大滑,其子治人难产。①

林兆珂《毛诗多识编》曰:

> 《释草》:"苤苢,马舄;马舄,车前。"郭璞云:"今车前草,大叶,长穗,好生道边,江东呼为'虾蟆衣'。"《韩诗传》云:"直曰车前,瞿曰苤苢,盖生于两旁谓之瞿。"《本草》云:"一名牛遗,一名胜舄。"《图经》云:"车前子,生平泽、丘陵、道路中,北地处处有之。春初生,苗叶布地如匙面。累年者,长及尺余,如鼠尾,华甚细,青色微赤。结实如葶苈,赤黑色。五月采苗,七月、八月采实。人家园圃中或种之。"陆玑云:马舄,一名车前,一名当道,喜在牛迹中生,故曰"车前""当道"也,今药中车前子是也。幽州人谓之牛舌草,可鬻作茹,大滑。《神

---

① (三国·吴)陆玑:《毛诗草木鸟兽虫鱼疏》,《文渊阁四库全书》第七〇册,台湾商务印书馆,1986,第1页。

仙服食法》云："车前之草，雷之精也，善疗妇人难产，及令人有子，故《诗序》以为和平，则妇人乐有子也。亦谓之'陵舄'。"《列子》云："生于陵屯则为陵舄。"王肃引《周书·王会》云："芣苢，木也，实似李，食之宜子，出于西戎。王基驳云：'王会所记杂物奇兽，皆四夷远国各贵土地异物，以为贡贽，非《周南》妇人所得采。'郭氏芣苢赞亦曰：'车前之草，别名芣苢。王会之云，其实如李，名之相乱，在乎疑似。'是芣苢为马舄之草，非西戎之木也。"①

吴雨《毛诗鸟兽草木考》曰：

《周南》曰："采采芣苢"。《传》："芣苢，马舄；马舄，车前也，宜怀妊焉。"

芣苢，药草也。一名马舄，一名车前，一名牛遗，一名胜舄，一名陵舄，春初生，苗叶印地如匙面，累年者，长及尺余，如鼠尾，花细，青色微赤。结实如葶苈，黑色。陆玑云："马舄，一名'车前'，一名'当道'，喜在牛迹中生，故曰'车前''当道'也。今药中'车前子'是也。幽州人谓之'牛舌草'，可鬻作茹，大滑，其子治妇人产难。"郭璞云："大叶，长穗，好生道旁，江东呼为'虾蟆衣'。"《韩诗》云："直曰'车前'，瞿曰'芣苢'。"薛氏《章句》："芣苢，泽泻也，臭恶之菜。"王肃引《周书·王会》云："芣苢，木也，实似李，食之宜子孙，出于西戎。王基驳云：'王会所记杂物奇兽，皆四夷远国各贵土地异物，以为贡贽，非《周南》妇人所得采。是芣苢为马舄之草，非西戎之木也。'"《本草》云："强阴益精，令人有子。"陆玑云以为治难产，而先王独取之者，盖以今医治难产者用其子，故也。

---

① （明）林兆珂：《毛诗多识编》卷一，《四库全书存目丛书》第六二册，齐鲁书社，1997，第14页。

 虞山派与明末清初的学风

《毛传》言宜怀妊者，亦只是玑之意，非谓其能治人之无子也。①

毛晋《毛诗陆疏广要》：

> 芣苢，一名马舄，一名车前，一名当道，喜在牛迹中生，故曰"车前""当道"也，今药中"车前子"是也。幽州人谓之"牛舌草"，可鬻作茹，大滑，其子治妇人难产。
>
> 《尔雅》云："芣苢，马舄；马舄，车前。"郭注云："今车前草，大叶，长穗，好生道边，江东呼为'虾蟆衣'。"邢疏云："王肃引《周书·王会》云：'芣苢如李，出于西戎。'王基驳云：'王会所记杂物奇兽，皆四夷远国各贵土地异物，以为贡贽，非《周南》妇人所得采。是芣苢为马舄之草，非西戎之木也。'"《埤雅》云："《神仙服食法》曰：'车前之实，雷之精也，善疗孕妇难产，及令人有子。'故《诗序》以为妇人乐有子也。《列子》曰：'若蛙为鹑，得水为䱤，得水土之际则为蛙蠙之衣，生于陵屯则为陵舄。陵舄，车前也，故或谓之虾蟆衣。'《韩诗传》曰：'直曰车前，瞿曰芣苢。'盖生于两傍谓之瞿。芣，从草，从不。苢，从草，从㠯。妇人乐有子，或不或㠯。按：草最易生，然他草所在，或无惟车前、苍耳所至有之，故《芣苢》《卷耳》之诗正言此二物。"《本草》云："车前，养肺强阴益精，令人有子，一名'当道'，一名'牛遗'，一名'胜舄'，生真定平泽、丘陵、坂道中。"陶隐居云："子性冷利，仙经亦服饵之，令人身轻不老。《韩诗》乃言芣苢是木，似李，食其实宜子孙，谬矣。"《图经》云："春初生，苗叶布地如匙面。累年者，长及尺余，如鼠尾，花甚细，青色微赤。结实如葶苈，赤黑色。今人五月采苗，七月、八月采实。又云'地衣'。'地衣'者，'车前'实也。"

---

① （明）吴雨：《毛诗鸟兽草木考》卷十一，《四库全书存目丛书》第六七册，齐鲁书社，1997，第71页。

《韩诗说》云:"芣苢,泽舄也,臭恶之菜。诗人伤其君子有恶疾,人道不通求已不得,愤而作以事兴。芣苢虽臭恶乎,我犹采取而不已者,以兴君子虽有恶疾,我犹守而不离去也。"

按:《尔雅》及《图经》诸书,芣苢与泽舄确是二种,韩氏之误甚矣。况既云是"木似李",又云"泽舄",何其自相背戾耶![1]

冯复京《六家诗名物疏》曰:

《尔雅》云:"芣苢,马舄;马舄,车前。"《疏》:"药草也,别三名。"郭云:"今车前草,大叶,长穗,好生道边。江东呼为'虾蟆衣'。"《本草》云:"车前子,强阴益精,令人有子。一名当道,一名生遗,一名胜舄。生真定平泽、丘陵、阪道中。"陶隐居云:"子性冷,利仙经亦服饵之,令人身轻不老。"《韩诗》乃言:"芣苢是木,似李,食其实,宜子孙,是为谬矣。"《图经》云:"春初生,苗叶布地如匙面。累年者,长及尺余,如鼠尾,花甚细,青色微赤。结实如葶苈,赤黑色。五月采苗。七月、八月采实。"陆疏云:"马舄,喜在牛迹中生,故云'车前''当道'。幽州人谓之'牛舌草',可煮作茹,大滑,其二治妇人产难。"王肃引《周书·王会》云:"芣苢如李,出于西戎。王基驳云:'王会所记杂物奇兽,皆四夷远国各贵土地异物,以为贡赞,非《周南》妇人所得采。是芣苢为马舄之草,非西戎之木也。'"《神仙服食经》曰:"车前,实雷之精也,服之行化。八月采地衣。地衣者,车前实也。"《韩诗说》云:"芣苢,木名,实似李。直曰车前,瞿曰芣苢。"又云:"芣苢,泽舄也,臭恶之菜。诗人伤其君子有恶疾,人道不通以事兴。芣苢虽臭恶乎,我犹采取而

---

[1] (明)毛晋:《毛诗陆疏广要》卷一,《文渊阁四库全书》第七〇册,台湾商务印书馆,1986。

虞山派与明末清初的学风

不已者,以兴君子。虽有恶疾,我犹守而不离去也。"

按:车前子,今方剂中恒用之,不闻其臭恶。泽舄又别为一物,未知《韩诗》何以云然。①

林兆珂先后征引《释草》、郭璞注、《韩诗传》、《本草》、《图经》、《神仙服食法》、《列子》、《周书》八条材料;吴雨则杂采诸家之言,列出书目者,唯《韩诗传》《章句》《周书》《本草》四条材料;毛晋先抄录陆疏,然后征引《尔雅》、郭璞注、邢疏、《埤雅》、《本草》、《图经》、《韩诗说》七种材料,其中邢疏转引《周书》,《埤雅》转引《神仙服食法》《列子》《韩诗传》;冯复京先后征引《尔雅》《尔雅疏》、郭璞注、《本草》、《韩诗传》、《图经》、陆疏、《周书》、《神仙服食经》、《韩诗说》十条材料,征引数量最多。而且四家中,林兆珂仅罗列材料,未加辨析;吴雨虽进行考辨,却杂糅诸家之言化为"己说",且多奉旧说,没有自己的见解;毛晋和冯复京不仅细致征引了材料,并明确注明出处,且或通过分析材料,或结合自己的生活实践,对征引材料进行辨析,不乏创见。

关于诸家优劣,《四库全书总目》言之甚详,评价林兆珂《毛诗多识编》曰:"多引郑樵、陆佃、罗愿之语,又兼取丰坊之伪子贡《传》、伪申培《说》。贪多务博,颇乏持择。……而征引故实,累牍连篇。……又如因《尔雅》'荇,接余'之文,遂谓'汉之婕妤取义于荇菜',其穿凿抑又甚焉。"② 评价吴雨《毛诗鸟兽草木考》曰:"如鸡本家禽,而繁文旁衍;鼠原常物,而异种横增。骈拇枝指,殊为已已。视吴、陈两书之精核,相去远矣。"③ 四库馆臣指出林兆珂版本选择、材料持择和穿凿附会的问题,以及吴雨繁文旁衍、异种

---

① (明)冯复京:《六家诗名物疏》卷三,《文渊阁四库全书》第八〇册,台湾商务印书馆,1986,第65页。
② (清)永瑢等:《四库全书总目·诗识名解》,中华书局,2008,第140页中。
③ (清)永瑢等:《四库全书总目·诗识名解》,中华书局,2008,第142页中。

050

横增的问题，正是明代学风荒疏的几种表现。毛晋和冯复京均为常熟的藏书家，尤其是毛晋，更以藏书之富和印书之善响著海内。他们充分利用邑地和自身在书目存储和版本选择方面的便利条件，征引赅博精善，为人所识。毛晋"盖储藏本富，故征引易繁；采摭既多，故异同滋甚。辨难考订，其说不能不长也。其中如'南山有台'一条，则引韵书证其佚脱。'有集维鷮'一条，则引《诗缉》证其同异。其考订亦颇不苟。至于嗜异贪多，每伤支蔓。如'鹤鸣于九皋'一条，后附《焦山瘗鹤铭考》一篇，蔓延及于石刻，于经义渺无所关。核以诂经之古法，殊乖体例"，但"虽伤冗碎，究胜空疏。明季说《诗》之家，往往簸弄聪明，变圣经为小品。晋独言言征实，固宜过而存之，是亦所谓论其世矣"①。

相比于上述三家而言，冯复京对名物的疏解，不仅注重材料的多方引证，且所有的引证材料皆围绕条目本身所言，博而不漫。如关于"琴"的注疏，冯复京先后引用了《琴书》《说文》《乐书》《广雅》《琴操》《风俗通》《山海经》《琴清英》《书》《周官》《明堂位》《乐记》《国语》《史记》《乐书》十五家之言进行辨析，且每条材料均围绕琴义本身而言，毫无冗言漫语，更为博善征实。

二 分类精细

冯复京《六家诗名物疏》将《诗经》名物分为三十二门，门各若干事："自鸟、兽、草、木而外，如象纬、堪舆、居食、被服、音乐、兵戎，名见于经者，种种具焉。"② "比类而言，几乎上穷景纬，下括舆图，中备人事。《诗》之名物，殚于此矣。"③ 兹选取陆玑《毛诗草

---

① （清）永瑢等：《四库全书总目·诗识名解》，中华书局，2008，第120页下~121页上。
② （明）焦竑：《六家诗名物疏序》，见冯复京《六家诗名物疏》，《文渊阁四库全书》第八〇册，台湾商务印书馆，1986，第3页。
③ （明）冯复京：《六家诗名物疏·叙例》，《文渊阁四库全书》第八〇册，台湾商务印书馆，1986，第3页。

木鸟兽鱼虫疏》、蔡卞《毛诗名物解》、林兆珂《毛诗多识编》、吴雨《毛诗鸟兽草木考》、陈大章《诗传名物集览》、姚炳《诗识名解》、赵佑《毛诗草木鸟兽虫鱼疏校正》、焦循《陆氏草木鸟兽虫鱼疏疏》、丁晏校正的《毛诗草木鸟兽虫鱼疏》、徐鼎《毛诗名物图说》、多隆阿《毛诗多识》与冯复京《六家诗名物疏》进行比较，以说明《六家诗名物疏》涉及之广和分类之细，见图1-2。

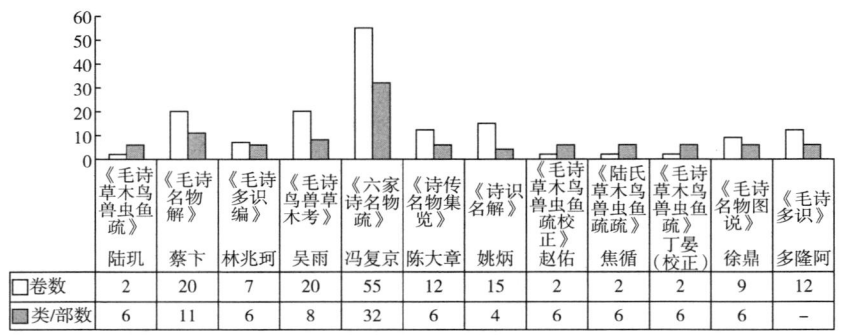

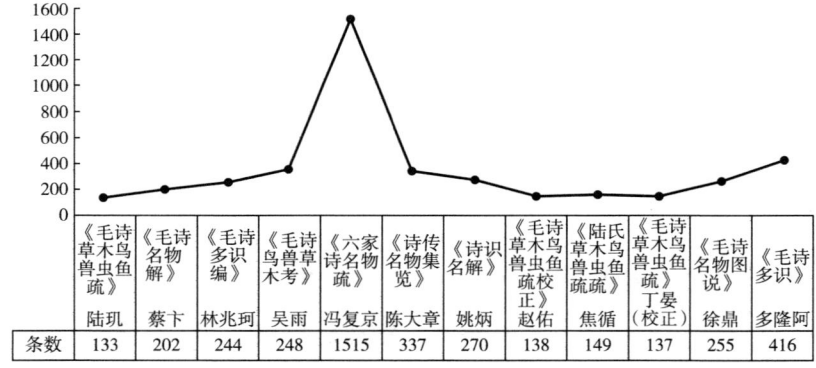

图1-2　冯复京《六家诗名物疏》与其他著作分类比较

如图1-2所示：陆玑《毛诗草木鸟兽鱼虫疏》二卷，释草、木、鸟、兽、鱼、虫六类，疏解名物一百三十三条；蔡卞《毛诗名物解》二十卷，分释天、释百谷、释草、释木、释鸟、释兽、释虫、释鱼、释马、杂释、杂解十一种，疏解名物二百零二种；林兆珂《毛诗多识编》

七卷，分草部、木部、鸟部、兽部、虫部、鳞部等六部，疏解名物二百四十四条；吴雨《毛诗鸟兽草木考》二十卷，分鸟考、兽考、虫考、鳞考、草考、谷考、木考、天文考八类，疏解名物二百四十八条；陈大章《诗传名物集览》十二卷，分鸟、兽、虫豸、鳞介、草、木六部，疏解名物三百三十七条；姚炳《诗识名解》十五卷，因"孔子言鸟、兽、草、木，本括举大凡，譬如史备四时，不妨以春秋互见"①，遂不载鱼、虫，仅释鸟、兽、草、木四门，疏解名物二百七十条；赵佑《毛诗草木鸟兽虫鱼疏校正》二卷，依照陆疏体例，分六部，疏解名物一百三十八条；焦循《陆氏草木鸟兽虫鱼疏疏》二卷，亦按照陆疏分为六大类，大类之下依照诗文篇目顺序重新排列，疏解名物一百四十九条；丁晏校正的《毛诗草木鸟兽虫鱼疏》二卷，亦谨按陆疏体例，分为六部，疏解名物一百三十七条；徐鼎《毛诗名物图说》九卷，亦分为六部，疏解名物二百五十五条；多隆阿《毛诗多识》十二卷，打破陆疏的分类体例，按照《诗经》的篇题顺序，疏解名物四百一十六条。而冯复京《六家诗名物疏》长达五十五卷，分为释天、释神、释时序、释地、释国邑、释山、释水、释体、释亲属、释姓、释爵位、释饮食、释服饰、释室、释器、释布帛、释宝玉、释礼、释乐、释兵、释舟车、释色、释艺业、释夷、释兽、释鸟、释介鳞、释虫、释木、释谷、释草、释杂物三十二类，疏解名物多达一千五百一十五条，体例最为庞大，分类最为精细②。

就编排体例而言，自陆玑《毛诗草木鸟兽鱼虫疏》始，宋、元、明、清的《诗经》名物疏著作不下数十家，或完全依照陆玑《毛诗草木鸟兽鱼虫疏》的体例进行编排，如赵佑《毛诗草木鸟兽虫鱼疏校正》、丁晏校正的《毛诗草木鸟兽虫鱼疏》、徐鼎《毛诗名物图说》等，甚少突破；或在谨遵六部分类的基础上，做出体例的微调，增加一些条目，如焦循《陆氏草木鸟兽虫鱼疏疏》在六部之目下，按照诗篇顺序重新排

---

① （清）永瑢等：《四库全书总目·诗识名解》，中华书局，2008，第133页中。
② 参见周小艳《冯舒、冯班诗学研究》，人民出版社，2019，第69页。

 虞山派与明末清初的学风

列,改正了陆疏排列顺序的混乱,又如徐鼎《毛诗名物图说》在陆疏的基础上,增设图画,使名物的疏解更为直观,且增添约一倍的条目;或对陆疏的六部编排进行调整,以重新分类,如蔡卞《毛诗名物解》在草、木、鸟、兽、虫、鱼六类之外,增设天、百谷、马和杂释、杂解,姚炳《诗识名解》将虫、鱼分门并入鸟、兽两部而分四部,林兆珂《毛诗多识编》和陈大章《诗传名物集览》则鸟部之外设鳞部。但大体而言,承继的多,改革的少,均未彻底脱离陆疏的体例,亦未突破自然名物的局限。唯冯复京《六家诗名物疏》和顾栋高《毛诗类释》及《毛诗类释续编》彻底打破陆疏的六部分类法,在自然名物之外增加人工名物,做出了变革性的突破。顾栋高分为释天文、释地理、释山、释水、释时令、释祭祀、释官制、释礼器、释乐器、释农器、释宫室、释衣服、释草、释木、释鸟、释兽、释虫、释鱼、释车、释马、释诂、释言、释训二十三类,在体例上最为清晰;冯复京细分三十二类,体例最为精细。

　　同时,就疏解名物的条目而言,凡此数十家《诗经》名物疏解,皆对陆疏的一百三十三条名物进行校正、注疏,进而辗转增损,即便增损较大的也不过一二倍之目,数百条。而冯复京虽为广陆疏和郑樵《昆虫草木略》而发,但却兼采齐、鲁、毛、韩、郑笺、朱传六家诗,增补名物千余条,达一千五百一十五条,成为《诗经》名物数史之最,即便清代学者也未有突破。而且冯复京《六家诗名物疏》所训解名物不仅包括草、木、鸟、兽等自然名物,还包括饮食、服饰、舟车等人工名物,涉猎植物、动物、天文、地理、器物、交通等各个方面,几乎囊括了《诗经》所涉及名物的全部种类,远超前代和同代的其他名物疏著作,实为《诗经》名物疏解的集大成之作。

三　详于考证

　　冯复京《六家诗名物疏》不仅征引详博,详细排列各家关于名物的注解,而且更为可贵之处在于能加以考辨,出以己见。检全书加按

第一章 虞山派经学与明末清初的学风

语考辨的多达二百六十条,各卷的分布情况如图 1-3 所示。

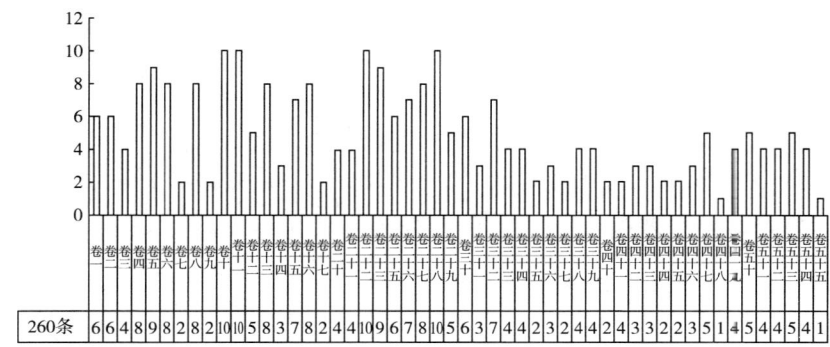

图 1-3 冯复京《六家诗名物疏》各卷考辨条目

全书五十五卷中,仅卷十八、卷十九和卷二十四中著录的条目,冯复京未曾考辨,其余五十二卷皆见冯复京的考辨,如卷十、卷十一、卷二十二、卷二十八考辨条目多达十条,其余八、九条的卷目亦不在少数。而且冯复京的质疑和考证皆为有据而发,如:"'被之僮僮',郑《笺》以被为'髲髢',《集传》以为'编发',应京(按:"应京"应为"复京")则据《周礼·追师》,谓编则列发为之,次则次第发长短为之,所谓'髲髢',定《集传》之误混为编。又如〈郑风·缁衣〉,《集传》以为'缁衣''羔裘',大夫燕居之服。应京(按:"应京"应为"复京")则据贾公彦《周礼疏》,以为卿士朝于天子,服皮弁服,其适治事之馆改服缁衣,郑《笺》所谓所居私朝,即谓治事之馆。"① 又如:卷十七"鹘鸠"条,《本草》说鹘鸠飞不远,但是许叔重却说鹘鸠可直飞入云中,冯复京据《庄子》所云"鸣鸠小物,决起而飞,抢榆枋时,不至控于地而已矣"② 判定许叔重有误。"凡此之

---

① (清)永瑢等:《四库全书总目·六家诗名物疏》,中华书局,2008,第 129 页中。
② (明)冯复京:《六家诗名物疏》卷十七,《文渊阁四库全书》第八〇册,台湾商务印书馆,1986,第 204 页。

055

虞山派与明末清初的学风

类，其议论皆有根柢，犹为征实之学者。"①

冯复京敢于发出疑义，却并非无的放矢，而是非常谨慎的。其详加考辨，并明辨是非者，往往是其比较精通的或熟知的。比如冯复京曾作《遵制家礼》四卷，对服饰、礼仪等都有很深的了解，其对"缁衣"等条的考辨，即从传统习俗和儒家礼义规范出发，辨定是非。又如常熟盛行古琴，并有"虞山"一派，至今不绝。冯复京亦精通音乐，他对各种乐器的考辨，即从其音乐实践出发，加以梳理。以卷一"琴"为例，冯复京在罗列各家论点之后，加以分析，曰：

> 按：《明堂位》有大琴、中琴之文。然则长八尺一寸者，大琴之度也；长三尺六寸六分者，中琴之度也。制之长短虽不同，不过五弦、七弦而已。郭氏云，大琴二十七弦，未知何据。陈旸又云：声不过五，小琴五弦，中琴倍之十弦，大琴四倍之二十弦。深辟七弦之琴，以为存之有害。古制其称十弦、二十弦，于古罕用。而七弦则古今相传，未可废也。②

琴有大琴、中琴之目，琴长又有八尺一寸、七尺二寸、三尺六寸六分之分，弦又有五弦、七弦、十弦、二十弦、二十七弦之不同。冯复京从音乐实践出发，指出大琴长八尺一寸、中琴长三尺六寸六分。而五弦、七弦古今通用，十弦、二十弦古人罕用，至于二十七弦则未能辨。

如遇有疑问而众家之说不同，又无从考证者，冯氏往往提出疑问而不论定是非，然也为后来学者提供了一些线索。当然，冯复京的考辨虽然严谨，但正如刘毓庆先生所指，由于其"缺乏清儒归纳、演绎、音韵、训诂的手段"，又"过于依赖于文献，而又无力疏通其间

---

① （清）永瑢等：《四库全书总目·六家诗名物疏》，中华书局，2008，第129页下。
② （明）冯复京：《六家诗名物疏》，《文渊阁四库全书》第八〇册，台湾商务印书馆，1986，第44页。

关系，故虽博而多有不通"①。冯氏以一人之力详注五十五卷之目，错误、纰漏在所难免，至于由于能力所限，缺乏对材料的整体把握和疏通，亦是人之常情。冯复京对文献的依赖也正是其严谨学风的有力表现，有一分材料说一分话亦是治学的一种方法。

总之，冯复京《六家诗名物疏》以征引广博、分类精细、详于考辨三点，打破了以往名物疏解的局限，堪称《诗经》名物疏解的集大成之作。且冯复京在名物训诂中，有意识地征引齐、鲁、毛、韩、郑笺、朱传六家诗，进行义理的考辨和阐发，不仅突破了今文和古文、汉学和宋学、训诂与义理的截然对立的限制，而且对以训诂寻义理的经学研究法进行了有益的尝试，对清代经学具有启发之功，为清代考据学的兴盛开辟了先路。同时，他对文献的重视与应用，以及严谨的学术态度，对明末清初学者产生了深远的影响，对矫正浮泛空疏的学风大有裨益。

---

① 刘毓庆：《从经学到文学——明代〈诗经〉学史论》，商务印书馆，2003，第 154~156 页。

第二章

虞山派史学与明末清初的学风

明代前期，正史的撰修工作基本没有展开，万历二十年（1597）朝廷曾开设馆纂修国史，但由于种种原因暂停，此后未再继续，但朝廷放松史事的态度，却极大促进了私修史书的热情。所以，自嘉靖以来，随着文网的禁除和世运学风之转变，私人修史蔚然成风。然明人大抵学风空疏，又好高骛远，下笔轻率，不加审核，加之明代由于官史的缺失，史事不彰，所修野史稗乘大都道听途说，小小异同，动成掌故，将史实随意歪曲、神秘化。《四库全书总目》曰："明人学无根柢，而最好著书，犹好作私史。其以累朝人物汇辑成编者，如雷礼之《列卿记》、杨豫孙之《名臣琬琰录》、焦竑之《国朝献征录》，卷帙最为浩博，而冗杂泛滥，不免多所抵牾。"① 四库馆臣之批评虽过于严苛，却也正中明代史学之时弊，清代很多有识之士都认识到了明代史学之弊陋，也持严厉的批评态度，但他们与清代官方出发点大有不同。明代史学家及遗民对史学的批评与重建，以学术反思为手段，以经世致用为目的，他们对史学的改革是以经学改革为核心的学术学风改革之一部分，大都与世运相关，是经世致用的学术思潮在史学领域的观照与实践。以钱谦益为首的明末清初常熟遗民站在学术思潮改革的前端，不仅为经学改革提供理论支撑、指明方向，对史学亦提出了自己的要求和见解，并投身于史论的修撰、刊印和考据中，以"六经皆史"、"经经纬史"和"以诗证史"为旗帜，对明代史学的范畴、价值、功能、方法和得失等进行了深入的思考，对明末清初的学术、学风演变，以及清代史学的发展都具有一定的影响。②

钱谦益一生以史官自居，立志于宋以后四史之修撰，钱谦益的曾

---

① （清）永瑢等：《四库全书总目·今献备遗四十二卷》，中华书局，2006，第524页中。
② 参见靳宝《论钱谦益的史学观》，《辽宁大学学报》（哲学社会科学版）2006年第2期。

虞山派与明末清初的学风

祖钱体仁，字长卿，吴越武肃王二十二世孙，"规言矩行，步武先民。勤学博闻，撰《名臣巨儒言行录》若干卷"①。祖父钱顺时，字道隆，嘉靖己未进士，"博通典故，储峙有用之学，举凡古今物变，天人经纪，世务便宜，部州条次，勒成一书，名曰《资世文钥》百余卷，盖《通典》《通考》之流亚也"。父亲钱世扬，字士兴，又号景行，常熟增广生员，万历辛卯（1591）乙榜，著《春秋说》十卷，"晚读《二十一史》，钩摘其奇闻逸事，撰《古史谈苑》三十四卷"②。钱谦益秉承家族修史之志，感于"明兴二百五十余年，文人献老，亦多言史事矣，而迄无成史。万历中尝开局纂修，未几报罢"③的正史阙如现状，早在万历三十八年（1610）的会试策问中，年仅二十九岁的他即已心期于国史的修订，并针对谥号混乱之现象，提出"谥之未定，由史之不立也"④。国史之不立不仅导致谥号混乱，亦导致圣祖德业寥寥无闻，其曰："我二祖列宗之德业，如日中天，而金匮之藏，寥寥未有闻也。"⑤而"国史未立而野史盛，汲之冢，齐东之野，至有以委巷不经之说诬高皇为嗜杀者，非裁正之，其流必不止"⑥。国史未定，野史杂兴，致使尾巷杂谈荒诞不经而真伪难辨，亟须执事者网罗放失旧闻，考订旧闻予以裁正，宜谥者谥之、宜去者去之、宜更定者更定之，以史裁谥，以谥实史，并表示"愿握管以从焉"⑦。钱谦益以廷试第三授

---

① 金鹤冲：《钱牧斋先生年谱》，（清）钱谦益著，（清）钱曾笺注，钱仲联标校《牧斋杂著》附录，上海古籍出版社，2007，第930页。
② 金鹤冲：《钱牧斋先生年谱》，（清）钱谦益著，（清）钱曾笺注，钱仲联标校《牧斋杂著》附录，上海古籍出版社，2007，第930页。
③ （清）钱谦益著，（清）钱曾笺注，钱仲联标校《牧斋初学集》卷九十"策三道·第三问"，上海古籍出版社，2009，第1869页。
④ （清）钱谦益著，（清）钱曾笺注，钱仲联标校《牧斋初学集》卷八十九"策五道·第四问"，上海古籍出版社，2009，第1855页。
⑤ （清）钱谦益著，（清）钱曾笺注，钱仲联标校《牧斋初学集》卷八十九"策五道·第四问"，上海古籍出版社，2009，第1855页。
⑥ （清）钱谦益著，（清）钱曾笺注，钱仲联标校《牧斋初学集》卷八十九"策五道·第四问"，上海古籍出版社，2009，第1855页。
⑦ （清）钱谦益著，（清）钱曾笺注，钱仲联标校《牧斋初学集》卷八十九"策五道·第四问"，上海古籍出版社，2009，第1855页。

第二章　虞山派史学与明末清初的学风

翰林院编修，但适逢父逝，丁忧归里，又逢东林党在朝中失势，未曾起用即回乡搁置，直至万历四十八年（1620）才得补翰林院编修原职。

虽然居乡十年期间钱谦益未进行任何实质性的史书修纂工作，但其有意识地研读了很多史书和文献，并对史学现状及修史方法进行了深入的思考和探索，从而形成系统的理论。关于此点可见钱谦益于天启元年（1621）即得补翰林编修之次年，担任浙江乡试的主考官时提出的三道策问，其中第三问即修史六问，涉及修史之法、史家之正统、国统之离合、四史之得失、《实录》之评鉴、国史之修纂，而这六问也正是其史学思想之核心。其六问为：

> 史以事辞胜，亦兼道与法而有之。夫断木为棋，捖革为鞠，亦皆有法焉，而史其可以无法欤？近世之论者，侈言古文，曰：迁、固而下无史矣，欧阳氏之《五代史记》，君子深叹焉，以谓可与迁史同风。其信然与？宋、辽、金三史，修自胜国，《元史》修自圣祖，编缀丛杂，卷帙浩烦。其间国统之离合，纪载之得失，亦可得而悉数之欤？明兴二百五十余年，文人献老，亦多言史事矣，而迄无成史。万历中尝开局纂修，未几报罢。使名山之藏有闻，石渠之业不辍，则本朝之史，遂可跨唐、宋而上之欤？天子初践阼，既命纂修两朝《实录》，留心史事，甚殷盛也。诚欲网罗十庙之书，勒成一代之史，草创润色，若何而可？宋以后四史，识者谓当亦櫽栝删削，以附欧阳氏之后，不识可欤？①

钱谦益对六问一一做出解答，系统阐述了其史学理想和史学理论，并于《爱琴馆评选诗慰序》《答徐巨源书》《答杜苍略论文》《再答苍略书》《汲古阁毛氏新刻十七史序》《内阁小识序》《赖古堂文选序》等文中又多有阐发和补充，对明末清初史学进行了有益的尝试，或针砭

---

① （清）钱谦益著，（清）钱曾笺注，钱仲联标校《牧斋初学集》卷九十"策三道·第三问"，上海古籍出版社，2009，第1869~1870页。

 虞山派与明末清初的学风

当代史学之失，或思考史学的功能与性质，或探索归纳史学方法，不仅提高了史学的地位，扩大了史学的研究范围，确立了史学标的，提炼了史学的研究方法，也赋予史学以传道治世之重任，从而将史学归入其经世致用的宏大学术范畴。下面就从钱谦益提出的著名论点——六经皆史、经经纬史和以诗证史三个方面分别论述钱谦益对经史关系的思考、对史者修为之界定，以及对史学方法之探索。

第一节　六经皆史

钱谦益曰："六经，史之宗统也。六经之中皆有史，不独《春秋》三传也。"[①] 一方面，经学源自圣人，为史学之宗统，为万世之法则；另一方面，经亦可以为史，不仅可以将六经作为史学的史料来源，亦可以用研究经学的方法研究史学。这不仅扩大了史学范畴，亦为史学树立了标的，还赋予史学以经学传道经世的内核。

一　扩大史学范畴

钱谦益批判俗学，将俗学之谬归咎于宋代讲经与传道的分途，主张以汉学治理学术，然其很多观点又不可避免受到宋学和心学影响，并欲调和二者之间的矛盾。宋元理学将六经奉为至高无上的法则，迥然突出于任何学科门类，高高在上不可侵犯，但在心学的视野中，经学也自有其不可动摇之根本，然其并非万世皆准之法则。于经史关系而言，经亦可为史，元代郝经在《经史论》中明确指出："古无经史之分。孔子定六经，而经之名始立，未始有史之分也，六经自有史耳。故《易》，即史之理也；《书》，史之辞也；《诗》，史之政也；《春

[①] （清）钱谦益著，（清）钱曾笺注，钱仲联标校《牧斋有学集》卷三十八"再答苍略书"，上海古籍出版社，2010，第1310页。

秋》，史之断也；《礼》、《乐》经纬于其间矣。何有于异哉？至司马迁父子为《史记》，而经史始分矣。其后遂有经学，有史学，学者始二矣。"① 而"经者，万世常行之典，非圣人莫能作。史即记人君言动之一书耳，经恶可并？虽然，经史而既分矣，圣人不作，不可复合也。第以昔之经，而律今之史可也；以今之史，而正于经可也。若乃治经而不治史，则知理而不知迹；治史而不治经，则知迹而不知理。苟能一之，则无害于分也"②。古无经、史之分，经亦史，史亦经，自司马迁作《史记》，经、史分而为二。虽然自经、史分，古人之不存，经不复作，但修经与修史却不应截然分开，因治经不治史，徒然知道、知理，却不知晓历史源流；治史而不治经，则只知晓历史源流，不通晓自然之道和自然之理。但放眼学界，各门类均埋没于尊经至上的历史洪流之中，史学不得振。王阳明于《传习录》亦云："《春秋》亦经，《五经》亦史。《易》是包牺氏之史，《书》是尧、舜以下史，《礼》、《乐》是三代史。"③"五经亦史"的提出，最初目的只是在于强调经学"明善恶，示训戒"的作用和意义，并没有贬低经学以抬高史学的意味，但却着眼于史学与经学的相同点，即"史以明善恶、示训诫。善可为训者，时存其迹以示法；恶可为诫者，存其戒而削其事以杜奸"④ 的道德功用，打破了经、史殊途的惯例，从而将史学放在几乎与经学同等重要的地位上来。这就迥然不同于程朱理学视角下的经尊史卑。王阳明的"五经亦史"说建立在心学的大背景下，在心学"致良知"的范畴中，心即经、心即理，心外无物、心外无理、心外亦无经，经和理不是外化的世间法则和抽象的物体，而是内化的普遍真理与人性之个体的统一，即心在理在、心在经在。所以，在心学的视角下，无论是高于世间学术的经学，还是卑下于事的史学、诗学等，

---

① （元）郝经：《郝文忠公陵川文集·经史》，山西人民出版社，2006，第290页。
② （元）郝经：《郝文忠公陵川文集·经史》，山西人民出版社，2006，第290页。
③ （明）王阳明：《传习录》卷一，《王阳明全集》，上海古籍出版社，2015，第13页。
④ （明）王阳明：《传习录》卷一，《王阳明全集》，上海古籍出版社，2015，第13页。

虞山派与明末清初的学风

都无一例外存在于每个鲜活的个体生命的心中。于此,经与史之分途或划一,才可能成为现实。

王阳明的"五经亦史"说,为明代其他学者所继承。何景明曰:"夫学者谓经以载道,史以载事。故凡讨论艺文,横分事理,而莫知反说讫无条贯,安能弗畔也哉!《易》列象器,《书》陈政治,《诗》采风谣,《礼》述仪物,《春秋》纪列国时事,皆未有舍事而议于无形者也。夫形理者事也,宰事者理也。故事顺则理得,事逆则理失。天下皆事也,而理征焉。是以经史者,皆纪事之书也。但圣哲之言为经尔,故纪事者苟非察于性命之奥,以尽事物之情者,亦难与论于作者之门矣。"① 王世贞在《艺苑卮言》中提出:"天地间无非史而已。三皇之世,若泯若没;五帝之世,若存若亡。噫!史其可以已耶?《六经》,史之言理者也。"② 其比较经史关系,曰:"经载道者也,史纪事者也。以纪事之书较之载道之书,孰要?人必曰经为载道之书,则要者属经,如是遂将去史弗务。嗟乎!智愈智,愚愈愚,智人之所以为智,愚人之所以为愚,其皆出于此乎?自有鲁史而孔子作《春秋》,有《春秋》而司马温公作《通鉴》,有《通鉴》而考亭朱子作《纲目》。其为辞也显而晦、微而婉,言之者无罪,而闻之者足以戒。孟子尊孔子作史之功以禹之治水、周公之兼夷狄,同年而道,则孔子而下如司马温公及考亭朱子,其功亦可以类推矣。"③ 何景明和王世贞皆于载道与纪事的角度强调了经、史均具备的功能,何景明甚至提出因史而治经,因经而治史,孟子言孔子的治经、治史之功,后人亦应言身为史官的司马光和朱熹的治史、治经之功。虽然司马光和朱熹兼具经史之功,治史亦为治经,治经亦为治史,但他们并不是要将经学从载道的功用拉回到纪事的功用,成为与史学地位殊等的学科,而是要

---

① (明)何景明:《何大复先生集》卷三十四"汉记序",清乾隆赐策堂刻本。
② (明)王世贞:《艺苑卮言》卷一,凤凰出版社,2009,第13页。
③ (明)王世贞:《纲鉴会纂·序》,明万历刊本。

第二章 虞山派史学与明末清初的学风

强调经、史相通。经、史虽为同源,亦同可纪事,但两者也存在差别。随着经、史分离,经可载道亦可纪事;但史可纪事,难以载道。

李贽在《焚书》中提出"经史一物"的观点,并正式提出"六经皆史",曰:

> 经、史一物也。史而不经,则为秽史矣,何以垂戒鉴乎?经而不史,则为说白话矣,何以彰事实乎?故《春秋》一经,春秋一时之史也。《诗经》、《书经》,二帝三王以来之史也。而《易经》则又示人以经之所自出,史之所从来,为道屡迁,变易匪常,不可以一定执也。故谓《六经》皆史可也。①

李贽的"六经皆史"说,是与他社会变化发展的历史观和不以圣人之是非为是非的哲学观相联系的。他的出发点不是为了强调经史相通,而是将经学从神坛上拉将下来,使其作为历史记载而存在。在李贽看来,六经"非其史官过为褒崇之词,则其臣子极为赞美之语。又不然,则其迂阔门徒,懵懂弟子,记忆师说,有头无尾,得后遗前,随其所见,笔之于书"②,而非万世皆准之"至论",不能作为判定万事万物是非的准则,"人之是非,初无定质,人之是非人也,亦无定论。无定质,则此是彼非,并育而不相害;无定论,则是此非彼,亦并行而不相悖矣"③。且世界是变化发展的,是非亦是随之变化的,"夫是非之争也,如岁时然,昼夜更迭,不相一也。昨日是而今日非矣,今日非而后日又是矣"④。即使孔子再生,亦不知作如何非是也。六经只是可资借鉴的史料,而非最高行为准则。李贽的思想学说对于解放思想,冲破经史的牢笼,确有奇功,但却不太契合明末清初内外交困的

---

① (明)李贽:《焚书·续焚书校释》卷五"经史相表里",岳麓书社,2011,第351~352页。
② (明)李贽:《焚书·续焚书校释》卷三"童心说",岳麓书社,2011,第173页。
③ 陈蔚松译注《李贽文选译·藏书世纪列传总目前论》,凤凰出版社,2011,第177页。
④ 陈蔚松译注《李贽文选译·藏书世纪列传总目前论》,凤凰出版社,2011,第177页。

时局,故其被为"异端",逐渐为人所忽视,并被经世致用的史学思潮所代替。

钱谦益亲身经历了理学、心学的交织碰撞,其心期于心学的致良知,也服膺于李贽的人格魅力,但他同时又递受复古派和东林党熏陶,时刻以匡本复正为己任。故在经史关系上,他调和汉学、理学、心学的矛盾,以王阳明的"五经亦史"和李贽的"六经皆史"的外壳行经世致用的目的。六经之中皆有史,六经皆可作史,然在经、史地位上,六经仍是高于史学等其他学科的,乃为史之宗统。

> 经犹权也,史则衡之有轻重也。经犹度也,史则尺之有长短也。……有人曰:我知轻重,我明长短。问之以权度,茫如也,此无目而诤目,不通经而学史之过也。有人曰:我知权,我知度。问之以轻重长短,亦茫如也,此执籥而为日,不通史而执经之过也。经不通史,史不通经,误用其偏诐搜琐之学术,足以杀天下,是以古人慎之。①

经史之关系如权之有衡、尺之有度,相互依存,互为研发。但于从属而言,经为圣人之微言大义,具有载道的意义,为史学之权、史学之尺;史学仅具有纪事之功效,乃为经学服务之属。但若想知权度,明长短,晓轻重,必得通经通史。倘只通经而不通史则只知权度,不知轻重长短;只通史而不通经则知轻重长短,却不知权度。钱谦益的经史论断,既不同于王阳明的以道德功用为相通点,又不同于李贽以史学非议经学,而是更倾向于何景明、王世贞等复古派的理论,以经学的史料价值和纪事功用强调经史的相通处,同时又要树立经学的载道功能和万世权威。但钱谦益立论的出发点又与复古派不同。何景明、王世贞的经史论为"文必秦汉、诗必盛唐"的复古主张服务的,只是

---

① (清)钱谦益著,(清)钱曾笺注,钱仲联标校《牧斋有学集》卷十四"汲古阁毛氏新刻十七史序",上海古籍出版社,2010,第679~680页。

第二章　虞山派史学与明末清初的学风

强调了经史的纪事功用,未及其他;钱谦益的出发点则是为事功而服务的,经史之论无非是其经世致用的手段和实行方式。故钱谦益的经史之论,既不在于经史的纪事功用,也不在于道德功用,而在于治世、救世的功用。"经经纬史,州次部居,如农有畔,如布有幅,此治世之菽粟,亦救世之药石也。"① 这也正是他异于泰山学派、复古派而同于东林党之处。

而且钱谦益将"六经皆史"说追根溯源于孟子,以孟子之言为己立说,舍弃泰山学派和复古派而不论。其于《胡致果诗序》引孟子之语说:"孟子曰:'《诗》亡然后《春秋》作。'《春秋》未作以前之诗,皆国史也。人知夫子之删《诗》,不知其为定史。人知夫子之作《春秋》,不知其为续《诗》。《诗》也,《书》也,《春秋》也,首尾为一书,离而三之者也。"② 这样,钱谦益就以孟子为端绪,以心学和复古派为外壳,行东林党之经世之举,复己之汉学之尊。

又,钱谦益的"六经皆史"说,不是单就经、史而言的,而是囊括了包括经、史在内的各类学科。经而为史,诗而为史,文而为史;经能入史,诗能续史证史,文能补史。如其读《世说新语》即叹其得史家之法,书史家之事,作史家之文,为史家之书,可与《晋书》相表里,甚或超越于《晋书》。其曰:

> 余少读《世说新语》,辄欣然忘食。已而叹曰:临川王,史家之巧人也。生于迁、固之后,变史法而为之者也。夫晋室之崇虚玄,尚庄、老,盖与西京之儒术,东京之节义,列为三统。是故生于晋代者,其君弱而文,其臣英而寡雄,其民风婉而促,其国论简而剀,其学术事功迩而不迫,旷而无余地。临川得其风气,妙于语

---

① (清)钱谦益著,(清)钱曾笺注,钱仲联标校《牧斋有学集》卷十四"汲古阁毛氏新刻十七史序",上海古籍出版社,2010,第680页。
② (清)钱谦益著,(清)钱曾笺注,钱仲联标校《牧斋有学集》卷十八"胡致果诗序",上海古籍出版社,2010,第800页。

虞山派与明末清初的学风

言。一代之风流人物,宛宛然荟蕞于琐言碎事、微文澹辞之中。其事,晋也;其文,亦晋也。习其读则说,问其传则史,变迁、固之法,以说家为史者,自临川始。故曰史家之巧人也。作《晋书》者,但当发凡起例,大书特书,条举其纲领,与临川相表里,而不当割剥《世说》,以缀入于全史。史法芜秽,而临川之史志滋晦,此唐人之过也。自唐以还,学士大夫,沉湎是书,而莫能明其指意。至为续为补之徒,抑又陋矣。代不晋而晋其事,事不晋而晋其文,譬之聋者之学歌也,视人之启口,而岂知其音节之若何也哉?……《世说》,史家之书也;续且补者,以说家窜窃之则陋。①

经亦史、诗亦史、文亦史……一切学科的文献皆可作为史料文献,补史料之不足,俾考证之资,史无前例地扩大了史学的范畴,并赋予经、史、诗、文等经世匡正之功用,以矫学风之失、世风之失、国政之失。钱谦益赋予"六经皆史"的经世内涵,也为清代及以后的学者如黄宗羲、章学诚等所继承和发扬,成为经世致用的利器。

二 确立史学标的

钱谦益的"六经皆史"说不仅扩大了史学之范畴,也确立了史学之标的。"六经,史之祖也。左氏、太史公,继别之宗也。欧阳氏,继祢之小宗也。等而上之,先河后海,则以六经为原;等而下之,旁搜远绍,则以欧阳氏为止。此亦作史者之表识,而论史者之质的也。"② 六经皆史,六经既是史学之统,史学之原,就必以圣人之裁制为史学之正统,恰如六经为万物之法则。自六经而下,《左传》和《史记》次之,欧阳修《新唐书》又次之,从而形成六经、左丘明

---

① (清)钱谦益著,(清)钱曾笺注,钱仲联标校《牧斋初学集》卷二十九"郑氏清言叙",上海古籍出版社,2009,第881~882页。
② (清)钱谦益著,(清)钱曾笺注,钱仲联标校《牧斋初学集》卷九十"策三道·第三问",上海古籍出版社,2009,第1871页。

第二章　虞山派史学与明末清初的学风

《左传》、司马迁《史记》、欧阳修《新唐书》的源流标的。此不仅为修史之标的，亦为论史之标的。

> 六经降而为二史，班、马其史中之经乎？……《尚书》、《左氏》、《国策》，太史公之粉本，舍此而求之，见太史公之面目焉，此真《史记》也。天汉以前之史，孟坚之粉本也。后此而求之，见孟坚之面目焉，此真《汉书》也。由二史而求之，千古之史法在焉，千古之文法在焉。宋人何足以语此哉！以文法言之，二史之文，亦不过文从字顺而已矣。①

> 太史公之才，秦、汉以来，一人而已矣。世所传百家《评林》，上下五百年，才人文士，钩索字句，不能仿佛其形似，今遽欲伸纸奋笔，俨然抗行，因以蹂践晔、寿诸人，诸不足供其风迹，此所谓非愚则诬也。《汉》、《晋》邈矣，详缛则《宋》，剪裁则《南》、《北》，典要则《五代》，绳尺檃栝，犹可以追配古人。舍是而远引焉，如夸父之逐日不至而立槁焉。斯已矣。②

于十七史中，钱谦益最推崇司马迁《史记》和班固《汉书》。其从"六经皆史"的角度，尊奉《史记》《汉书》为史中之经，得《尚书》《左传》《国策》之真传，故由此二史而寻之，史法可得，文法亦可得。其在晚年总结自己的学术之路时，曾经说其研读班、马二史之经历，并表自愧之情和难以逾越之感，曰："少读班、马二史，欣然自喜。戊寅岁，讼系西曹，取而读之，然后少知二史之史法，与其文章之蹊径阡陌。始自叹四十六年以前，虽读《史》、《汉》，犹无与也。向后再读之，辄有所得。去岁累因白下，又翻一过，又自愧向者之阔疏也。读古人之书，其难如此，而况于自作乎？又况于驱驾古人，欲凌而上

---

① （清）钱谦益著，（清）钱曾笺注，钱仲联标校《牧斋有学集》卷三十八"再答苍略书"，上海古籍出版社，2010，第 1310 页。
② （清）钱谦益著，（清）钱曾笺注，钱仲联标校《牧斋有学集》卷十四"汲古阁毛氏新刻十七史序"，上海古籍出版社，2010，第 681 页。

之乎？仆所以重自退损，不敢妄插牙颊，僭冒于著作之林，为此故也。"①《史记》《汉书》作为史中之经，自有其不可凌越之地位，绝非常人所能驱驾，故治经学史者要仔细研读，揣摩其修史之法以待追模。而且，从学术关系上而言，钱谦益认为，经、史、诗、文是四位一体的，虽然具体到每一类文学样式，各有其差别和本真，然又有其相通之处，经可为史，史中有经；经亦为诗，诗亦有经；经可为文，文亦有经；史中有诗，诗中有史；史中有文，文中有史；诗可入文，文可入诗；……六经出自圣人，为万世之法则，故以六经为代表的先秦两汉之典籍，自可为后世一切文学样式之典范。"有一代之史，马、班之书是也。有万世之史、孔子之《春秋》是也。"②《史记》《汉书》虽为史中之经，学其可得汉代史法、文法，但与六经相较，还是有些差距的：《春秋》可为万世之史，《史记》和《汉书》只可为一世之史。因此后世求史学之法、诗学之法、文章学之法，必当由上而下，从六经、至两汉，再至两宋，再至元明，最后至今，溯流而下，原原本本，方能得之。

司马迁、班固奋乎百世之下，断然以古人为法，而后世有所准绳，则无如欧阳修也。然而"自弘、正以后，剽贼之学盛行，而知此者或罕矣"③。世之史家往往质疑欧阳修之史功，或曰"欧阳子不喜《史记》"，或曰"迁、固以下无史"，或曰"欧阳氏之文非《史》、《汉》之文也"。连一代大儒归有光、王世贞亦晦而不知，老而自悔。"今且无论其他，即我圣祖开国，因依龙凤滁阳之遗迹，子长《楚汉月表》之义，谁知之者？韩公之诛夷，德庆之赐死，金匮石室之书，解、黄

---

① （清）钱谦益著，（清）钱曾笺注，钱仲联标校《牧斋有学集》卷三十八"答杜苍略论文书"，上海古籍出版社，2010，第1306~1307页。
② （清）钱谦益著，（清）钱曾笺注，钱仲联标校《牧斋有学集》卷四十九"书杜苍略史论"，上海古籍出版社，2010，第1595页。
③ （清）钱谦益著，（清）钱曾笺注，钱仲联标校《牧斋有学集》卷三十八"再答苍略书"上海古籍出版社，2010，第1311页。

第二章　虞山派史学与明末清初的学风

诸公，执如椽之笔者，皆晦昧不能明其事。而后世宁有知之者乎？世之通人如某某辈，皆网罗搜讨，勒成一书，俨然自命良史，亦间出以相商。仆为之窃笑，亦为之窃叹，终不敢置一喙也。"[1] 面对当世之无史，世人之不知史，钱谦益叹曰："彼固不知文，又安知史？不知太史公，又安知欧阳氏哉？"[2] "居今之世，欲从事于二百余年之史，非有命世之豪杰如欧阳子者，其孰能为之？"[3]

> 欧阳子，有宋之韩愈也。其文章崛起五代之后，表章韩子，为斯文之耳目，其功不下于韩。《五代史记》之文，直欲祧班而祢马。《唐六臣》、《伶人》、《宦者》诸传，淋漓感叹，绰有太史公之风。人谓欧阳子不喜《史记》，此瞽说也。欧阳玄《金史》诸传，虞集《大典》诸序论，其亦读欧阳子之文而兴起者乎？[4]

欧阳修《五代史记》祧班祢马，绰有司马迁之遗风，成就史家之大业。宋以后诸史或传闻异词，或隐晦失笔，或檃栝删削，或多生演义，或不能知人论世，泯灭祖宗功德，而无人书之、知之，终非史家之正，故史学之标的始自六经、司马迁、班固而止于欧阳修。

或曰钱谦益之史学标的过于狭窄，宋以后四史之功绩几于泯灭。然究钱谦益立论之历史和社会，其出发点并非无的放矢，而是有着深层的针砭俗学之失的意味。史学如同经学、诗学乃为其经世致用之学术主张之一部分，其论史学非就史学之学术价值本身而言，而是以反经、复兴汉学为指归，以匡复朝政时局为目的的。其将当代学术之失、

---

[1] （清）钱谦益著，（清）钱曾笺注，钱仲联标校《牧斋有学集》卷三十八"再答苍略书"上海古籍出版社，2010，第1311页。
[2] （清）钱谦益著，（清）钱曾笺注，钱仲联标校《牧斋初学集》卷九十"策三道·第三问"上海古籍出版社，2009，第1871页。
[3] （清）钱谦益著，（清）钱曾笺注，钱仲联标校《牧斋有学集》卷三十八"再答苍略书"上海古籍出版社，2010，第1311页。
[4] （清）钱谦益著，（清）钱曾笺注，钱仲联标校《牧斋有学集》卷三十八"再答苍略书"上海古籍出版社，2010，第1310~1311页。

虞山派与明末清初的学风

学风之失、朝政之失归之于宋学之道与经之分离,自难以认同宋代之史和当代之史,非宋以后四史无可取,乃为匡本复正之需。

学界总结"六经皆史"的意义,均强调其拉低了经学的地位,扩大了史学范围的功用。向燕南从经学与史学的双重视角,将其扩展为对于经史之学的互相促进作用:"对于史学本身来说,'六经皆史'说的明确提出,在促进史学摆脱经学束缚,提高史学地位的同时,史学本身也因其学术自主地位的强调,促进了人们对史学学科的深入认识。……对于经学来说,'六经皆史'说的明确提出,极大促进了明中叶以后的学者,以文献学的眼光看待传统的经书,以史学方法考证经书,促使学术研究由考经向考史的方向展开,而这正是后来清代学术的基本特点。"① 但此说尚不全面,仍可补充。钱谦益的"六经皆史"不仅扩大了史学的范畴,提高了史学的地位,也不仅强调经学的文献价值,引导学术研究由考经向考史的方向展开,其价值更在于打通了经、史、诗、文各学科之间的壁垒,使各类学科之间可以相互跨越、借鉴,并将所有学科统一于传道解经的大的历史范畴之中,赋予其经世致用的历史功效。经可入史、诗可入史,史亦可入诗、文亦可入诗,经学和诗学、文章学既可为史学提供文献,亦可为其提供学术方法,同理,史学之方法亦可用之于经学、诗学和文章学之中。这样,各个学科之间既可互为文献,又可互相提供研究方法,极大地促进了学术的发展。而且,钱谦益的"六经皆史"并没有拉低经学、抬高史学之意味,经学仍为各学科之统领,规定各学科审美准则和学术价值,只是扩大了传道的范围和手段。在扭转明代空疏学风的战斗中,打破经学一支孤军奋战的局面,集结经、史、诗、文等各类学科,从而使之成为一支队伍庞大的学术军团,全方面抵制空疏,倡导实学与经世致用,方成磅礴之势。钱谦益在树立经学之大的审美标准的同时,

---

① 向燕南:《从"荣经陋史"到"六经皆史"——宋明经史关系说的演化及意义之探讨》,《史学理论研究》2001年第4期,第40~41页。

也充分尊重各学科之间的差异，在每个学科内部又分举标杆，以便于学子学习与求索。

第二节　经经纬史

钱谦益关于经史关系之论断，除却"六经皆史"，又有"经经纬史"，即以经学为权以史学为衡，强调经史关系中经学的统领地位和示范作用。而"经经纬史"研究法，不仅于经史关系中强调经学对史学的权衡，又为钱氏总结的史学方法。钱谦益早于万历年间浙江乡试中即已开始思考史法之存在，曰："史以事辞胜，亦兼道与法而有之。夫断木为棋，挽革为鞠，亦皆有法焉，而史其可以无法欤？"[①] 其对司马迁、班固和欧阳修史学的认识和评价，基本上是从史学方法的角度言说的。钱谦益以《史记》、《汉书》和《五代史记》为标榜，总结史学方法，涉及史者之修为、史料之取材与辨伪、撰史方法、读史方法等，虽不够系统，但也基本全面地阐释了史学方法及应该注意之处，提升了史学的独立地位和主体价值，推动了史学的发展，并扭转了明清之际的学术风气。

"经经纬史"于其指征史学方法内涵而言，至少包括四个方面：一是以一代为经，以一代之事与人为纬；二是以纪传体为经，以编年体为纬；三是以长编为经，以事略为纬；四是以国史为经，以野史、家乘为纬。这四个方面基本囊括了史者之修为、史书之体例、史料之整理与史料之考证等方面的要求，即史书之编撰，既要求史者有包举百代、囊括万事之眼界和虚己自谦之心胸，还要求史者遵守"以一代为经，以一代之事与人为纬"和"以纪传体为经，以编年体为纬"的

---

① （清）钱谦益著，（清）钱曾笺注，钱仲联标校《牧斋初学集》卷九十"策三道·第三问"，上海古籍出版社，2009，第1869页。

虞山派与明末清初的学风

史学体例,而在具体的操作过程中还要遵循"以长编为经,以事略为纬"的文献整理之法和"以国史为经,以野史、家乘为纬"的史料考订之法。

一 以一代为经,以一代之事与人为纬

钱谦益于史书的编撰范围上,强调要编写一代之全史,采取"以一代为经,以一代之事与人为纬"之法,曰:

> 尝窃闻史家之法矣,以一代为经,以一代之事与人为纬。何言乎其经也?创守治乱,兴废存亡,升降质文,包举一代之全史者是也。何言乎其纬也?律历礼仪、河渠食货,其事不一,而一事亦有首尾也;公侯将相、贤奸顺逆,其人不一,而一人亦有本末也。以言乎经纬错综,则一代之事,襞裂为千百,而千百事之首尾,不出于一事;一代之人,胪传为千百,而千百人之本末,不出于一人。所谓一事一人者何也?吾所谓创守治乱,废兴存亡,升降质文,包举一代之全史者也。匠人之营国,县地视景,规方既定,则左祖右社,面朝后市,举不出其经营之内。迁、固之史,所以度越百代者,如是而已。①

所谓"以一代为经",即作包举一代之全史也;所谓"以一代之事与人为纬",即叙述事件之始末和人物之本末也。这样就从纵向和横向即时间和空间两个维度,规定了史学编纂之法。在纵向的时间上,要包举朝代兴亡变革之全程,从而揭示历史变革之轨迹;叙述具体历史事件发展之始末,窥视历史人物在大的历史变革和具体历史事件中的贤奸顺逆,从而给历史人物以客观精准之评价。从横向的空间上,以具体而又完整的事件组织串联历史和人物的发展脉络,使历史之发

---

① (清)钱谦益著,(清)钱曾笺注,钱仲联标校《牧斋初学集》卷九十"策三道·第三问",上海古籍出版社,2009,第1870页。

第二章　虞山派史学与明末清初的学风

展趋势和人物性格之忠奸具化于个体事件之中，从而给每个历史事件和历史人物以准确的节点定位，发现他们在整个时代发展转变中的定位和作用。

钱谦益在《汲古阁毛氏新刻十七史序》中又详细解答了为什么要取乎全史的问题，即为何要以一代为经，以一代之事与人为纬。其曰：

> 史者，天地之渊府，运数之勾股，君臣之元龟，内外之疆索，道理之窟宅，智谞之伏藏，人才之薮泽，文章之苑囿。以神州函夏为棋局，史其为谱；以兴亡治乱为药病，史其为方。善读史者，如匠石之落材，如海师之探宝，其可以磔肘而量，画地而取乎？东莱之《详节》，琐而不要。毗陵之《左编》，博而不详。自是以下无讥焉。代各一史，史各一局，横竖以罗之，参伍以考之，如登高台以临云物，如上巢车以抚战尘，于是乎耳目发皇，心胸开拓，顽者使矜，弱者使勇，陋者使通，愚者使慧，寡者使博，需者使决，忮者使沉，然后乃知复割剥全史，方隅自命者，未有不望崖而返，向若而叹者也。善弈者取全局，善读者取全书，此古人读史之法，亦古人之学范也。①

史与经一样担负着传道经世之职责，而非仅仅为一门学术，它包含天地、运数、君臣、内外、道理、智谞、人才、文章，为神州华夏之棋谱，为兴亡治乱之良方。故人之作史，要囊括四海、包举万代，运一代之兴亡如烹小鲜，条理清晰，眉目顺畅，繁而详、简而要。如此才能使读史者心胸开阔，自见己之不足，从而矫读史者之疏漏，使顽皮者矜持，使柔弱者勇敢，使鄙陋者通达，使愚昧者聪慧，使贫寡者广博，使犹疑者决断，使骄纵者沉静……史之修读恰如棋盘对弈，下棋人要统观全局，观棋人亦要概览棋局，故作史要作全史，读史亦要读全史。

---

① （清）钱谦益著，（清）钱曾笺注，钱仲联标校《牧斋有学集》卷十四"汲古阁毛氏新刻十七史序"，上海古籍出版社，2010，第681页。

虞山派与明末清初的学风

> 读班、马之书,辨论其同异,当知其大段落、大关键,来龙何处,结局何处,手中有手,眼中有眼,一字一句,龙脉历然。又当知太史公所以上下五千年纵横独绝者在何处?班孟坚所以整齐《史记》之文而瞠乎其后不可几及者又在何处?①

读史要读全史,就要辨析同异,知史书之大段落、大关键,尤于班固、司马迁二史更要学习其史法之所在,知晓其"以一代为经,以一代之事与人为纬"之法,知晓其以纪传体串联一代全史之法;指掌其褒忠贤贬奸恶之大义,指掌其一字寓褒贬之《春秋》义理。司马迁、班固之书纵横五千年而独绝者即在于二史定具史家之规模,櫽栝删削皆有指归。

"以一代为经,以一代之事与人为纬"不仅是作史之法、读史之法,也对史者之才能与态度提出了要求。

> 曾子固(巩)为《南齐书目录序》曰:史者所以明夫治天下之道也,为之者亦必天下之才,然后其任可得而称也。是故能会通一代之事者,其中能囊括天下之事者也。能铨配一代之人者,其中能包裹天下之人者也。譬之匠人,县地视景,其目力绝出于都邑之外,而后可以营建都邑。不然,虽审曲面势,穷老尽气,亦谓之众工而已。②

史书乃明天下之道者,故要作全史方能明一代之道,而作一代之全史,亦需会通一代之事者、囊括天下之人者。能铨配一代之人事者,心中已有全史,征集择取史料时知轻重、主客,修史时才能融会贯通,合理分配史事与人。这就如同城市建设,心目绝出于都邑者,方可营建

---

① (清)钱谦益著,(清)钱曾笺注,钱仲联标校《牧斋有学集》卷三十八"再答苍略书",上海古籍出版社,2010,第1310页。
② (清)钱谦益著,(清)钱曾笺注,钱仲联标校《牧斋初学集》卷九十"策三道·第三问",上海古籍出版社,2009,第1874页。

第二章 虞山派史学与明末清初的学风

都邑,心目囿于都邑者则只能营建村镇。心有全史、才通天下者方能成就一代之史,否则有其史,无其人,亦属白搭。

史者不仅需要心有全史可包裹天下之胸怀与能力,而且需要有博求文献之精神和谦虚自任之态度。钱谦益在《启祯野乘序》中将其归纳为博求与虚己。何为博求?"夫子作《春秋》,使子夏行求十有四国宝书,此博求也。"① 如孔子作《春秋》,遍寻天下十国之典籍,做充分的文献资料准备。何为虚己?"其定礼也,一曰吾闻诸老聃,再曰吾闻诸老聃,此虚己也。"② 如孔子作《春秋》,虚怀若谷而谦虚自任,不泯前人之功德而虚心请教,反复考证核实方才下笔著述。又如钱谦益作《国朝诗集》,数从丁菡生借书。后诗集行世,鸿儒钜公,交口传诵,其却念念不忘菡生之资助,云:"三百年风雅未坠于地,菡生有助焉。"③ 并集中《小传》之撰述,"平心虚己,不敢任臆雌雄,举手上下。如王长公,桑梓先辈,童稚钦挹,所谓晚年定论者,皆取其遗文绪言,证明诠表,未尝增润一字"④。纵观明代,修史者、谈史者纷如,却乏博求与虚己,往往信口开河,高自标置,"每一操觚,辄以迁、固自任。纪、传、书、志,信手告成,如南浔(朱国桢)、晋江(何乔远)诸公,徒为后人笑端耳"⑤。今之史家既无心匡天下之眼界,又无操柄一代之能力,又乏于文献之征集,却仍妄自高置,以司马迁和班固而自任,轻率下笔,典籍漫漶,史事踳驳,徒增笑谈而已。"李翱有言:唐有天下,圣明继于周、汉,而史官叙事,曾不如范晔、

---

① (清)钱谦益著,(清)钱曾笺注,钱仲联标校《牧斋有学集》卷十四"启祯野乘序",上海古籍出版社,2010,第 687 页。
② (清)钱谦益著,(清)钱曾笺注,钱仲联标校《牧斋有学集》卷十四"启祯野乘序",上海古籍出版社,2010,第 687 页。
③ (清)钱谦益著,(清)钱曾笺注,钱仲联标校《牧斋有学集》卷五十"题丁菡生藏余尺牍小册",上海古籍出版社,2010,第 1638 页。
④ (清)钱谦益著,(清)钱曾笺注,钱仲联标校《牧斋有学集》卷五十"题丁菡生藏余尺牍小册",上海古籍出版社,2010,第 1638 页。
⑤ (清)钱谦益:《牧斋有学集文钞补遗》"与李映碧论史书",(清)钱谦益著,(清)钱曾笺注,钱仲联标校《牧斋杂著》,上海古籍出版社,2007,第 491 页。

 虞山派与明末清初的学风

陈寿所为。以盛明之世,蓬山芸阁,比肩接武,岂无欧阳氏者奋笔其间,而徒如李翱之愤懑于唐乎?则亦待其人而已矣。"① 明代之史非不如汉、唐盛明也,却难以成就一代之史,既因史料之缺讹,又待如司马迁、班固、欧阳修一样,具有胸怀百代包举万事之眼界,同时注重博求文献、谦虚求实之一代史才之出现。

二 以纪传体为经,以编年体为纬

"以一代为经,以一代之事与人为纬"之全史法与"以纪传体为经,以编年体为纬"之史书体例,是互为表里的。心有全史方能运筹帷幄分析史料,知晓人物之主次、事件之轻重,举起权重者而入本纪,取其次要者旁出,既能简而不杂,又能辨析主客;纪传立、本纪明,方能发凡起例,互载无累,统领全局。故而欲作史,必以纪传体为经,以编年体为纬。钱谦益曰:

> 左氏之书,先经始事,后经终义,经也,非史也。司马氏以命世之才,旷代之识,高视千载,创立《史记》,本纪、年表,祖《春秋》之凡例;六书、世家、列传,变国史之条目。班氏父子因之,用炎汉一代之彝典整齐其文,而后史家之体要,炳如日星。考祖祢于史局,圣作明述,二氏其庶矣乎?窃谓有事于史者,以纪传踵班、马,则顺祀也,其轨彝。以《春秋》跻左、孔,则逆祀也,其名忒。学者于涑水、新安,奉为丹书,独反唇于河汾之《元经》,则目睫之论也。今自《太史公书》迄于五代,次第排缵,比诸册府。羽陵藏室,《师春》汲郡之遗文,则姑舍焉。金匮石室,代有掌故。汗青头白,知所适从。后有君子,可以定百世之史法也。②

---

① (清)钱谦益著,(清)钱曾笺注,钱仲联标校《牧斋初学集》卷九十"策三道·第三问",上海古籍出版社,2009,第1874页。
② (清)钱谦益著,(清)钱曾笺注,钱仲联标校《牧斋有学集》卷十四"汲古阁毛氏新刻十七史序",上海古籍出版社,2010,第680~681页。

第二章　虞山派史学与明末清初的学风

钱谦益提倡"六经皆史",亦以《春秋》和《左传》为史之最高典范,而在史学这一个学科内部,则以司马迁《史记》为最正,立为史中之经。纪传体虽为司马迁首创,却也原表六经:本纪、年表,祖《春秋》之凡例;六书、世家、列传,变国史之条目。司马氏父子编纂史书,取材《左氏春秋》《国语》《世本》《战国策》《楚汉春秋》等经史之作,考订史事,成一家之言,方成史家之法,故史家以司马氏纪传体为质的,接踵班固、司马迁,方能以《春秋》接踵左氏和孔、孟。

> 宋以下四史,其文辞烂然可观。而《金史》叙南迁丧乱之惨,记刘祁论相之辞,亦古者良史之遗志也。独于史法,皆不能无憾焉。史之有本纪,一史之网维也。今举驳杂细碎志传所不胜书之事,罗而入之于本纪。古人之为史,本纪立而全史已具矣;今之为史者,全史具而本纪之规模犹未立也。发凡起例,举无要领;纪事立传,不辨主客。互载则复累而无章,迭举则错迕而寡要。此三史之同病也。①

史之有本纪,一史之网罗也,故古人之为史,本纪立而全已具,徒不像今之史,全史具而本纪之规模犹未立。宋以后之四史,共同之失,即以本纪未立,体例不明。并举《宋史》之例,详而辨明,曰:

> 《宋史》在三史中卷帙最多,而阙略亦不少。如《韩琦传》不载仪鸾司撤帘之事,《狄青传》不记与曾公亮论方略之详,考一代家传别录,有不可胜书者矣。又如史弥远之传,但序官阀,兼载奏章,而末缀数语,谪其奸邪。首尾两截,褒刺失据,不已疏乎?作史者既无要领,则纪载不得不烦。凡窜身边亭,挂籍党

---

① (清)钱谦益著,(清)钱曾笺注,钱仲联标校《牧斋初学集》卷九十"策三道·第三问",上海古籍出版社,2009,第1871~1872页。

虞山派与明末清初的学风

人者,人立一传,浩如烟海,而才人志士,参列其间者,类皆冒没于枯竹汗简之中,不已慎乎?秉笔之臣,身在胜国,有岛夷索虏之嫌,内夏外夷,安攘恢复之大义,皆未敢以讼言。至于靖康之流离,淳熙之屈辱,皆没而不书,则何以著臣虏之羞,严事雠之讨乎?它如崖山之故事,桑海之遗录,与宋之遗民故老,哭西台而树冬青者,一切抑没而不书。虽曰定、哀多微词,不已过乎?此《宋史》之失也。①

本纪之撰述亦要遵循"以一代为经,以一代之事与人为纬"的原则,要择其要者记载事件之始末,人物之本末,以便全面客观地洞悉事件之轻重,人物之忠奸。本纪立,则体例明,全史清;而本纪不立,则体例不明,史事驳杂,亦会带来其他阙略,或记载烦杂而无要领,或首尾两截褒贬失据,或纪传庞杂而失考……钱谦益列举《宋史》之失的几点例证,皆因本纪不明,未遵循全史之法所致。或未叙述关于人物臧否之重要历史事件,如不载靖康之流离,不载淳熙之屈辱,不载韩琦仪司撤帘之事,不载狄青与曾公亮论方略之详;或首尾两截,评价失据,如《史弥远传》,只序官阀和奏章,未记奸邪之事,改传末数语谪其奸邪;或本传不明,庞杂错出,致使才人志士,如崖山之故事、桑海之遗录、宋之遗民故老、哭西台而树冬青者,皆冒没于浩如烟海的枯竹汗简之中。

钱谦益举《宋史》以言说史家不遵循全史法和纪传法之失,亦以欧阳修《五代史记》说明全史法和纪传法之明,曰:

欧阳氏之作《五代史记》也,上下五十余年,贯穿八姓十国,事各有首尾,人各有本末,而其经纬错综,了然于指掌之间,则史家之法备焉。本纪以谨严为主,而琐事靳语,于《家人》

---

① (清)钱谦益著,(清)钱曾笺注,钱仲联标校《牧斋初学集》卷九十"策三道·第三问",上海古籍出版社,2009,第1872页。

第二章　虞山派史学与明末清初的学风

《杂传》发之。朱梁之家事，见于《家人传》，所谓不可道也。唐庄宗弑而书崩，而其事详于《伶官传》，讳而不没其实也。晋出帝之北徙，详于《家人传》，而咨尔子晋王之册，著于《四夷附录》，为中国讳也。有列传以为之区分，有杂传以为之橐栝。而《一行》之次于死节死义也，所以劝忠也。《唐六臣》之次于《一行》也，所以耻六臣也。《义儿》、《伶官》次于《六臣》，而《杂传》又次之也，所以著类也。上下五十余年如一年，贯穿八姓十国如一国，举其一二，全书可知也。①

欧阳修《五代史记》仿《史记》之体例，遵循"以一代为经，以一代之事与人为纬"的全史法和"以纪传体为经，以编年体为纬"的纪传体，上下五十余年如一年，贯穿八姓十国如一国，章法井然、主客分明、首尾完备，则史家之法备焉。本纪着重记载本传人物的主要事件，表现人物的主要性格特征，其他琐事靳语、讳忌之言事，则放之于家人传、杂传等列传之中。此既遵循本纪谨严之原则，又发挥列传之区分、橐栝之功效，使事与人皆详略有法，有始有终，不以讳缺，不以讳隐。而且《五代史记》之列传，采取分类编纂之方法，设立家人传、臣传、死节传、死事传、一行传、唐六臣传、义儿传、伶官传、宦者传、杂传等类目，每类名目皆内寓特定之含义，并从列传名目的排序上，安排主次，暗含褒贬。

钱谦益作《国初群雄事略》即采取了"以纪传体为经，以编年体为纬"的编撰方法：在体例安排上以纪传体为主，以人为分类之主要依据，依次为宋小明王、滁阳王、天完徐寿辉、汉陈友谅、夏明玉珍、周张士诚、台州方谷真、汝宁李思齐、河南扩廓帖木儿、海西侯纳哈出、福建陈友定、东莞伯何真等十二人作书立传；在列传之排序和史事编排

---

① （清）钱谦益著，（清）钱曾笺注，钱仲联标校《牧斋初学集》卷九十"策三道·第三问"，上海古籍出版社，2009，第 1870~1871 页。

上，则采取编年体的方法，不仅以时间为顺序安排各人物列传之先后，每位传主之生平事履等史事的安排亦以时间为线索，串联而下。《列朝诗集小传》仿《史记》之体例，分记皇帝、诸王、大臣、贤良、处士、高僧、香奁、外夷等，而在传记的排序和史事的编排上严格以时间为序，亦采用"以纪传体为经，以编年体为纬"的撰述方法。

三 以长编为经，以事略为纬

史料文献之搜集与整理是史书编撰实施之基础，史料的考量和把握也考验史者的能力和眼光，同时直接影响修史之成败善恶，故钱谦益十分重视史料文献的征集与整理，曰："生以为史未可轻言也，诚有意于史，则亦先庀其史事而已。"[①] 那么如何"庀其史事"？即要仿汉刘歆，三国至南北朝刘恕、唐范祖禹及宋司马光之修史体例，"先使其僚采摭异闻，以年月日为丛目。丛目既成，乃修《长编》"[②]，即以长编为经，以事略为纬也。

"长编"之修也是以采摭异闻为前提的，即在博求文献的基础上，以年、月、日为条目整理摘择文献，使其便于检索，既是对"以一代为经，以一代之事与人为纬"和"以纪传体为经，以编年体为纬"史法的进一步延伸，又是修撰列传的准备工作。因此在文献的搜集上要有全史之眼光，注意博求一代史料，而在史书之编撰上以纪传体为经，在材料的整理归类上以编年体为纬。钱谦益以事略、长编之修为史家之高曾规矩，尝谓古人成书，必有因借龙门、旁取世本，先纂长编者，由是，采用往所采辑，宋人李焘、元人苏天爵之体例，草创编摩，名曰"事略"。[③] 具体而

---

① （清）钱谦益著，（清）钱曾笺注，钱仲联标校《牧斋初学集》卷九十"策三道·第三问"，上海古籍出版社，2009，第1873页。
② （清）钱谦益著，（清）钱曾笺注，钱仲联标校《牧斋初学集》卷九十"策三道·第三问"，上海古籍出版社，2009，第1873页。
③ 参见（清）钱谦益著，（清）钱曾笺注，钱仲联标校《牧斋有学集》卷三十九"答吴江吴赤溟书"，上海古籍出版社，2010，第1368页。

第二章　虞山派史学与明末清初的学风

言之，书志之举，可仿"宋人琬琰之录，汇聚家状别录，以备采择"[1]；人物传略可仿"元人苏天爵《名臣事略》之辑，先疏其人而件系其事，自鲁国、淮安以迄于司徒文正，有元一代之人物，荟撮于数卷之中"[2]；会典可仿《唐六典》之例，"分天地春夏秋冬之别，凡君事四，曰帝号、帝训、帝制、帝系；臣事六：曰治典、赋典、礼典、政典、宪典、工典"[3]，使一代典章悉以为备。以书志、会典、人物传记皆理"事略"，修"长编"，而列传之事举矣。

钱谦益以"以长编为经，以事略为纬"的"庀其史事"之法，首重博求，即如孔子修《春秋》先使弟子遍寻史籍而无遗漏。如司马光纂《资治通鉴》先使其僚采摭异闻。钱谦益"三十余年，留心史事，于古人之记事记言、发凡起例者，或可少窥其涯略。近代专门名家，如海盐、太仓者，亦既能拾遗纠缪，而指陈其得失矣"[4]。故居家访求遗书，残编落简，捐衣食而无所恤。"墙角残书，或尚可资长编者，当悉索以备搜采。"[5] 其于天启年间，官史局之时，曾经与中州王损仲商订《宋史》，听损仲言王偁《东都事略》藏李少卿家，便搜箧中获之，缮写以归。[6] 其于天启乙丑，欲抄《昭示奸党》诸录，而"削夺之命骤下，踉跄出都门，属门下中书，代写邮寄。于时党禁戒严，标题有'奸党'二字，缮写者援手咋指，早晚出入阁门，将钞书夹置袴裆中，仅而得免。又为梁国公胡显错误，取证《楚昭王行实》，属游

---

[1] （清）钱谦益著，（清）钱曾笺注，钱仲联标校《牧斋初学集》卷九十"策三道·第三问"，上海古籍出版社，2009，第1874页。
[2] （清）钱谦益著，（清）钱曾笺注，钱仲联标校《牧斋初学集》卷九十"策三道·第三问"，上海古籍出版社，2009，第1874页。
[3] （清）钱谦益著，（清）钱曾笺注，钱仲联标校《牧斋初学集》卷九十"策三道·第三问"，上海古籍出版社，2009，第1873~1874页。
[4] （清）钱谦益著，（清）钱曾笺注，钱仲联标校《牧斋有学集》卷三十九"答吴江吴赤溟书"，上海古籍出版社，2010，第1368~1369页。
[5] （清）钱谦益著，（清）钱曾笺注，钱仲联标校《牧斋有学集》卷三十八"与吴江潘力田书"，上海古籍出版社，2010，第1320页。
[6] （清）钱谦益著，（清）钱曾笺注，钱仲联标校《牧斋有学集》卷三十一"族孙嗣美合葬墓志铭"，上海古籍出版社，2010，第1148页。

侍郎肩生从楚府觅得原本，楚藩密嘱勿使人知"①，并数与李贯之、姚书详、焦竑、丁菡生、毛晋、钱曾等借书，"长编讨论，可援为助"②。《绛云楼书目》为修史之便专辟本朝史籍，收录本朝制书、实录、国纪、传记、典故、杂记等有关明朝史料书籍六百余种，而这仅仅是其经常翻阅之书，其余未记入《书目》及借阅他人者恐怕数量更为庞大。

钱谦益亦常叹访求掌故之难和先理事略、长编之难，曰："史事之难，不在旦夕成书，而在讨论贯穿，先理长编事略之属。"③然难而亦为，更见"庀其史事"之重要，以其为史书之基础，为纪传之稿草。现存《国初事略》、《国初群雄事略》（亦称《开国群雄事略》）、《开国功臣事略》、《桑海遗录》、《明史断略》等书，皆"采自诸书，抵牾处不改定，参差处不画一，仍是长编之例，实非刊定之书"④，乃钱谦益为《明史》之修撰所作之"长编"也。后瞿稼轩刻《初学集》时，钱谦益取《国初事略》和《国初群雄事略》略成章段者，为《太祖实录辨证》一篇，乃初具史之雏形，然亦多有漫漶重见之处，后钱谦益又多加删削而与《太祖实录辨证》稍异，惜为祝融去取无留。

四 以国史为经，以野史、家乘为纬

钱谦益自称待罪史局三十余年，欲网罗编摩逊国时事，然绌书染翰，促数阁笔，其故有三：实录无征、传闻异辞、伪史杂出也。⑤ 其

---

① （清）钱谦益著，（清）钱曾笺注，钱仲联标校《牧斋有学集》卷三十八"与吴江潘力田书"，上海古籍出版社，2010，第1319页。
② （清）钱谦益著，（清）钱曾笺注，钱仲联标校《牧斋有学集》卷三十二"李贯之先生墓志铭"，上海古籍出版社，2010，第1157页。
③ （清）钱谦益：《牧斋有学集文钞补遗》"与李映碧论史书"，（清）钱谦益著，（清）钱曾笺注，钱仲联标校《牧斋杂著》，上海古籍出版社，2007，第491页。
④ （清）钱谦益：《国初群雄事略》张钧衡跋，中华书局，1982，第307页。
⑤ （清）钱谦益著，（清）钱曾笺注，钱仲联标校《牧斋有学集》卷十四"建文年谱序"，上海古籍出版社，2010，第683页。

第二章　虞山派史学与明末清初的学风

曰:"史家之取征者有三:国史也,家史也,野史也。于斯三者,考核真伪,凿凿如金石,然后可以据事迹,定褒贬。"① 而今国史、家史、野史则何如也?

  自丝纶之簿,左右史之记,起居召对之籍,化为煨烬,学士大夫各以己意为记注,凭几之言可以增损,造膝之语可以窜易,死君亡父,瞒天谰人,而国史伪。自史馆之实录,太常之谥议,琬琰献征之记载,委诸草莽,世臣子弟各以私家为掌故,执简之辞不必登汗青,裂麻之奏不必闻朝著,飞头借面,欺生诬死,而家史伪。自贞元之朝士,天宝之父老,桑海之遗民,一一皆沉沦窜伏,委巷道路各以胸臆为信史,于是国故乱于朱紫,俗语流为丹青,循蟪蛄以寻声,佣水母以寄目,党枯仇朽,杂出于市朝,求金索米,公行其剽劫。才华之士,不自贵重,高文大篇,可以数缣邀取,鸿名伟伐,可以一醉博易,而野史伪。②

从史馆之设立和史官制度而言,史官制度之缺失,乃是造成国史缺亡之主要原因。起居注杂记君王之言行、策论、奏章等,乃为修撰实录之最直接和最可靠之史料来源。顾炎武曰:"古之人君,左史记事,右史记言,所以防过失而示后王。记注之职,其来尚矣。"③ 起居注之记载,既使实录有征,也可警醒君王,防君王过失。起居注制度自北魏孝文帝时期初建起,历朝历代皆以其为朝廷史馆的重要工作,明初曾沿袭历代之制专设起居注,但不久便遭罢废。万历年间在张居正的力主下曾恢复,但张居正去世后,起居注制度又遭罢废。明代起居注

---

① (清)钱谦益著,(清)钱曾笺注,钱仲联标校《牧斋有学集》卷十四"启祯野乘序",上海古籍出版社,2010,第686页。
② (清)钱谦益著,(清)钱曾笺注,钱仲联标校《牧斋有学集》卷十四"启祯野乘序",上海古籍出版社,2010,第686页。
③ (清)顾炎武:《日知录》卷十八"记注",《顾炎武全集》(第18卷),上海古籍出版社,2012,第712页。

087

制度之缺失，一方面导致君王决策缺乏有效的监督机制，而使阉党横行代为理政；另一方面使史官缺乏真实可靠之史料文献记载，修撰实录之时或凭己意或避君王讳为之记注、增损、篡易，实录记载的完整性和真实性大打折扣，由此国史伪。

而国史伪又会导致野史和家史伪，"顷者史乘缺遗，奸伪错出。谝言壬人，人自为史；钱奴纤儿，家自为史。平台便殿之清问，可以增损；左右史之记注，可以窜易；伏蒲之谏诤，裂麻之痛哭，可以取次装点，欺侮亡殁，谩谰鬼神。向令螭头柱下，职思其居，陈编故牍，不尽漫灭，虽有黎丘之鬼，恒思之丛，亦将杜口阁笔，安敢昌披若是！昔者刘子骏就上林令虞渊，得群臣所上草木二千余种，为邻人求借遗弃，深以为恨。今朝家十七年掌故，非如上林草木之琐屑也，而世之就上林令访问，忆列其遗弃如子骏者，罕有闻焉"[①]。史官制度之缺失导致实录之舛讹，国史之不立，而国史不立，就会缺乏有效的监督机制和可以征实之史事，民间修史之风会日盛。

民间私修史书亦有利弊，然弊多于利。一方面徐纮《皇明名臣琬琰录》和焦竑《国朝献征录》等私修史书的编撰，使本该由朝廷保管之君臣实录公之于众，并任由己意猜度、删削，舛讹益甚，莫辨真伪。另一方面，修史的门槛降低，士大夫及草野之民，就会妄自揣测，任意为史，导致钱奴纤儿也可著史立说。明廷又为避朱棣夺位之讳，对国初之历史禁严甚紧，并不许为建文诸君臣修实录，以致国初群雄之功绩以及靖难之后建文君臣的下落，皆沉沦窜伏，莫衷一是。正所谓"太宗靖内难，其后史臣不纪建文君事，遂使建文数年朝廷政事，及当时忠于所事者皆淹没不传"[②]。然而随着网禁之松弛，民间由于好奇心驱使以及对忠臣义士之表彰，对国初之历史兴趣甚深，又由国史之

---

① （清）钱谦益著，（清）钱曾笺注，钱仲联标校《牧斋有学集》卷十四"内阁小识序"，上海古籍出版社，2010，第694页。
② 何乔新：《嘉议大夫吏部右侍郎兼詹事府丞谥文懿杨公守陈墓志铭》，载焦竑《国朝献征录》卷二十六，《续修四库全书》第526册，上海古籍出版社，2002，第334页。

第二章 虞山派史学与明末清初的学风

缺征，肆意揣测臆断以至无稽之现象更为严重。由是，野史亦伪。一些世臣子弟为耀家门，更是不惜伪造史实，篡改历史以扬祖上之德，以避祖上之讳，由是家史亦伪。

钱谦益关于国史、家史、野史之言论也许过于严苛，甚至基本抹杀了私家修史之功绩，然从现存一些家谱、野史来看，钱谦益之论并非无由之责，其关于明代史官制度之缺乏和国史伪讹之论也是符合明代史实的，而且其并不避明廷之讳，将宝录无征、传闻异辞、伪史杂出之史家三乱直接归咎于史官制度的缺失，也是相当大胆的。明初官修历史一直付之阙如，万历中以阁臣之请，开局纂修，然而时隔三年以南充之死而报罢。由此"以二百五十余年之久，日历起居，因仍往事，辀轩上计，弗询郡国，一旦欲贯串掌故，罗视放失，盖已难矣"①。而其尤难者，则无甚于国初。曰：

> 秦楚之际，太史公有《月表》矣，系楚于秦，所以系汉于楚也。龙凤之于我明也，高皇帝未尝讳也，而载笔之臣讳之。今其事若存若亡矣，即不必列之世家，亦当存以月表之法，而谁与征之？伪周之事，一时遗臣故老，如陈基、王逢所纪载，皆凿凿可据，而考之《元史》、国史，无论事实抵牾，既岁月亦且互异。基与修《元史》，非见闻异辞者也，而又使谁正之？至于鄱阳代溺之事，青田牧竖之言，传讹增益，其诬较然，而至今未有是正者也。②

明嘉靖、万历年间，谈史者纷如矣，也不乏博雅好古之士，如郑晓、王世贞、焦竑等，虽才识远不逮欧阳修，然论赞可比于陈寿，而所修史书仍庞杂讹伪，原因为何？一为不谙史家之法，二为国史之阙如。

---

① （清）钱谦益著，（清）钱曾笺注，钱仲联标校《牧斋初学集》卷九十"策三道·第三问"，上海古籍出版社，2009，第1873页。

② （清）钱谦益著，（清）钱曾笺注，钱仲联标校《牧斋初学集》卷九十"策三道·第三问"，上海古籍出版社，2009，第1873页。

虞山派与明末清初的学风

明代二百七十六年之久，日历起居皆无记注，徒有传闻掌故真伪相杂，作史者考订史料之难可以想见。而明史尤以国初为甚，初于朝廷忌讳，网禁尤为森严，传闻异词更难以考证。以《元史》之修纂为例，《元史》初次撰修起于洪武二年（1369）二月，迄于八月，不过五六月而已，故由于时间过于短促和史料缺乏等原因，全书并没有完成。于是于洪武三年（1370）二月继续搜寻史料开馆撰修，至七月乃终，亦不过百天之余。然限于国初禁网促数，多所忌讳，其初进之表，所谓往牒舛讹已甚，又无他书以供参考凭证，"又限之以条例，要之以时日，焚膏宿火，励而成书"①。虽有老于文学、熟谙掌故者，如宋濂、王祎二君子总领其事，终难成一代之史但为稿草而已。

史官制度之不完备，已致实录删削邸报，而国史又耽搁不立，多上下其手，乞哀叩头之诬，虽有老臣能道之书之，然难以取信世人。而且国史之不立导致野史和家史盛而诬，以至于田野民间多有传高祖嗜杀之讹，实不利于树立天子之圣德，彰表明代君王之盛事。故钱谦益提出要为国初忠臣追谥立传，以示天子表彰功臣之心。

> 曰：开国之功宜录也。李韩公之居守馈运，比功萧相。陶主敬之帷幄谋议，接迹留侯。其他武臣如耿炳文等，文臣如叶琛、孙炎等，皆戎马汗青，表仪一时，而犹未得谥，恐亦国初之缺典也。曰：革除之节宜录也。逊国诸臣，开衅丧师，捐躯死事，功罪往往参半。至大臣如铁铉，词臣如方孝孺，台省如景清、黄钺，守臣如姚善，皆有功无罪，不惜以九族百口，争顽民之名，文皇帝固有子宁若在之叹矣。当箕裘奕叶之后，而旌别赐谥，所以述文皇帝之隐志，而杜后世之议端者，非浅鲜也。曰：抗节之贤当录也。二百年来，死事效忠之臣，后先接踵。如逆瑾之变，有三

---

① （清）钱谦益著，（清）钱曾笺注，钱仲联标校《牧斋初学集》卷九十"策三道·第三问"，上海古籍出版社，2009，第1872页。

疏死杖下者，有坐草疏被逮，几死诏狱者，其事炳烺人耳目。至邹智、沈炼、杨慎之徒，犯难投荒，百折不悔，不可廉其遗忠而差等赐谥乎？曰：理学之贤当录也。廊庑之列祀者无论已，他如吴聘君、罗明德诸君子，造诣卓绝者，固不乏人。且有继绝学，回倒澜，而位不登三事者，其可泯泯无闻乎？凡此者，宜及时讨论扬扢，广天子风厉之至意，而章一代华衮之盛事者也。①

钱谦益对明朝谥者未必贤、贤者未必谥的现象极为不满，其曲笔蒙蔽事功军功，致使祖宗功业如金匮之藏寥寥无闻。以官方之立场开馆修史，为开国之功臣、革除之节士、抗节之贤臣、理学之贤良追谥立传，乃为君王爱子重臣之举，可以风教鼓舞一世，田野之非议自可灭迹。故钱谦益以为当务之急乃为网罗放失旧闻，考订得失，在具体操作上，其也指出了史料征集、考证之法，即"以国史为经，以野史家乘为纬，州萃部居，条分缕析，而后使鸿笔之士，润色其辞"②。虽国史、家史、野史皆舛驳不堪，然不可偏废，以国史为基础，征之以野史、谱牒，条分缕析，辨别真伪，州次部居，亦可复史学之粲然。

"以长编为经，以事略为纬"的"庀其史事"之法和"以国史为经，以野史、家乘为纬"的考证之法，常相伴而行，相得益彰。如钱谦益作《开国功臣事略》，遍寻国初之典籍与史书，遍览高皇帝开国功臣事迹，曾"诒书姚叔祥，访求郑端简（晓）《后妃》、《权倖》等十二传，其意亦以余为可助也"③，还曾翻阅定远黄金、太仓王世贞等之史书、史论，然而发现关于国初自记载，各本踳驳疑互，未易更仆数，则进而取证于"实录"。"实录"虽"革除以后，再经刊削，忌讳

---

① （清）钱谦益著，（清）钱曾笺注，钱仲联标校《牧斋初学集》卷八十九"策五道·第四问"，上海古籍出版社，2009，第1854页。
② （清）钱谦益著，（清）钱曾笺注，钱仲联标校《牧斋初学集》卷八十九"策五道·第四问"，上海古籍出版社，2009，第1855页。
③ （清）钱谦益著，（清）钱曾笺注，钱仲联标校《牧斋有学集》卷三十二"李贯之先生墓志铭"，上海古籍出版社，2010，第1157页。

虞山派与明末清初的学风

弘多，鲠避错互"①，但亦"备载功臣录籍，所谓藏诸宗庙，副在有司者也"②。"实录"为修纂国史之第一手文献资料，总要好过他作之辗转删削，故钱谦益作《开国功臣事略》仍以"实录"为考证史事之底本。幸天启甲子（1624），钱谦益分纂《神宗显皇帝实录》，得以翻阅文渊阁秘书，"获见高皇帝手诏数千言，及奸党逆臣四录，皆高皇帝申命镂版，垂示后昆者"③。以高祖之手诏和奸党逆臣四录考证开国史事，则"国史之脱误，野史之舛缪，一一可据以是正。然后奋笔而为是书，先之以国史，证之于谱牒，参之于别录，年经月纬，州次部居，于是开国功臣之事状粲然矣"④。钱谦益以己作之经验，具体而形象地阐述了史法之运用与效果。首先，要"庀其史事"广搜文献，整理长编；其次，要对手中的史料文献考辨真伪，而考证之法即"以国史为经，以野史、家乘为纬"。由此二法，则史事粲然可观矣。

第三节　诗史互证

钱谦益提出的"六经皆史"，不仅论述了经史关系，也涉及经诗关系、经文关系，同时还有诗史关系、诗文关系，以及文史关系。而且在诗与史的关系上，钱谦益对"诗史"的内涵进行了扩展，强调诗史互证，突破了学界囿于以史入诗的局限，不仅强调了史对诗的作用，也强调了诗对史的作用。

---

① （清）钱谦益著，（清）钱曾笺注，钱仲联标校《牧斋初学集》卷二十八"皇明开国功臣事略序"，上海古籍出版社，2009，第844页。
② （清）钱谦益著，（清）钱曾笺注，钱仲联标校《牧斋初学集》卷二十八"皇明开国功臣事略序"，上海古籍出版社，2009，第844页。
③ （清）钱谦益著，（清）钱曾笺注，钱仲联标校《牧斋初学集》卷二十八"皇明开国功臣事略序"，上海古籍出版社，2009，第844页。
④ （清）钱谦益著，（清）钱曾笺注，钱仲联标校《牧斋初学集》卷二十八"皇明开国功臣事略序"，上海古籍出版社，2009，第844页。

第二章　虞山派史学与明末清初的学风

"诗史"这一概念，最早用于杜诗，言其具有史之功能。孟棨《本事诗》曰："杜所赠二十韵，备叙其事。读其文，尽得其故迹。杜逢禄山之难，流离陇蜀，毕陈于诗，推见至隐，殆无遗事，故当时号为'诗史'。"①"诗史"说一经提出，就受到了宋、元许多学者的推崇，不过从宋人注释杜诗之侧重点可以看出，宋人对"诗史"之理解偏重于以史证诗，即用历史记录来印证诗歌所反映的时事，这种作用力还是单向的，更多地表现在历史对于诗歌的作用上，而未涉及诗歌对历史的作用。以钱谦益为代表的常熟文人对"诗史"之理解，则非特指杜诗而言，而是囊括了包括杜诗在内的一切诗歌，不仅从以史入诗、以史证诗来表现史对于诗的作用，而且从以诗存史、以诗证史、史外心史三个方面论述诗对史的作用，极大地扩充了"诗史"说的内涵。又钱谦益的"诗史"说，深受其经史考辨学风之影响，使各自学科既可以保持自己的独立地位，又可突破单一学科门类的限制，而互相发明互为影响，还使诗法、史法、文法可以互为借鉴，并与儒家教化功能联系在一起，统一到传道解惑、经世致用的社会功用上来。

陈寅恪云："牧斋之注杜，尤注意诗史一点，在此之前，能以杜诗与唐史互相参证，如牧斋所为之详尽者，尚未之见也。"② 这充分肯定了钱谦益注杜诗时对诗史互证的考据方法的运用，并以此法作《柳如是别传》，洗清钱谦益为史蒙晦之冤，昭彰其心系明季之心。

一　以诗证史

以诗证史，非仅为证明之意，亦有以诗存史、以诗续史之意。钱谦益在《胡致果诗序》中说：

> 孟子曰："《诗》亡然后《春秋》作。"《春秋》未作以前之

---

① （唐）孟棨：《本事诗》，《历代诗话续编》，中华书局，2006，第15页。
② 陈寅恪：《柳如是别传》，生活·读书·新知三联书店，2001，第993页。

093

诗，皆国史也。人知夫子之删《诗》，不知其为定史。人知夫子之作《春秋》，不知其为续《诗》。《诗》也，《书》也，《春秋》也，首尾为一书，离而三之者也。三代以降，史自史，诗自诗，而诗之本义不能不本于史。①

在《春秋》以前，诗与史尚未截然分开，诗即是史，诗的本义亦本于史。三代以后，诗和史虽自分途，但诗与史仍有本质相通之处，即诗与史一样皆可记录时代浮沉、历史兴衰、人事代谢。史可以存诗，诗亦可以存史。尤其在朝代更迭、历史兴亡之特定的历史时期，诗于史更为重要。

> 唐之诗，入宋而衰。宋之亡也，其诗称盛。皋羽之恸西台，玉泉之悲竺国，水云之苕歌，谷音之越吟，如穷冬沍寒，风高气慄，悲噫怒号，万籁杂作，古今之诗莫变于此时，亦莫盛于此时。至今新史盛行，空坑、崖山之故事，与遗民旧老，灰飞烟灭。考诸当日之诗，则其人犹存，其事犹在，残篇啮翰，与金匮石室之书，并悬日月。谓诗之不足以续史也，不亦诬乎？②

在历史兴亡的重要转折点，时事更易触发诗人悲天悯人之心，感叹生民疾苦和生离死别，控诉战争之残酷与无情，讨伐统治者之残暴与荒虐。诗歌也由此呈现出与盛世欢歌完全不同的精神面貌，从而带来诗风的转变和诗歌的兴盛。而且由于战乱频仍，史官不立，很多史料于时难以保存，而诗正可弥补历史记载的不足，从而起到存史、续史的作用。曹操《薤露行》和《蒿里行》以诗记录了汉末何进谋诛宦官事败，董卓趁机进洛阳作乱和关东各州郡兴兵讨伐董卓，杀戮遍野的史

---

① （清）钱谦益著，（清）钱曾笺注，钱仲联标校《牧斋有学集》卷十八"胡致果诗序"，上海古籍出版社，2010，第800页。
② （清）钱谦益著，（清）钱曾笺注，钱仲联标校《牧斋有学集》卷十八"胡致果诗序"，上海古籍出版社，2010，第800~801页。

第二章　虞山派史学与明末清初的学风

实,被誉为"汉末实录"。杜甫于安史之乱之际,创作了大量描写战事之作,史中所记载之重要的历史事件在其诗中皆有反映,且史中所缺者又多赖其诗得以保存,并真实记录了民众之苦楚和官吏之暴虐,不但可以存史、续史,亦可证史。如《旧唐书》云:"至德初,武仗节赴行在,房琯以武名臣之子,素重之,至是首荐才略可称,累迁给事中。"[1] 杜甫《赠左仆射郑国公严公武》"谒帝萧关城"记录了"则武亦如张镐、房琯,以玄宗命赴行在者也,房琯首荐之,而旋坐琯党,诏书与刘秩并列,亦以蜀郡旧臣之故也。当据以补唐史之阙"[2]。宋遗民诗人如汪元量、林景熙、谢翱等人的诗歌,或"载元、宋之际逸民旧事,多国史所不载"[3],或"记国亡北徙之事,周详恻怆"[4],或"于吴城之破,元都之失,则唇齿之忧,黍离之泣,激昂忼叹,情见乎辞"[5],或"伤庚申之北遁,哀皇孙之见获"[6],故国旧君之思,瘐词隐语,喑哑相向,可谓至于此极矣,均可谓之诗史。

元末明初和明末清初之际,典章书籍等皆不能避之于水火,史料文献遭受到了巨大创伤,又因是异族之战,继任统治者或不重视前代之史,或多加删削篡改以诋毁前朝,史事之荒芜日甚,许多史事多赖遗民之诗得以保存。这就从兴亡变革之转关处,说明于史料有征时,诗可以证史;于史料无征时,诗亦可以存史、续史。并且诗中也蕴含着千古兴亡盛衰之历史教训,既可以保存史料,又暗含治国兴邦之启

---

[1] （清）钱谦益:《钱注杜诗》"赠左仆射郑国公严公武",上海古籍出版社,2009,第204页。
[2] （清）钱谦益:《钱注杜诗》"赠左仆射郑国公严公武",上海古籍出版社,2009,第204页。
[3] （清）钱谦益著,（清）钱曾笺注,钱仲联标校《牧斋初学集》卷八十四"跋王原吉梧溪集",上海古籍出版社,2009,第1764~1765页。
[4] （清）钱谦益著,（清）钱曾笺注,钱仲联标校《牧斋初学集》卷八十四"跋汪水云诗",上海古籍出版社,2009,第1764页。
[5] （清）钱谦益著,（清）钱曾笺注,钱仲联标校《牧斋初学集》卷八十四"跋王原吉梧溪集",上海古籍出版社,2009,第1765页。
[6] （清）钱谦益著,（清）钱曾笺注,钱仲联标校《牧斋初学集》卷八十四"跋王原吉梧溪集",上海古籍出版社,2009,第1765页。

 虞山派与明末清初的学风

示,可以明道兴国。基于此种认识,在明代默默无闻的《中州集》在清初开始受到重视,钱谦益、冯舒、陆贻典等更是模仿《中州集》的编撰体例,对前代或当代诗歌进行搜集整理,目的无非在于"以诗存人""以诗存史"。

钱谦益在《列朝诗集序》中说到他编选《列朝诗集》之初衷:"录诗何始乎?自孟阳之读《中州集》始也。孟阳之言曰:'元氏之集诗也,以诗系人,以人系传,《中州》之诗,亦金源之史也。吾将仿而为之。'"① 钱谦益身为贰臣,人品有污,然其晚年悔变节之举,积极投身于反清复明之活动中。《列朝诗集》的编选,就反映了钱谦益对明代遗老的悯怀之情和对明王朝的眷恋之情,以及以一代史官自任的学术自觉。因此,在编选《列朝诗集》时,钱谦益并不重诗人的名气,不论诗的工拙,唯借诗以存其人,具有明显的"以诗存史"的意图。傅增湘曰:"遗山惓怀宗国,垂老不忘,其寄托深挚,意或然也。每卷首书名大字占双行,次低四格排列人名、首数、总目,次小传,传后录诗,狭行细字,格式精雅。其后钱蒙叟《列朝诗集》即依仿其式,盖隐然以遗山野史亭自命也。"② 《列朝诗集》以诗歌之外表,含历史之内核;以史事之外表,蕴情感之内核。在记录历史事件上,诗歌是历史实录精神之外衣;在表达情感上,历史事件是浓郁情感之外衣。二者互为表里,互相作用,既有记录历史之功用,又不失诗言情之本,字里行间渗透着深厚的眷恋故国和悲恸友朋远逝之情。同时在某种意义上说,《列朝诗集》等在编选时收录了很多历史无名人物之诗作;《列朝诗集小传》为很多史书无征的人物录名纪传,恰可弥补史书的不足。

钱谦益此举受到很多人的赞同,其所赋予的以诗存史、以诗续史

---

① (清)钱谦益著,(清)钱曾笺注,钱仲联标校《牧斋有学集》卷十四"列朝诗集序",上海古籍出版社,2010,第678页。
② 傅增湘:《藏园群书题记》卷十九"题元刊本中州集",上海古籍出版社,2008,第965页。

第二章　虞山派史学与明末清初的学风

之"诗史"内涵，也为明清很多学者所接受。吴伟业即曰："古者诗与史通，故天子采诗，其有关于世运升降、时政得失者，虽野夫游女之诗，必宣付史馆，不必其为士大夫之诗也；太史陈诗，其有关于世运升降、时政得失者，虽野夫游女之诗，必入贡天子，不必其为朝廷邦国之史也。"① 黄宗羲《姚江逸诗序》亦云："孟子曰：'《诗》亡，然后《春秋》作。'是诗之与史，相为表里者也。故元遗山《中州集》窃取此意，以史为纲，以诗为目，而一代之人物，赖以不坠。钱牧斋仿之为《明诗选》，处士纤芥之长，单联之工，亦必震而矜之，齐蓬户于金闺，风雅衮钺，盖兼之矣。"② 所谓诗与史通、"以史为纲，以诗为目"，均是钱谦益之"诗之本义不能不本于史"的深化。诗歌作为历史的表现形式，具有与史书一样的记录功能，可保一代人物之长存，可征世运之升降和时政之得失，故天子采诗、太史陈诗皆因诗可为朝廷邦国之历史也。

黄宗羲在《万履安先生诗序》又延续钱谦益"以诗续史"之意，提出"以诗补史"，曰："今之称杜诗者以为诗史，亦信然矣。然注杜者，但见以史证诗，未闻以诗补史之阙。"③ 宋元关于"诗史"之解释，停留于传统的"以史证诗"，即用历史之记载来验证诗歌之内容。在这个意义层面上，诗歌是被动的，其关于历史的意义全凭历史的记载来实现，并没有体现诗歌对历史的补充作用。黄宗羲延续钱谦益的观点，认为"诗史"的意义应该包含两方面：一方面，传统的"以史证诗"；另一方面，"以诗存人""以诗补史"。"逮夫流极之运，'东观''兰台'但记事功，而天地之所以不毁、名教之所以仅存者，多

---

① （清）吴伟业：《吴梅村全集》卷六十"且朴斋诗稿序"，上海古籍出版社，1990，第1205页。
② （清）黄宗羲：《南雷诗文集·姚江逸诗序》，《黄宗羲全集》第十册，浙江古籍出版社，2012，第10~11页。
③ （清）黄宗羲：《南雷诗文集·万履安先生诗序》，《黄宗羲全集》第十册，浙江古籍出版社，2012，第49页。

虞山派与明末清初的学风

在亡国之人物。"① 尤其是在朝代更替之战乱年代,正史已不能完好地记载历史,而这一时期的历史片段往往通过诗歌的记录得以保存和流传。从这个意义上说,诗歌可以补充历史不备之作用,才应是"诗史"说的重点。

明末清初诗人切身经历了战争的洗礼,感受到了国破家亡之悲戚,亦目睹甚至经历了残酷的战争,故反映时代的大变迁和社会底层的悲惨命运成为一个时代诗歌的主旋律。清初诗人对于时代和历史的记录,更是一种自觉的行为,因为清初诗人具有强烈的"诗史"意识。冯舒历经明亡清替的重大历史变革,身经战乱,切实感受到了岌岌可危的紧迫、颠沛流离的漂泊和满目疮痍的悲哀,故其诗歌之中不乏直接记录战乱百姓疾苦之作。冯舒还同钱谦益一样仿效《中州集》的体例编选《怀旧集》,收录同邑已故师友二十三人之作,集中但书甲子,不云清朝年号,又因集中诗句涉嫌谤讪而被县令瞿四达伺机投入狱中,曲死。冯舒编选《怀旧集》的初衷亦为"以诗存人",表达缅怀故人之意,然集中收录之人均为布衣之士,正史及县志之中均难留名,集中二十三人唯靠此书得以长存。正是这种清醒的"诗史"意识,才使钱谦益、冯舒之辈自觉地对明朝诗歌进行整理和总结,以补历史之阙如。

前面已经指出,清初"诗史"说强调的是诗歌与历史之间的表里关系,即互动作用,这样诗歌既具有史的功能,又能保持自身的文体特征。然诗歌与历史之不同还在于,诗歌所反映之历史既可以是客观社会史、政治史、思想史,还可以是主观的心灵史、文化史。而关于心灵之记录,才是"诗史"之独特价值所在。钱谦益以曹植《赠白马王彪》、阮籍《咏怀》、张籍《七哀》等诗,举例说明抒情诗亦可以反映历史,称为诗史,曰:"曹之《赠白马》,阮之《咏怀》,刘之《扶

---

① (清)黄宗羲:《南雷诗文集·万履安先生诗序》,《黄宗羲全集》第十册,浙江古籍出版社,2012,第49页。

第二章　虞山派史学与明末清初的学风

风》，张之《七哀》，千古之兴亡升降，感叹悲愤，皆于诗发之。驯至于少陵，而诗中之史大备，天下称之曰诗史。"① 冯舒于《默庵遗稿》卷九《代泉州刺史重刻心史序》，继承了钱谦益的抒情诗亦可以存史、续史之观点，提出了"史外心史"，曰：

> 《春秋》者，治心之书也。孔子以匹夫操衮钺，无其事，无其时，而乱臣贼子惧。惧者何？惧以心也。虽赵盾、许世子接踵于世，而其心固未尝不为清议畏也。新莽、魏操遂并禅让而窃之，惧乃愈甚。故心在，即衮钺在。周室已同家人，鲁公不保宗祐矣。而隐公之年，一系以春王正月，而周鲁为不亡。此即所南纪年，必称德祐之义。所谓无其事，无其时，而存其心者也。汉唐以来三传专，而《春秋》散。不论心而论事，甚至变乱其事，以托于书法。如所称贾南风弑其太子遹并其母谢太后；张守珪以禄山反者，比比皆是。夫谢玖终古才人，妄褒以太后，守珪即废军法，横比于逆臣。若是则《春秋》直矫诬之书。此皆不论心，而泥事之过也。扬雄死。朱氏书曰："莽大夫扬雄卒。"夫卒何时？大夫何朝？何待系莽而后著其非？此又论心而泥事之过也。心与事判然为两强而比焉，非《春秋》也。②

汉唐以来，心与事分途，史书不论心而专论事。而《春秋》以前之诗皆史也，《春秋》治心之书也。心、史、诗三位一体，诗歌不仅仅以写实的笔法记录社会的变迁，以弥补历史记录的缺失，更是通过对诗人个体心灵历程的记录，展示时代兴亡、人事革替。在诗本位的意义上说，诗歌是内心情感的抒发；从史的扩展来说，诗可以记录历史事件，补历史之不足。从史本位上说，历史重在记录历史事件；从诗的

---

① （清）钱谦益著，（清）钱曾笺注，钱仲联标校《牧斋有学集》卷十八"胡致果诗序"，上海古籍出版社，2010，第800页。
② （清）冯舒：《默庵遗稿》卷九"代泉州刺史重刻心史序"，《常熟二冯先生集》，民国14年张鸿铅印本。

虞山派与明末清初的学风

扩展来说,史亦可以成为治心之书。这样模糊诗与史之界限,心、史、诗三者融合,历史向诗歌趋同,成为心灵史、文化史,强调了诗歌对历史的同化作用,亦强调了诗歌言情之本。

冯班云:"或问老杜学何人?答之曰:风雅之道,未坠于地。"[①]吴乔曰:"杜诗是非,不谬于圣人,故曰'诗史',非直指纪事之谓也。纪事如'清渭东流剑阁深',与不纪事之'花娇迎杂佩',皆'诗史'也。诗可经,何不可史?同其'无邪'而已。"[②] 杜诗被称为"诗史",首先在于杜诗是儒家诗教的直接继承者,风雅比兴不坠;其次才是杜诗的实录精神。清初文人从儒家诗教传统出发,"对'诗史'说进行探讨和概括,使之成为一种较有系统的诗学思想,并用以指导创作实践,留下大量具有'诗史'特征和价值的作品"[③]。所以,即便是不肯正言世事之作,虽未实录历史事件,只要继承了儒家诗教,实录了诗人的独特情感,尤其是感时伤世之情感,即具有深厚的"诗史"情结。如冯班追求诗歌的标准即是讽与婉之融合,每自言曰:"言之者无罪,闻之者足以戒。"又身处乱世,时刻皆有生命危险,凡事不敢正言之,而以曲笔书之,其诗歌亦饱含危苦悲哀之情。冯班诗歌虽非史诗一般长篇叙述,而以比兴出之,不失为冯班个人内心之展示。所以说,"心史"之提出,使任何表现诗人独特内心情感之作皆可称为"诗史",不仅强调了具有实录功能之诗对于历史的作用,也肯定了抒情诗实录心史的功能。

于诗、史关系及史之外延上,钱谦益等常熟派从以诗存史、以诗续史、史外心史三个方面,论述了诗对于史的作用,极大地扩充了"诗史"说的内涵。于考据方法上,钱谦益等又充分运用以诗证史之方法,或以诗作为发现历史疑难问题的基础,或以诗补正史事之孤凭,

---

① (清)冯班:《钝吟杂录·读古浅说》,清康熙陆贻典刻本。
② (清)吴乔:《围炉诗话》卷四,《清诗话续编》,上海古籍出版社,1983,第584页。
③ 参见李世英、陈水云《清代诗学》,湖南人民出版社,2000,第12页。

100

第二章　虞山派史学与明末清初的学风

或以诗纠正史录之错误，或以诗补史事之阙文。①

二　以史证诗

钱谦益集三十年之力，将"以史证诗"方法之运用，集中体现在其对杜诗的笺注之中，借史阐发杜诗中的微言大义和美刺功能，抒发自己一片丹心向明朝的故国之志。钱谦益虽变节降清，为人所不齿，然其晚年自悔其行，积极投身于反清复明的运动中，并凄凄于亡国之思中。

钱谦益自云注杜始于卢德水之请，商榷于程嘉燧，校雠于何云、冯舒、钱龙惕，刊印于钱曾。虽数云不敢注杜之心，然观其《注杜略例》和《草堂诗笺元本序》等文，其注杜决心可知，用意端在：一为矫"占毕儒生，眼如针孔，寻扯字句，割剥章段，钻研不出故纸，拈放皆成死句，旨趣滞胶，文义违反"②导致杜诗"伪注假事，如鬼冯人；剽义窜辞，如虫食木。而又连缀岁月，剥割字句，支离覆逆，交跖旁午"③之讹，以正诗风、学风；二为感于"人各偈其所解以为杜诗，而杜诗之真面目，盘回于洄渊潋洑，不能自出"，④从而"刊削有宋诸人伪注缪解烦仍蠢驳之文，冀少存杜陵面目。偶有诠释，但据目前文史，提摄纲要，宁略无烦，宁疏无漏。深知注杜之难，不敢以削

---

① 陈宝良《论钱谦益的史学》(《明史研究》第六辑，第34~36页) 认为以诗证史可以起到四个方面的作用。首先，以诗证史有时可作为发现历史疑难问题的基础，然后再广泛引用具体阐释，以与诗证互相阐发。其次，有些史实原本不拟以孤证为凭，需要找出一些旁证，而诗正好可以起到辅助的旁证作用，也可用作补正。再次，诗可以起到纠正史实错误的作用。最后，诗可以续史，可以补史事之阙文。
② (清) 钱谦益：《钱注杜诗·序》，上海古籍出版社，2009，第3页。
③ (清) 钱谦益著，(清) 钱曾笺注，钱仲联标校《牧斋有学集》卷十五"吴江朱氏杜诗辑注序"，上海古籍出版社，2010，第699页。
④ (清) 钱谦益著，(清) 钱曾笺注，钱仲联标校《牧斋有学集》卷十五"吴江朱氏杜诗辑注序"，上海古籍出版社，2010，第699页。

虞山派与明末清初的学风

稿自任。置之箧衍，聊代荟蕞而已"①。返杜诗本来面貌，阐发其诗史内涵；珍视杜诗微言大义"珠沉玉锢，晦昧于行墨之中"，为"《玄元黄帝庙》、《洗兵马》、《秋兴》、《诸将》诸笺，凿开鸿蒙，手洗日月，当大书特书，昭揭万世"②，于是"考旧注以正年谱，仿苏注以立诗谱，地理姓氏，订讹斥伪，……句释字诠，落落星布，取雅去俗，推腐致新，其存者可咀，其缺者可思"③。于字句异同，一以南宋吴若本为主，以其最为近古，杜甫自注多在焉；次于千家注中，仅取最善者三家。以笺释文句为事者，赵次公《杜诗正误》；以摭捃子传为博者，蔡梦弼《草堂诗笺》；以考订史鉴为功者，黄鹤《补注杜诗》。至于千家注释之谬误，如伪托古人、伪造故事、附会前史、伪撰人名、改窜古书、颠倒事实、强释文义、错乱地理、妄系谱牒等皆痛加删削，又重订年谱，考其世系，增列"时事"栏，明确系年诗篇凡三九三首，已逾杜集四分之一。盖钱谦益素擅史学，故据杜诗以寻史脉，或据史实以证杜诗，杜诗诗史之内涵，乃盖大明于世。

陈寅恪曰："细绎牧斋所作之长笺，皆借李唐时事以暗指明代时事，并极其用心抒写己身在明末政治蜕变中所处之环境。"④ 如钱谦益对《诸将五首》的笺注，以中唐史实考证诗句，指出此组诗乃指斥唐代宗朝边将不能治乱、相不能补衮尽责，而借力犬羊以资匡复，养虎为患；并深诫朝廷偏信奸臣，以宦官为将、以庸鼠为将，姑息养奸。细而析之，其一借寻常坟墓之事，以告诫长安之诸将，曰："此诗指汉朝陵墓，以喻唐也，宫阙陵墓，并对南山，有充奉屯卫之盛，而不

---

① （清）钱谦益著，（清）钱曾笺注，钱仲联标校《牧斋有学集》卷三十九"复吴江潘力田书"，上海古籍出版社，2010，第1350页。
② （清）钱谦益著，（清）钱曾笺注，钱仲联标校《牧斋有学集》卷十五"草堂诗笺元本序"，上海古籍出版社，2010，第702页。
③ （清）钱谦益著，（清）钱曾笺注，钱仲联标校《牧斋有学集》卷十五"草堂诗笺元本序"，上海古籍出版社，2010，第702页。
④ 陈寅恪：《柳如是别传》卷五"复明运动"，生活·读书·新知三联书店，2001，第1021页。

第二章　虞山派史学与明末清初的学风

能禁胡虏之入。故曰：'千秋尚入关也。'禄山作逆，继以吐蕃，焚毁未已，骎骎有发掘之虞。"① 其二以张仁愿于河北筑三受降城事，劝勉河北诸将，曰："当景龙之时，张仁愿筑城虏腹中，制其南牧。犹以狼居瀚海，绝幕未空为恨，不及百年，而羯胡作逆，回鹘助顺，堂堂中夏，借力犬羊，以资匡复。国势之浸衰如此，边事之倒置如此，不亦伤乎？是以悲潼关之失隘，思唐尧之一旅，劝勉河北诸将，不应无韩公之老谋，而以贼遗君父也。"② 其三为责朝廷之大臣出将者，曰："将相大臣，当安危重任，不思何以归职贡，复封疆，补衮职于朝廷，供军储于天下。如王缙者，不过募耕劝农，修承平有司之职业而已。曰稍喜者，盖深致不满之意，非褒词也。朝廷衮职，思得中兴贤佐如仲山甫以补衮阙，非寻常谏诤之谓也。"③ 其四以杨思勖和李辅国，深诫朝廷不当使中官出将，曰："杨思勖讨安南五溪，残酷好杀，故越裳不贡。吕太一收珠南海，阻兵作乱，故南海不靖。李辅国以中官拜大司马，所谓殊锡也。鱼朝恩等以中官为观军容使，所谓总戎也。炎风朔雪，皆天王之地。只当精求忠良，以翊圣朝，安得偏信一二中人，据将帅之重任，自取溃偾乎？肃代间，国势衰弱，不复再振，其根本胥在于此。斯岂非忠规切谏救世之针药与？"④ 其五以杜鸿渐受命镇蜀之事，告诫蜀中将帅，曰："崔旰杀郭英乂，柏茂琳、李昌夔、杨子琳举兵讨旰，蜀中大乱，杜鸿渐受命镇蜀，畏旰，数荐之于朝，请以节制让旰，茂琳等各为本州刺史，上不得已从之，鸿渐以宰相兼成都尹，剑南东西川副元帅。主恩尤隆于严武，而畏怯无远略，惮旰雄武，反委以任，姑息养乱。日与从事置酒高会，其有愧于前镇多矣。公诗标巫峡、锦江，指西蜀之地形也。曰'正忆'，曰'往时'，感今而指昔也。主恩则是，而军令则非，昔人之三杯，何如今人之纵饮？如武

---

① （清）钱谦益：《钱注杜诗》卷十五，上海古籍出版社，2009，第514页。
② （清）钱谦益：《钱注杜诗》卷十五，上海古籍出版社，2009，第515页。
③ （清）钱谦益：《钱注杜诗》卷十五，上海古籍出版社，2009，第516页。
④ （清）钱谦益：《钱注杜诗》卷十五，上海古籍出版社，2009，第517页。

 虞山派与明末清初的学风

者真出群之才，可以当安危之寄。而今之非其人，居可知也。公身居蜀中，而风刺出镇之宗衮，故其诗指远而词文如此。"① 举一隅而知全貌，以长安、河北、蜀中将帅之荒淫畏怯而统摄全唐边防之衰弱无度，并将其直接归咎于朝廷出将者之党同伐异。又举中唐以观明朝，亦何尝不是如此？君王不朝，宦官专权，党同伐异，边疆失守致使清军长驱直入如入无人之境。诚唐，亦诚明也。

洪业先生在《杜诗引得序》中说："谦益之于杜集最注意者，多在考证事实，以探揣杜陵心事。如《冬日洛城北谒玄元皇帝庙》，则考开元末制为老子立玄元皇帝庙，而杜诗乃讥其不经也。如《洗兵马》，则考李泌房琯之罢相，皆出于肃宗之疑忌，而杜诗乃刺其不能尽子道，且不能用父之贤臣也。如《承闻河北诸道节度入朝欢喜口号绝句》十二首，则考安史乱后各藩镇有拥兵自固之势，而杜诗乃劝其各效法李郭尽心为忠臣孝子。如《诸将》五首，则考代宗时诸将，而杜诗皆有刺责之意也。"② 如《有感五首》以李肇《国史补》之记载，考证唐代使官之制，和"天宝末，佩印有至四十者；大历中，请俸有至千贯者。宦官内外，悉属之使。旧为权臣所管，州县所理，今属中人者有之"③ 之史事，诚之为使则重，为官则轻。又如《秋兴八首》曰：

"玉露凋伤"一章，秋兴之发端也；"江间""塞上"状其悲壮；"丛菊""孤舟"写其凄紧，末二句结上生下，故即以"夔府孤城"次之。……第三章正申秋兴名篇之意，古人所谓文之心也。然"每依北斗望京华"一句，是三章中吃紧啮节。萧条岁晚，身事如此，长安棋局，世事如此，企望京华，平居寂寞，故曰"百年世事不胜悲"也。次下乃重章以申之。"蓬莱宫阙"一

---

① （清）钱谦益：《钱注杜诗》卷十五，上海古籍出版社，2009，第517页。
② 洪业：《杜诗引得·序》，上海古籍出版社，1985，第48页。
③ （清）钱谦益：《钱注杜诗》卷十二，上海古籍出版社，2009，第431页。

104

章，思全盛日之长安也；"瞿塘峡口"一章，思陷没后之长安也；"昆明池水"一章，思自古帝王之长安也；"昆吾御宿"一章，思承平昔游之长安也。由瞿唐鸟道之区，指曲江禁近之地，兵尘秋气，万里连延，首章即云"塞上风云接地阴"也。唐时游幸，莫盛于曲江，故悲陷没则先举曲江。汉朝形胜，莫壮于昆明，故追隆古则特举昆明。曰"汉时"，曰"武帝"，正赶指自古帝王也。此章盖感叹遗迹，企想其妍丽，而自伤远不得见，乃叠申曲江。末句文势了然，今以为概指丧乱则迂矣。天宝之祸，干戈满地，营垒俱在国西，及郭令收西京，陈于香积寺北，沣水之东，皆汉上林苑地，在昆明御宿之间，然城南故地，风景无恙，故曰"自逶迤"也。碧梧红豆，秋色依然，拾翠同舟，春游如昨。追彩笔于壮盛，感星象于至尊，岂非神游化人，梦回帝所，低垂吟望，至是而秋兴之能事毕矣。此诗一事叠为八章，章虽有八，重重钩摄，有无量楼阁门在。今人都理会不到，但少分理会，便恐随逐穿穴，如鼷鼠入牛角中耳。①

以秋兴之伤，以棋局为喻，举长安之沦陷，感天宝之祸乱，叹世运之无常。在"思全盛日之长安""思陷没后之长安""思自古帝王之长安""思承平昔游之长安"层层递进下，反思唐代灭亡的因由，反思自古君王、王朝的更替，以一代之丧乱总结历史盛衰的规律，振聋发聩。

钱谦益于杜诗可谓用力至勤，并苦于自注之难与缺失，望一二君子以全之，偶见朱鹤龄之笺稿，心期于知音之遇，不惜以笺注原稿悉付相助，还请毛晋代为馆阁以资书籍与饮食之助。不料朱注完稿与己所论颇相忤背，虽再经鹤龄订正，又遭学界声望之逼，仍痛撤原稿，分而两行。至于钱、朱笺注之区别，沈寿民曰："其中所不合者，惟

---

① （清）钱谦益：《钱注杜诗》卷十五，上海古籍出版社，2009，第504页。

 虞山派与明末清初的学风

《收京》、《洗兵马》、《哀江头》数诗。……况古人著书，初不以附和为贵……今之论杜者，亦求其至是而已矣。异己之见，岂所以为罪乎？往方尔止尝语余云：'虞山笺《杜诗》盖阁讼之后，中有指斥，特借《杜诗》发之。长孺则锐意为子美功臣，必按据时事，句栉字比，以明核其得失。'"① 洪业曰："钱氏求于言外之意，以灵悟自赏，其失也凿；朱氏长于字句之释，以勤劳自任，其病也钝。后来作者大略周旋于二家之间，故清代《杜诗》之学当以二书为首，而钱氏实开其端，功尤不可没也。"② 朱鹤龄则重于字句之笺注，轻于诗旨之阐发；钱谦益之注杜虽亦定讹字句、纠查舛谬，然更重在借杜诗以发指斥。钱谦益首开注杜之风，深挖杜诗的"诗史"内涵，借以讽喻明朝时事，为清代学者所继承。钱谦益首先，于杜诗的注释与传播居功至伟；其次，在注释方法上既继承字句的校定，又使用诗史互证的方法，开创了挖掘深层意旨的先例；最后，借注杜指时事，强调了诗歌对世运的记录及观照作用。

以《洗兵马》为例，钱谦益于此诗感"鸡鸣问寝"之语，考信唐史房琯被谗之故，笺注曰："《洗兵马》刺肃宗也，刺其不能尽子道，且不能信任父之贤臣，以致太平也。"③ 并以史书之记载以证诗句，云：

> 首叙中兴诸将之功，而即继之曰："已喜皇威清海岱，常思仙杖过崆峒。"崆峒者，朔方回銮之地。安不忘危，所谓愿君无忘其在莒也。两京收复，銮舆反正，紫禁依然，寝门无恙，整顿乾坤皆二三豪俊之力，于灵武诸人何与？诸人傲天之幸，攀龙附凤，化为侯王，又欲开猜阻之隙，建非常之功，岂非所谓贪天功以为己力者乎？斥之曰"汝等"，贱而恶之之辞也。当是时，内

---

① 转引自洪业《杜诗引得·序》，上海古籍出版社，1985，第54页。
② 洪业：《杜诗引得·序》，上海古籍出版社，1985，第56页。
③ （清）钱谦益：《钱注杜诗》卷二，上海古籍出版社，2009，第67页。

则张良娣、李辅国，外则崔圆、贺兰进明辈，皆逢君之恶，忌疾蜀郡元从之臣。而玄宗旧臣，遣赴行在，一时物望最重者，无如房琯、张镐。琯既以进明之谗罢去，镐虽继相而旋出，亦不能久于其位，故章末谆复言之。"青袍白马"以下，言能终用镐，则扶颠筹策，太平之效，可以坐致。如此望之也，亦忧之也，非寻常颂祷之词也。"张公一生"以下，独详于张者，琯已罢矣，犹望其专用镐也。是时李邺侯亦先去矣，泌亦琯镐一流人也。泌之告肃宗也，一则曰"陛下家事，必待上皇"，一则曰"上皇不来矣"。泌虽在肃宗左右，实乃心上皇。琯之败，泌力为营救，肃宗必心疑之。泌之力辞还山，以避祸也。镐等终用，则泌亦当复出，故曰"隐士休歌紫芝曲"也。两京既复，诸将之能事毕矣，故曰"整顿乾坤济时了"。收京之后，洗兵马以致太平，此贤相之任也。而肃宗以谗猜之故，不能信用其父之贤臣，故曰"安得壮士挽天河，净洗甲兵常不用"。盖至是而太平之望益邈矣。呜呼伤哉！①

以玄宗、肃宗之间的矛盾和"琯党"案，证《洗兵马》诗乃为讥讽肃宗因猜忌玄宗，而猜忌其父之遗臣，寻借口罢相房琯和张镐，而致贤臣外放，奸臣专权。房琯败师而罢，张镐有功而亦罢，意不在乎功罪也，皆由"肃宗擅立之后，猜忌其父，因而猜忌其父所遣之臣，而琯其尤也。贺兰进明之谗琯曰：'琯昨于南朝，为圣皇制置天下。于圣皇为忠，于陛下泽非忠。'圣皇于陛下，何人也？而敢以忠不忠为言，其仇雠视父之心，进明深知之矣。李辅国之言曰：'陈玄礼、高力士谋不利于陛下。六军将士，尽灵武功臣，皆反仄不安。琯与镐在朝，何啻十玄礼、百力士？'肃宗志岂尝斯须忘之。是故琯之将兵，知不安其位而以危事自效也。许之将，而又使中人监之，不欲其专兵也，

---

① （清）钱谦益：《钱注杜诗》卷二，上海古籍出版社，2009，第67页。

虞山派与明末清初的学风

又使其进退不得自便也。败兵之后,不即去,而以琴客之事罢,俾正衙门弹劾,以秽其名也。罢琯而相镐,不得已而从人望也。五月相,八月即出之河南,不欲其久于内也。六月贬琯,而五月先罢镐,汲汲乎唯恐锄之不尽也。"① 琯夙负圣明,驰驱奉册,肃宗以其为上皇建议,心忌而恶之,意欲除之,但碍于琯之声望,故以琴客之事污其名而罢其相。

《新唐书》《旧唐书》皆不载房琯的生平,而肃宗罢房琯的逆行亦被史书隐去,但言房琯登相位,夺将权,聚集浮薄之徒,败坏军旅之事,坐实房琯结党败军之罪行,则肃宗贬房琯乃为救国之举。钱谦益以《旧唐书》杜甫本传,言房琯布衣之时与杜甫善之语,及杜集《至德二载六月奉谢口敕放三司推问状》,推测盖琯罢相时,杜甫曾抗疏论救,诏三司推问,以张镐救,肃宗怒,贬琯为刺史,出甫为华州司功参军。然而诏书不及者,以杜甫官卑耳,并赞杜甫"流落剑外,卒依严武。拜房相之墓,哭其旅亲。而肃代间论事,则于封建三致意焉。此公一生出处事君交友之大节,而后世罕有知之者"②,并发出"自汉以来,钩党之事多矣,未有人主自钩党者,未有人主钩其父之臣以为党,而文致罪状,榜在朝堂,以明欺天下后世者"③的感叹。然而清初的很多人如潘耒、潘柽章、朱鹤龄等并不认同钱氏以君臣朋党论肃宗的说法,以此诗为初闻恢复之报、不胜欣喜之作,乃以太平之功望肃宗也,而房琬、杜甫、贾至等遭贬皆与党争无涉。钱谦益的笺注乃从其个人经历出发,借以指斥明廷,非有史实根据。而关于肃宗以琯党论玄宗遣臣之事,《新唐书》《旧唐书》虽无记载,然《高力士传》和《资治通鉴》却有记述,故以史书考之,钱氏之论并非无的放矢。王颂蔚曰:"《读杜两笺》,其解释杜诗,多发人所未发。于当时朝野

---

① (清)钱谦益:《钱注杜诗》卷二,上海古籍出版社,2009,第68页。
② (清)钱谦益:《钱注杜诗》卷二,上海古籍出版社,2009,第67页。
③ (清)钱谦益:《钱注杜诗》卷二,上海古籍出版社,2009,第68页。

第二章 虞山派史学与明末清初的学风

大事,批剥豁露,殆无遁情,可谓独见大头颅,直当与'诗史'相辅而垂不朽,非复昔人所谓风云月露之区区而已。"① 钱谦益还十分有力地抓住了唐代由盛转衰之根本即在于肃宗以朋党倾轧忠臣,重用宦官以节制忠臣,重用奸臣分镇以削弱朝廷力量。由唐朝历史影射明朝时事亦是如此,明朝由盛转衰除去君王昏庸的主罪,另有两方面的朝政推手:一方面在于宦官专政,蒙蔽君王的视线,残害忠良;另一方面在于朝堂上下执拗于党争而无心过问政事,导致清兵乘虚而入。如潘氏和朱氏所指,钱谦益一生深受朋党之争的荼毒,几经沉浮皆由东林与阉党博弈而定,他对于党争有着痛彻的领悟,而他对《洗兵马》等诗的笺注确也不乏以杜诗指斥明廷之意。于此,钱谦益也未曾回避,还一再强调要大书特书诗中指意,以作用于世运。

故钱谦益虽曾力助朱氏之注,却不愿以己注掺杂其中,并署名于朱注之上。非钱氏之难以调停,而是因朱氏之举违背了其论学之原则与根本。钱谦益曰:

> 士君子凡有撰述,当为千秋万古计,不当为一时计。当为海内万口万目计,不当为一人计。注诗细事耳,亦必须胸有万卷,眼无纤尘,任天下函矢交攻,砧椎击搏,了无缝隙,而后可以成一家之言。若犹是掇拾丛书,丐贷杂学,寻条屈步,捉衿见肘,比其书之成也,旦而一人焉刺驳,则愤而求敌;夕而又一人刺驳,则趣而篡改。刺驳频烦,窜改促数。前阵若此,后车谓何?杜诗非易注之书,注杜非聊尔之事,固不妨慎之又慎,精之又精。终不应草次禅贩,冀幸举世双目尽睐而以为予雄也。②

钱谦益为学致力于矫正时弊,功于千秋万古,故于学、于书、于注皆

---

① 王颂蔚:《古书经眼录》,《近代中国史料丛刊》第三十五辑第 346 册,文海出版社,1969,第 207 页。
② (清)钱谦益著,(清)钱曾笺注,钱仲联标校《牧斋有学集》卷三十九"复吴江潘力田书",上海古籍出版社,2010,第 1351 页。

以有益天下为指归。以注杜而论，杜诗兼备诗史，诗亦史，史亦诗，注者应着重还原诗作的历史背景，通过与史实的互证，阐发杜诗以史笔观照社会之忧心。字句之注只是一人之计，诗旨之阐发才为千秋万古计。因此朱鹤龄虽于杜诗之版刻、字句等多有删定，却因疏于考证诗史和阐发诗旨，而遭钱谦益贬斥。

钱谦益笺注杜诗，通过对"以史证诗"之法的运用，梳理杜诗影射的历史事实，挖掘杜甫以诗藏史用以抒心之用意，并借杜诗的大头颅关照明廷之得失以警诫世人。虽不排除钱注中歪曲史事和强附己意之处，但其于明清动乱之际笺注杜诗，多发前人所未发，通过诗歌与史实的互证，阐发杜诗以史笔观照社会之忧心，功于千秋万古。

综之，钱谦益不仅对经史关系做了梳理和全新解读，赋予诗、史、文以传道经世功能，极大地提高了经学之外其他学科门类的经世致用之功效，以在整个学术范围内扭转学风和时局。而且钱谦益关于经、史、诗、文等学科门类关系之界定，既充分认识到了各学科在明道经世下的相通处，利于打通学科壁垒使其相互借鉴相互影响，又充分肯定了各学科自身的独特价值，在经学大的审美范畴下，又在每个学科内部树立典范和榜样。"仆尝观古之为文者，经不能兼史，史不能兼经，左不能兼迁，迁不能兼左，韩不能兼柳，柳不能兼韩。其于诗，枚、蔡、曹、刘、潘、陆、陶、谢、李、杜、元、白，各出杼轴，互相陶冶。譬诸春秋日月，异道并行。"① 各个学科有其可以借鉴和相通之处，亦有其独立特点和价值，故各个学科又不能相兼，还要保持自己学科的特色。于人亦然，术业有专攻，很难身兼各类学科而皆善，故要各出杼轴，互相陶冶，做到俭而纯，而非驳而杂。

钱谦益对读史之法、集史之法、作史之法皆做出有益的探索，对史家的眼界和胸襟提出了博求和虚己的要求。而这两个要求又实可用

---

① （清）钱谦益著，（清）钱曾笺注，钱仲联标校《牧斋有学集》卷三十八"答徐巨源书"，上海古籍出版社，2010，第1313页。

之于各界学人，非博求不能通古博今，非虚己不能认识自己的才能和专术。而且钱谦益以例证之形式，具体而形象地阐述了作史的步骤：先要庀其史事，广搜文献，理其长编；再对搜集的文献资料进行考证，辨别真伪轻重；最后"以纪传体为经，以编年体为纬"对辨明之材料，州次部居，行诸文。钱谦益基本全面地阐述了史学方法及应该注意的各个方面，并以优劣两面，树立可以效仿之楷模，指明应该避免之范例，使学者易于择善弃恶。而且在读史、集史、修史的过程中，钱谦益强调史学的扬忠贬奸之微言大义、宣扬君王圣德之教化功用、平乱经世之治国功效，一以贯之仁人、求实、经世之心，而这些也正是明末清初士人所缺乏的。难能可贵的是，钱谦益不仅以一己之力倾注史学，谆谆于史事传道经世之教诲，亦不忘提携后进，以藏书与己著授之于有能于史之人，助他人完成史著，迥然高于敝帚自珍、相倾相轧之流风。

第三章
虞山派诗学与明末清初的学风

钱谦益"仆年四十,始稍知讲求古昔,拨弃俗学。门弟子过听,诵说流传,遂有虞山之学"①,与以陈子龙为首的云间派和以吴伟业为首的娄东派鼎足而立。然虞山诗派实分两支,王应奎称:"某宗伯(牧斋)诗法受之于程孟阳,而授之于冯定远。……吾邑之诗有钱、冯两派。"② 陈祖范亦曰:"吾邑诗学,自钱宗伯起明季之衰,为一代宗主,而两冯君继之,其道益昌。"③ 钱谦益以文坛盟主的地位开虞山诗派先锋,钱陆灿等紧随其后致力于宋元诗风的复兴,并带动清代宋诗热。冯舒、冯班兄弟师承钱谦益将虞山诗派发扬壮大,成为虞山诗派的核心人物,但冯舒、冯班取径晚唐,兼取齐梁和西昆,与钱谦益兼宗唐宋的诗学取向不同,这导致虞山诗派分作两途。虞山诗派虽分作两途,然其对于明代诗学之反思、经学与诗学之关系、复古与性情之关系、分辨诗体等方面的主张却是一致的,以文本批评为中心的诗学论说方式也是一脉相承的,并以一地之诗派决然扭转盛唐诗风一统诗界之局面,带动了清代宋诗风与晚唐诗风的兴起。

钱谦益、冯班等虞山诗人夹存于明代复古思潮与性情说的碰撞中,深感于七子末流重格调轻性情而至模拟剽袭之陋和竟陵重性情轻格调而至奥僻尖深之失,意欲融合两家之长,提倡格调与性情兼得,以矫明代诗风之流弊。于是虞山诗派从学术一体化的角度,与经学、史学

---

① (清)钱谦益著,(清)钱曾笺注,钱仲联标校《牧斋有学集》卷三十九"复李叔则书",上海古籍出版社,2010,第1343页。
② (清)王应奎:《海虞诗苑·凡例》,古处堂藏本。
③ (清)陈祖范:《海虞诗苑·序》,古处堂藏本。

虞山派与明末清初的学风

的复古改革相表里,在诗学上掀起一股提倡儒家传统精神和比兴之义的"反经"热潮。其核心即在于重视诗歌之本真,强调以诗歌的独特审美价值作为考量诗歌的标准,而非以时代、人物论定优劣。这样,各个历史时期的诗歌,只要为诗人个人情感的真情流露即皆可称为诗。这不仅打破了七子独尊盛唐的基石,也矫正了竟陵"性灵"说的虚空,使历代诗歌皆平等地陈设于世人面前,从而为晚唐诗风和宋诗风争取一席之地。而虞山派对明代诗学之扬弃实可分为三个方面:首先,通过对四唐分期法的批判,纠正复古派以时代考量诗歌优劣之偏颇,强调每个时代的诗歌皆有可资采撷之处,应平等于诗歌的艺术价值本身;其次,于诗体关系上,在经、史、诗、文四位一体的大的学术范畴下,通过分辨诗体,明晰诗与其他学科之差异,以保持诗歌的独特审美价值;最后,以性情说矫正七子的狭隘复古说,通过对"诗言志"的解析,强调诗歌抒情表意的功能。

第一节　别裁伪体亲风雅

明代诗文飘于耳、庸于目、赁于口,而不知其枵然无所有,却举世以相夸,于是伪谬于一人而及一群,亦由一群而及一世。世人皆蒙蔽于俗学之中,或弊于俗学或误于自是,经、史、诗、文皆不能免受其害。钱谦益曰:

> 九经六艺,炳若丹青。律数小学,具有谱牒。今不为爬搔搜剔,溯本穷源,经学乱于蛙紫,史家杂于秕稗,众表竞指,百喙争鸣。苍耳蓑藜,胃之皆能刺足;鹿床乌喙,食之便可腐肠。至今为梗,实繁有徒。故曰蔽于俗学。以挽近为准的,以讹缪为种性。胸中先有宿物,眼下自生光景。于是逞臆无稽,师心自用。章句联尔,先已订其雌黄;旨趣茫然,便欲搴其疵类。斯则病在

膏肓，魔入肺腑。牛羊之眼，但向一隅；蟪蛄之声，终违九里。孟子曰："自以为是，而不可与入尧舜之道。"良可愍也。故曰误于自是。①

所谓"弊于俗学"就是追随社会流风，空疏无术，人云亦云，不以读书为指归；所谓"误于自是"，就是骋意自用，高自标置，弃古人之精华而不顾，沾沾自喜于个人的狭隘趣味之中。而核其病源，无本而已矣。何为本？经史之术也，经世之用也，风雅之道也。"《三百篇》，诗之祖也；屈子，继别之宗也；汉、魏、三唐以迄宋、元诸家，继祢之小宗也。六经，文之祖也；左氏、司马氏，继别之宗也；韩、柳、欧阳、苏氏以迄胜国诸家，继祢之小宗也。古之人所以驰骋于文章，枝分流别，殊途而同归者，亦曰各本其祖而已矣。"② 六经为学术之祖、之统领，故而各类学科皆要以六经为指归，以风雅为根本，以经世为目的，故要循本必要"反经"。于诗学而言如何反？反其所以为诗者而已。杜甫云："别裁伪体亲风雅，转益多师是吾师。"是也。

一　别裁伪体

明代诗学或沿宋、元之窠臼"排章俪句，支缀蹈袭"；或剽唐、《选》之余渖，"生吞活剥，叫号隳突"；或搜郊、岛之旁门，"蝇声蚓窍，晦昧结悃"。而此三种病症或弱、或狂、或鬼，传染日深，膏肓之病日甚。③归本求源即在于蒙蔽于严羽之流的独尊盛唐，以剽窃章句为拟古，以儗屋居室为拟古，虽"庀材唯恐其不博，取境唯恐其不变，引声度律唯恐其不谐美，骈枝斗叶唯恐其不妙丽，诗人之能事，

---

① （清）钱谦益著，（清）钱曾笺注，钱仲联标校《牧斋有学集》卷三十八"答徐巨源书"，上海古籍出版社，2010，第1313~1314页。
② （清）钱谦益著，（清）钱曾笺注，钱仲联标校《牧斋初学集》卷二十六"袁祈年字田祖说"，上海古籍出版社，2009，第826页。
③ （清）钱谦益著，（清）钱曾笺注，钱仲联标校《牧斋初学集》卷八十三"题怀麓堂诗钞"，上海古籍出版社，2009，第1758页。

虞山派与明末清初的学风

可谓尽矣。……标新领异之思,侧出于内;哗世炫俗之习,交攻于外,摘词拈韵,每怵人之我先;累牍连章,犹虑己之或后。虽其申写繁会,铺陈绮雅,而其中之所存者,固已薄而不美,索然而无余味矣"①。钱谦益总结明代诗学凡三病:曰偢,曰剽,曰奴。那么何为偢?何为剽?何为奴?钱谦益曰:

窭人子赁居廊庑,主人翁之广厦华屋,皆若其所有,问其所诧处,求一茅盖头曾不可得,故曰偢也。椎埋之党,铢两之奸,夜动而昼伏,忘衣食之源而昧生理,韩子谓降而不能者类是,故曰剽也。佣其耳目,囚其心志,呻呼唫咄,一不自主,仰他人之鼻息,而承其余气,纵其有成,亦千古之隶人而已矣,故曰奴也。百余年来,学者之于伪学,童而习之,以为固然。彼且为偢为剽为奴,我又从而偢之剽之奴之。沿讹踵谬,日新月异,不复知其为偢为剽为奴之所自来,而况有进于此者乎?②

所谓偢,取"偢屋以居"之意,谓夺取古人之框架;所谓剽,意谓抄袭古人之字句;所谓奴,意谓仰古人之鼻息。如此而为,则近代之诗全为古诗之翻版,或生吞活剥,或改造结构,或挪用字句,非格调字句为古人所有,即诗之情亦为古人之情,故而成伪。"文章途辙,千途万方,符印古今、浩劫不变者,唯真与伪二者而已。"③ 于今之世"有以猎《兔园》、拾饾饤为经术者矣,有以开马肆、陈刍狗为理学者矣,有以拾断烂、党枯朽为史笔者矣,有以造木鸢、祈土龙为经济者矣"④,剽

---

① (清)钱谦益著,(清)钱曾笺注,钱仲联标校《牧斋有学集》卷十九"族孙遵王诗序",上海古籍出版社,2010,第827页。
② (清)钱谦益著,(清)钱曾笺注,钱仲联标校《牧斋初学集》卷三十二"郑孔肩文集序",上海古籍出版社,2009,第930页。
③ (清)钱谦益著,(清)钱曾笺注,钱仲联标校《牧斋有学集》卷三十九"复李叔则书",上海古籍出版社,2010,第1345页。
④ (清)钱谦益著,(清)钱曾笺注,钱仲联标校《牧斋有学集》卷三十九"复李叔则书",上海古籍出版社,2010,第1345页。

第三章 虞山派诗学与明末清初的学风

耳佣目，追嗜逐好，诗道愈远。看似繁声缛采、骈枝俪叶、幺弦促节、浮筋怒骨，实则以裨贩为赅博，以剽窃为拟古，穷梦想于鼠穴，其失也罔、也诞。经学、理学、史学、诗学皆为伪体充斥，真伪相杂，良莠繁殖，而究其根源则在于严羽辈的独尊盛唐。钱谦益曰：

> 自古论诗者，莫精于少陵别裁伪体之一言。当少陵之时，其所谓伪体者，吾不得而知之矣。宋之学者，祖述少陵，立鲁直为宗子，遂有江西宗派之说，严羽卿辞而辟之，而以盛唐为宗，信羽卿之有功于诗也。自羽卿之说行，本朝奉以为律令，谈诗者必学杜，必汉、魏、盛唐，而诗道之榛芜弥甚。羽卿之言，二百年来，遂若涂鼓之毒药。甚矣！伪体之多，而别裁之不可以易也。呜呼！诗难言也。不识古学之从来，不知古人之用心，徇人封己，而矜其所知，此所谓以大海内于牛迹者也。王、杨、卢、骆，见哂于轻薄者，今犹是也，亦知其所以劣汉、魏而近《风》、《骚》者乎？钩剔抉摘，人自以为长吉，亦知其所以为《骚》之苗裔者乎？低头东野，懂而师其寒饿，亦知其所谓横空磐硬，妥帖排奡者乎？数跨代之才力，则李、杜之外，谁可当鲸鱼碧海之目？论诗人之体制，则温、李之类，咸不免风云儿女之讥。先河后海，穷源溯流，而后伪体始穷，别裁之能事始毕。①

自宋代严羽之辈以盛唐为尊，明代高棅、王世贞、李樊龙等人沿袭严羽之绪论，奉之为律令，为诗必学汉魏盛唐，祖述杜甫、师学黄庭坚的江西诗派则被视为伪体异类。殊不知明代诗道榛芜、伪体滋生之根源，即在于严羽、高棅、七子辈的独尊盛唐。"古学日远，人自作辟。邪师魔见，蕴酿于宋季之严羽卿、刘辰翁，而毒发于弘、德、嘉、万之间。学者甫知声病，则汉、魏、齐、梁、初、盛、中、晚之声影，

---

① （清）钱谦益著，（清）钱曾笺注，钱仲联标校《牧斋初学集》卷三十一"徐元叹诗序"，上海古籍出版社，2009，第924页。

 虞山派与明末清初的学风

已盘互于胸中，佣耳借目，寻条屈步，终其身为隶人而不能自出。吁！可悼也。"① 严羽之流以汉唐为尊，然却不知古学、不知古义，徒以模仿字句为能事，愈学古而古学愈远，因七子抄袭古人，七子末流抄袭七子，普通世人抄袭七子末流，长此以往古人牙慧残渣一遍遍被咀嚼，终将无味而弃。所以钱谦益提出欲反诗学必先别裁伪体。"今人之未及前贤，无怪其然也。以其递相祖述，沿流失源，而不知谁为之先也。《骚》、《雅》有真《骚》、《雅》，汉、魏有真汉、魏。等而下之，至于齐、梁、唐初，靡不有真面目焉。舍是则皆伪体也。别者，区别之谓；裁者，裁而去之也。果能别裁伪体，则近于《风》、《雅》矣。"② 只有别裁伪体，才能亲风雅，才能还原诗学之本真。而真、伪之别，即在于：

> 真文必淡，而陈羹醨酒、酸薄腐败者亦曰淡。真文必质，而盘木焦桐、卷曲枯朽者亦曰质。真文必简，而断丝折线、尺幅窘窄者亦曰简。真文必平，而涔蹄牛踪、行潦纡余者亦曰平。真文必变，而飞头歧尾、乳目脐口者亦曰变。真则朝日夕月，伪则朝华夕槿也。真则精金美玉，伪则瓦砾粪土也。不待比量而区以别矣。③

真文之表征在于淡、质、简、平、变，"文章之道，无过简易。词尚体要，简也。辞达而已，易也。古人修词立诚，富有日新。文从字顺，陈言务去。虽复铺陈排比，不失其为简，诘曲聱牙，不害其为易"④。反之用事奥僻，苦畏、苦贫者，则为伪。真文集日月之精华为精金美

---

① （清）钱谦益著，（清）钱曾笺注，钱仲联标校《牧斋有学集》卷十五"爱琴馆评选诗慰序"，上海古籍出版社，2010，第713页。
② （清）钱谦益著，（清）钱曾笺注，钱仲联标校《牧斋初学集》卷一百九"读杜二笺上·戏为六绝句"，上海古籍出版社，2009，第2204页。
③ （清）钱谦益著，（清）钱曾笺注，钱仲联标校《牧斋有学集》卷三十九"复李叔则书"，上海古籍出版社，2010年，1345页。
④ （清）钱谦益著，（清）钱曾笺注，钱仲联标校《牧斋有学集》卷三十九"复王烟客书"，上海古籍出版社，2010，第1365页。

玉，历久而不衰；伪文朝华夕槿为瓦砾粪土，禁不住时间的检验。以时文为例，有举子之时文、有才子之时文、有理学之时文，而三者亦皆有真伪，能于此知别裁者，是亦佛家所谓正法眼藏也。"本经术、通训故，析理必程、朱，遣词必欧、苏，规矩绳尺，不失尺寸"① 者，为举子之文之真者；如"汤霍林开串合之门，顾升伯谈倒插之法，因风接响，奉为金科玉条。莠苗稗谷，似是而非。而先民之矩度与其神理澌灭不可复问矣"②，为举子之文之伪体也。如钱福、茅坤、归有光、顾宪成、汤显祖、袁宏道等，"心地空明，才调富有，风樯阵马，一息千里，不知其所至，而能者顾诎焉"③，为才子之诗文之真者；"莽荡如郝仲舆，杂乱如王遂东，窃衔窃辔，泛驾自喜"④，为才子之文之伪体也。如季彭山、杨复所、赵梦白、李卓吾等，"称心信理，现量发挥，可以使人开拓心胸，发明眼目"⑤，为理学之时文之真者；"缙绅先生罢闲讲学，点缀呫哔，招摇门徒，以灯窗腐烂之辞，为扣门乞食之计"⑥，为理学之文之伪体也。由是逐一剖析、辩驳则诗文之真伪即明。

二 亲风雅

明代学术之弊于俗学与误于自是，在诗学上则主要表现为"学古而赝"和"师心而妄"。钱谦益在《王贻上诗序》中言："诗道沦胥，

---

① （清）钱谦益著，（清）钱曾笺注，钱仲联标校《牧斋有学集》卷四十五"家塾论举业杂说"，上海古籍出版社，2010，第1508页。
② （清）钱谦益著，（清）钱曾笺注，钱仲联标校《牧斋有学集》卷四十五"家塾论举业杂说"，上海古籍出版社，2010，第1508页。
③ （清）钱谦益著，（清）钱曾笺注，钱仲联标校《牧斋有学集》卷四十五"家塾论举业杂说"，上海古籍出版社，2010，第1508页。
④ （清）钱谦益著，（清）钱曾笺注，钱仲联标校《牧斋有学集》卷四十五"家塾论举业杂说"，上海古籍出版社，2010，第1508页。
⑤ （清）钱谦益著，（清）钱曾笺注，钱仲联标校《牧斋有学集》卷四十五"家塾论举业杂说"，上海古籍出版社，2010，第1509页。
⑥ （清）钱谦益著，（清）钱曾笺注，钱仲联标校《牧斋有学集》卷四十五"家塾论举业杂说"，上海古籍出版社，2010，第1509页。

浮伪并作，其大端有二。学古而赝者，影略沧溟、弇山之剩语，尺寸比拟，此屈步之虫，寻条失枝者也。师心而妄者，惩创《品汇》、《诗归》之流弊，眩运掉举，此牛羊之眼，但见方隅者也。之二人者，其持论区以别矣。不知古学之由来，而勇于自是，轻于侮昔，则亦同归于狂易而已。"① 他将诗道之沦丧归为"学古而赝"和"师心而妄"两种。前一种是针对七子末流，死拟古人乃至吞咽古人唾渣，"耳佣目僦，降而剽贼，如弇州《四部》之书，充栋宇而汗牛马，即而视之，枵然无所有也。则谓之无物而已矣"②。没有个人创见，徒以模拟剽窃为能事，学古亦多伪谬亦甚。后一种主要针对竟陵派在"独抒性灵，不拘格套"的掩盖下，或以清深奥僻为致，"如鸣蚓窍，如入鼠穴，凄声寒魄"③之鬼趣；或以尖新割剥为能者，"如戴假面，如作胡语，噍音促节"④之兵象，背离诗歌的文从字顺和有关教化作用的流弊。我们不可否认七子之复古说对明代文坛和诗歌复兴，以及公安、竟陵之性情说对于解放思想、抒发性灵所做的重要贡献。然而时隔日转，在明末心学空疏误国之浮泛学风的笼罩下，无论是前后七子的"文必秦汉，诗必盛唐"，还是公安、竟陵之"性情"说，皆已穷途末路，不再适应新的社会形势。两者虽表征不同，病理却同，即为无本无物，徒咀嚼古人之残渣剩饭，如同衣冠刍狗，拟古越深越索然无味，故别裁伪体之时，务要循经归本。何为诗之本？言之有物、言之有体、言之有要是也。

首先，要以言志咏情为判。钱谦益曰：

---

① （清）钱谦益著，（清）钱曾笺注，钱仲联标校《牧斋有学集》卷十七"王贻上诗序"，上海古籍出版社，2010，第765页。
② （清）钱谦益著，（清）钱曾笺注，钱仲联标校《牧斋初学集》卷三十一"汤义仍先生文集序"，上海古籍出版社，2009，第906页。
③ （清）钱谦益著，（清）钱曾笺注，钱仲联标校《牧斋初学集》卷三十"徐司寇画溪诗集序"，上海古籍出版社，2009，第903页。
④ （清）钱谦益著，（清）钱曾笺注，钱仲联标校《牧斋初学集》卷三十"徐司寇画溪诗集序"，上海古籍出版社，2009，第903页。

第三章　虞山派诗学与明末清初的学风

> 书不云乎：诗言志，歌永言。诗不本于言志，非诗也。歌不足以永言，非歌也。宣己喻物，言志之方也。文从字顺，永言之则也。宁质而无佻；宁正而无倾；宁贫而无僭；宁弱而无剽；宁为长天晴日，无为盲风涩雨；宁为清渠细流，无为浊沙恶潦；宁为鹑衣短褐之萧条，无为天吴紫凤之补坼；宁为粗粝之果腹，无为荼荁之蟹唇；宁为书生之步趋，无为巫师之鼓舞；宁为老生之庄语，无为酒徒之狂詈；宁病而呻吟，无梦而厌寝；宁人而寝貌，无鬼而假面；宁木客而宵吟，无幽独君而昼语。导之于晦蒙狂易之日，而徐反诸言志咏言之故，诗之道其庶几乎？①

诗以言志为本，上而之者，文从字顺，辞达提要，如长天晴日，如清渠细流；等而下之曰贫、曰弱，为盲风涩雨，为浊沙恶潦，为鹑衣短褐之萧条，为粗粒之果腹，为书生之步趋，为老生之庄语，为病而呻吟，为人而寝貌，为木客而宵吟；再劣而下之曰僭、曰剽，为天吴紫凤之补坼，为荼荁之蟹唇，为巫师之鼓舞，为酒徒之狂詈，为梦而厌寝，为鬼而假面，为幽独君而昼语。辨别诗体真伪之根本在于是否言志，宣己喻物则言之有物，文从字顺则言之有体，风雅比兴则言之有本。

其次，要复兴风雅比兴的诗学传统。

> 古之为诗者有本焉，《国风》之好色，《小雅》之怨诽，《离骚》之疾痛叫呼，结轖于君臣夫妇朋友之间，而发作于身世逼侧、时命连蹇之会，梦而嚳，病而吟，春歌而溺笑，皆是物也。故曰有本。唐之李、杜，光焰万丈，人皆知之。放而为昌黎，达而为乐天，丽而为义山，谲而为长吉，穷而为昭谏，诡灰冥兀而为卢仝、刘叉，莫不有物焉，魁垒耿介，槎枒于肺腑，击撞于胸臆，故其言之也不惭，而其流传也，至于历劫而不朽。今之为诗，本之则无，

---

① （清）钱谦益著，（清）钱曾笺注，钱仲联标校《牧斋初学集》卷三十二"徐元叹诗序"，上海古籍出版社，2009，第924~925页。

123

虞山派与明末清初的学风

徒以词章声病，比量于尺幅之间，如春花之烂发，如秋水之时至，风怒霜杀，索然不见其所有，而举世咸以此相夸相命，岂不末哉！①

诗之以国风之好色而不淫，小雅之怨诽而不怒，离骚之疾痛叫呼而为本，于此而是结于君臣友朋之间，而发作于身世际遇之间，有美有刺，喜而乐、梦而噩、病而吟，言之有物、言之有情。李白、杜甫、韩愈、苏轼之诗之所以能光焰万丈，永世不朽，即在于他们继承了风雅比兴的传统，发挥了诗歌美刺世运之功效。

最后，还要遵循温柔敦厚的诗教传统。"《记》曰：'温柔敦厚，诗之教也。'说《诗》者谓《鸡鸣》、《沔水》殷勤而规切者，如扁鹊之疗太子；《溱洧》、《桑中》咨嗟而哀叹者，如秦和之视平公。病有深浅，治有缓急，诗人之志在救世，归本于温柔敦厚，一也。"② 《娄江十子诗序》又言："温柔敦厚，《诗》教也。古之学《诗》者如是。今之为诗者，不知《诗》学，而徒以雕绘声律剽剥字句者为诗，才益驳，心益粗，见益卑，胆益横，此其病中于人心，乘于劫运，非有反经之君子，循其本而救之，则终于胥溺而已矣。"③ 温柔敦厚亦为诗之本，为救病之良药，为救世之良医，深有规劝之意而无剑拔弩张之势，殷殷切切皆为国本之立。反之，则才愈大、识愈粗、弊愈深。

由是可以看出，钱谦益等对明代诗学的扬弃和反思，无论是辨别伪体还是反诗亲风雅，其所追求的中心，皆在于拨正明代空疏之学风，而使学风归之于实，归之于本；其最终的落脚点皆在于诗对于朝局、对于国运、对于学风的教化作用，自始至终都是与其学术一体化思想相联系的，是其以学术经国理世之理想的一部分。而钱

---

① （清）钱谦益著，（清）钱曾笺注，钱仲联标校《牧斋有学集》卷十七"周元亮赖古堂合刻序"，上海古籍出版社，2010，第767页。
② （清）钱谦益著，（清）钱曾笺注，钱仲联标校《牧斋有学集》卷十七"施愚山诗集序"，上海古籍出版社，2010，第760~761页。
③ （清）钱谦益著，（清）钱曾笺注，钱仲联标校《牧斋有学集》卷二十"娄江十子诗序"，上海古籍出版社，2010，第845页。

第三章　虞山派诗学与明末清初的学风

谦益等虞山诗人的其他诗论，无论是"以性情为精神，以学问为孚尹"，还是"转益多师是汝师"，亦是由此角度而展开的，或以世运、学问提炼性情，或转益多师学宋、学晚唐，均始终不离其经世致用的核心。

第二节　分辨诗体

"文辞以体制为先。"① 明代承继南朝及宋元之后，尤重文章体制规范，并与明代重编纂总集的风气相结合，形成了一股超越古今的辨体之风。吴讷感于"古文类集今行世者，惟梁昭明《文选》六十卷、姚铉《唐文粹》一百卷、东莱《宋文鉴》一百五十卷、西山前后《文章正宗》四十四卷、苏伯修《元文类》七十卷为备。然《文粹》、《文鉴》、《文类》惟载一代之作《文选》编次无序……不足为法。独《文章正宗》义例精密……然每类之中，众体并出，欲识体而卒难寻考"②，于是搜辑古今所编，每体自为一类，各以时世为先后，得《文章辨体》五十卷。《内集》分为古歌谣辞、古赋、乐府、古诗、谕告、玺书、批答、诏、册、制、诰、制策、表、露布、论谏、奏疏、议、弹文、檄、书、记、序、论、说、解、辨、原、戒、题跋、杂著、箴、铭、颂、赞、七体、问对、传、行状、谥法、谥议、碑、墓碑、墓碣、墓表、墓志、墓记、埋铭、诔辞、哀辞、祭文等五十大类；《外集》分连珠、判、律赋、律诗、排律、绝句、联句诗、杂体诗、近代曲词等九类，共计五十九类。徐师曾在《文章辨体》的基础上"假文以辨体"，编纂《文体明辨》八十四卷，所列文体种类正编一百零一种，附录二十六种，总计一百二十七种。贺复征《文章辨体汇选》踵事增

---

①　（明）吴讷：《文章辨体·凡例》，明天顺八年刻本。
②　（明）吴讷：《文章辨体·凡例》，明天顺八年刻本。

虞山派与明末清初的学风

华,抛却诗赋类,又增至一百三十余类①。明人通过对文学总集的编纂进行的文体分类和辨析,既具有十分自觉的文学批评意识,又可突破随着秦汉以来文体增多而分类未增的局限。徐师曾《文体明辨序》即曰:"自秦汉以下,文愈盛;文愈盛,故类愈增;类愈增,故体愈众;体愈众,故辨当愈严。"②然而动辄及百的分类体系虽为精细,却不免浩繁。同时各类文体之间,难免有些分体模糊或重叠之处,如何断定,亦仁者见仁智者见智,不太好统一,难免使读者无所适从。如《文章辨体》在"表""记"之后,又分"墓表""墓记";《文体明辨》"表""志"之后,又分"墓表""墓志",前后文体存在包含与被包含的关系。又如《文体明辨》正选在"五言古诗""七言古诗""杂言古诗""近体歌行""近体律诗"之后,又分"和韵诗""联句诗""集句诗";《附录》另分"杂句诗""杂言诗""杂体诗""杂韵诗""杂数诗""杂名诗""离合诗""诙谐诗"等,分类标准殊不统一。为厘清明代诗体分类,虞山派中坚冯舒、冯班在钱谦益别裁伪体的基础上,继续分辨诗文、辨明诗体,化繁为简,以保持诗歌的独特文体特征。

一 诗文之辨

在以经学为核心的学术一体化思想的指导下,虞山派的诗文辨体自然也是以经学为指归展开的,明确标立以《诗三百》为选诗标准,曰:

> 仲尼删《诗》,上自文王《关雎》之事,下迄陈灵《株林》之刺,《三百五篇》王道浃,人事备矣。于商唯有《颂》,虞、夏

---

① 参见吴承学《明代文章总集与文体学——以〈文章辨体〉等三部总集为中心》,《文学遗产》2008年第6期,第89~92页。
② (明)吴讷著,于北山校点;(明)徐师曾著,罗根泽校点《文章辨体序说 文体明辨序说》,人民文学出版社,1982,第78页。

第三章　虞山派诗学与明末清初的学风

仅存于《尚书》。语云："吾说夏礼，杞不足征。吾学殷礼，宋不足征。"准是而言，直恐当时虞、夏、殷之文，不如周诗之备，非略而不取也。梁昭明太子撰《文选》，辞赋始于屈宋，歌诗起于荆卿《易水》之歌。权舆于姬、孔以后，于理为得。近代诗选，必自上古，年祀绵邈，真赝相杂，或不雅驯。又《书》《传》引逸诗多不过三数句，皆非全篇。《三百五篇》，既是仲尼所定，又不应掇其所弃。昔尝与程孟阳言诗，譬之犬之遗骨，非徒戏言也。钟伯敬掊击王、李，不遗余力，独于此处不知矫正。《诗归》之作，较之《诗删》，殆有甚焉。①

首先，孔子删《诗》明确了诗歌的本体特征，确立了诗歌总集的选录标准，后世选诗当以此为指归，而不应妄自选录被孔子删汰的诗作。梁昭明太子编纂《文选》，承继《诗经》的选诗标准，辞赋始于屈宋，歌诗起于《易水》，是孔子删诗之延续；而近代诗选，如《诗归》《诗删》等，为求完备，特选古逸诗，将孔子删掉的诗作囊括其中，不仅违背《诗三百》的选诗意旨，且时代邈远，真假难辨。况如殷、夏等为孔子弃而不取者，或字句太少不能成篇，或为文非诗，自不当入选其中。

其次，孔子删《诗》明确了诗歌的本体特征及诗、文的界限，后世选诗应当谨遵《诗三百》的轨范，不可妄自僭越。

> 古人文章自有阡陌。《礼》有汤之《盘铭》、孔子之诔，其体古矣。乃《三百五篇》都无铭、诔之文，故知孔子当时不以为诗也。近世冯惟讷撰《诗纪》，首纪"古逸"，尽载铭、诔、箴、诫、祝、赞、繇词，殆失之矣。《元微之集》云："诗之流为赋、颂、铭、赞，大抵有韵之文，体自相涉，若直谓之诗则不可矣。"

---

① （清）冯班：《钝吟杂录·正俗》，清康熙陆贻典刻本。

 虞山派与明末清初的学风

> 铭、赞、箴、诔、祝、诫,皆文之有韵者也,诗人以来皆不云是诗。诗人已后,有骚、词、赋、颂,皆出于诗也,自楚人以来,亦与诗画界,此又后人所分也。①

既然确立了《诗三百》的选诗标准,那么《诗三百》中收录的体例为诗,未收录的体例则不是诗。如《诗三百》未收录铭、诔,则孔子删诗之时即已断定铭、诔是有韵之文,非诗也。至于孔子删诗之后产生的骚、词、赋、颂等文体,皆出于诗,是诗的变体,随着文体的发展和成熟,骚、词、赋、颂等从诗的范畴中分离出来,形成各具特色的文体特征,成为各自独立的文体。《诗纪》、《诗归》、《诗删》等诗选,首选"古逸诗",将孔子删汰的铭、诔、诫、祝、赞、繇词等皆收录其中,殆是模糊了诗与有韵之文的界限和区别。

> 今天下之言诗者,莫盛于楚矣。钟、谭两君以时文妙天下,出具手眼为《诗归》,凡古今有韵之文,若铭、若诫、若祝、若易林,一经删定无不可化而为诗也。字求追新,义专穷奥,别风淮雨,何容问哉?于是天下之士,从风而靡。②

钟惺、谭元春编选《诗归》,有意模糊有韵之文与诗的界限,随意将有韵之文删改为诗,破坏了诗体的纯粹性。

> 诗之兴也,殆与生民俱矣。民生有喜、怒、哀、乐之情。情动乎中,形乎言,言之不足,而长言之,咏歌之。古犹今也。凡物有声,皆中宫商,清浊高下,杂而成文,斯协于钟石。③

人与生俱来就有喜、怒、哀、乐之情,而诗是人表达喜、怒、哀、乐之情的有效手段,所以诗与生民俱也。而无论世事如何变迁,人的情

---

① (清)冯班:《钝吟杂录·正俗》,清康熙陆贻典刻本。
② (清)冯舒:《默庵遗稿·以明上人诗序》,《常熟二冯先生集》,民国14年张鸿铅印本。
③ (清)冯班:《钝吟杂录·正俗》,清康熙陆贻典刻本。

第三章　虞山派诗学与明末清初的学风

感不会改变,诗歌言志抒情的本质特征不会改变。文则不然。诗与文的区别,不在于有韵、无韵,而在于是否具有缘情之质。

> 南北朝人以有韵者为文,无韵者为笔,亦通谓之文。唐自中叶以后,多以诗与文对言。愚按:有韵、无韵皆可曰文,缘情之作则曰诗。①

文体萌发的初期,可以以有韵、无韵作为文体分界的标准,但是随着文体的发展成熟,文体特征亦已经明晰,因此再以简单的有韵、无韵划分诗、文就有些不合时宜了。"南北朝以有韵为文,无韵为笔。至于唐季,凡文章皆谓文,与诗对言,今人不知古称笔语是何物矣。"②唐以后无韵之笔的概念已逐渐模糊,有韵之文和无韵之笔,皆称为文,并与诗对言。因此有韵、无韵已不能再作为区分诗和文的标准,必须从诗和文的本质特征来确定诗与文的分界。

> 《书》曰:"诗言志。"《诗序》曰:"变风发乎情。"如《易林》之作,止论阴阳,非言志缘情之文。王司寇欲以《易林》为诗,直是不解诗,非但不解《易林》也。王、李论诗,多求之词句,而不问其理,故有此失。少年有不然余此论者,余谕之曰:"夫镜圆也,饼亦圆,饼可谓镜乎?《易林》之不为诗,亦犹此耳。若四言韵语便是诗,诗亦多矣。何止焦氏乎?"③

冯班以镜与饼做比喻,说镜与饼虽同为圆形,但因为两者本质不同,故饼不能称为镜,镜亦不能称为饼。同理,诗与铭、诔、祝、赞、《易林》等虽同为有韵之文,但铭、诔、祝、赞、《易林》等以说理为主,诗以言志缘情为主。虽然在有韵、无韵的标准之下,它们都属于

---

① (清)冯班:《钝吟杂录·读古浅说》,清康熙陆贻典刻本。
② (清)冯班:《钝吟杂录·正俗》,清康熙陆贻典刻本。
③ (清)冯班:《钝吟杂录·正俗》,清康熙陆贻典刻本。

 虞山派与明末清初的学风

有韵的序列,但它们的本质特征确有着天壤之别,不可混淆。何焯亦赞同冯班的诗文辨体,曰:"《易林》既可为诗,则《参同契》多以四言、五言成文,亦是诗矣。"① 如果按照《诗归》《诗删》等明代诗选的选录标准,则一切有韵之文皆可称为诗,诗的范围就无限扩大了,诗的本质特征也被破坏了。冯舒亦曰:

> 原夫书契既兴,英贤代作,文章流别,其来久矣。若箴、铭、诵、诔可以备载,则赋亦诗家六义之一,何以区分?若云有韵之语可以广收,则《国策》、《管》、《韩》之属何非无韵?《素问》一书,通篇有韵;《易》之文言,本自圣制;《书》之敷言,出于孔壁,亦自谐声,不专辞达,可得混为诗耶?作俑于兹,滥觞无极,焦氏《易林》居然入诗矣,岂不可叹?②

若以有韵之文为诗,那么诗的范围就广了,不止铭、诔、祝、赞,《书》《易》《素问》《易林》等皆可称为诗,诗与文就没有界限了。当然非仅王世贞、李攀龙、钟惺、谭元春等为冯班所斥责的复古派和竟陵派认为《易林》之韵语可以作为诗,明代的很多学者在选诗时常将有韵之文选录其中。这两种分歧,主要缘于选诗标准的不同。明代人好为博大,选诗亦然,总是希望能不分具细地一网打尽,自然选录很多为孔子删汰的古逸诗和为冯舒、冯班等所斥责的有韵之文。此种做法,一方面客观保存了很多古籍文献;另一方面也因删汰不严,导致很多伪作掺杂其中,真假难辨,亦是学风浮泛的一种表现。也许冯舒、冯班严格划分诗文的立论有些拘泥,不够通达,然而在明末清初文体混乱的社会背景之下,冯氏兄弟的立论无疑廓清了诗文的界限,提高了诗歌的独立性和纯粹性,捍卫了诗歌言志缘情的审美特征。

---

① (清)冯班:《钝吟杂录·正俗》何焯批语,《借月山房汇抄》。
② (清)冯舒:《诗纪匡谬》,知不足斋本。

130

二　诗体之辩

为了明确诗歌的独立文体特征，虞山诗派不仅辨析了诗、文的分界，又明确辨析了诗体的特征，将诗与乐府、歌行等区别开来。上文所讲诗、文之辨，是从诗的广义上而言的，包括一切有韵、言情之作；本节所讲诗体之辩，是从诗的狭义上而言的。从诗广义上而言，骚、赋、词、乐府等均是诗的变体，在一定的文学阶段或可统称为诗，然而随着各种体裁的完备，骚、赋、词、乐府等从广义的范畴中抽离出来，变成独立的文体，由此诗的范畴开始变小，也就是我们现在意义上所讲的诗。

（一）乐府

《古今乐府论》、《论乐府与钱颐仲》、《论歌行与叶祖德》以及《钝吟杂录·正俗》篇中的一些论断，"对乐府的名义、创作源流、类型、体制以及历代名家得失、文献著录、音乐失传的过程作了全面的论述"[1]。

首先，从乐府的命名来看："乐府之名，始于汉惠，至武帝立乐府之官，以李延年为协律都尉，'采诗夜诵，有赵、代、齐、魏之歌'，又使司马长卿等造十九章之歌。此乐府之始也。"[2] 乐府之名，始于汉惠帝，汉武帝进一步强化乐府职能，不仅组织文人进行专门创作，还广泛搜集民间歌谣，乐府的体制得以确立。

其次，从音乐与诗、乐府的关系来看：

> 伶工所奏，乐也；诗人所造，诗也。诗乃乐之词耳，本无定体。唐人律诗，亦是乐府也。今人不解，往往求诗与乐府之别。

---

[1] 蒋寅：《冯班与清代乐府观念的转向》，《文艺研究》2007年第8期。
[2] （清）冯班：《钝吟老人遗稿·论乐府与钱颐仲》，清康熙陆贻典刻本。

虞山派与明末清初的学风

> 钟伯敬至云："某诗似乐府，某乐府似诗。"不知何以判之。只如西汉人为五言者二家，班婕妤《怨诗》，亦乐府也。吾亦不知李陵之词可歌与否。如《文选注》引古诗，多云"枚乘乐府诗"，知《十九首》亦是乐府也。①

《礼记·乐记》曰："凡音之起，由人心生也。人心之动，物使之然也，感于物而动，故形于声。声相应，故生变，变成方，谓之音。比音而乐之，及干戚、羽旄，谓之乐。"② 乐与诗一样，生与民具，诗合于乐，则为乐之词也，而乐府所采之诗即为合乐之词，所以乐府与诗在合乐之角度上并无太多区别，汉乐消亡前之诗即为乐府，乐府即为诗。

> 古诗皆乐也，文士为之辞曰诗，乐工协之于钟吕为乐。自后世文士，或不闲音律，言志之文，乃有不可施于乐者，故诗与乐画境。文士所造乐府，如陈思王、陆士衡，于时谓之"乖调"，刘彦和以为"无诏伶人"，故"事谢丝管"，则是文人乐府，亦有不谐钟吕，直自为诗者矣。③

然而后世之文人不懂古音律，诗与乐分离，诗自为诗，乐自为乐，以至于文人所作乐府，亦有不协于乐者，诗与乐府自此分途。大略歌、诗分界，疑在汉、魏之间。伶人所奏，谓之乐府；文人所制，不妨有不合乐之诗。随着汉乐的消亡，诗与乐脱离，诗与乐府分途，乐工所奏合乐之诗，为乐府；文人所作不合乐之作，为诗。因音乐的维系，诗歌与乐府本为一途，均为合乐、言志之作，然随着音乐的消亡，众多文人不懂声律，遂使文人之作与乐工之作分途，诗与乐府分途。

接着，冯班又继续从合乐的角度，讲乐府古词经乐工删减、增损，非乐府本身即如此也。曰：

---

① （清）冯班：《钝吟杂录·正俗》，清康熙陆贻典刻本。
② （清）孙希旦撰，啸寰、王星贤点校《礼记集解》，中华书局，1989，第976页。
③ （清）冯班：《钝吟老人遗稿·古今乐府论》，清康熙陆贻典刻本。

第三章 虞山派诗学与明末清初的学风

乐府本易知,如李西涯、钟伯敬辈都不解,请具言之:李太白之歌行,祖述《骚》、《雅》,下迄梁、陈七言,无所不包,奇中又奇,而字字有本,讽刺沉切,自古未有也。后之拟古乐府,如是焉可已。近代李于鳞取晋、宋、齐、隋《乐志》所载,章截而句摘之,生吞活剥,曰"拟乐府"。至于宗子相之乐府,全不可通。今松江陈子龙辈效之,使人读之笑来。王司寇《卮言》论歌行云:"有奇语夺人魄者,直以为歌行",而不言此即是拟古乐府。夫乐府本词多平典,晋、魏、宋、齐乐府取奏,多聱牙不可通。盖乐人采诗合乐,不合宫商者,增损其文,或有声无文,声词混填,至有不可通者,皆乐工所为,非本诗如此也。汉代歌谣,承《离骚》之后,故多奇语。魏武文体悲凉慷慨,与诗人不同,然史志所称,自有平美者,其体亦不一。如班婕妤《团扇》,乐府也;《青青河畔草》,乐府也;《文选注》引古诗,多云"枚乘乐府",则《十九首》,亦乐府也。伯敬承于鳞之后,遂谓奇诡聱牙者,为乐府;平美者,为诗。其评诗,至云某篇某句似乐府,乐府某篇某句似诗,谬之极矣。乐府之名,本于汉,至《三百篇》用之,乡人用之,邦国乐之,大者正以郊祀为本。伯敬乃曰:"乐府之有郊祀,犹诗之有应制",何耶?①

乐府虽有奇崛者,然而又有很多如《团扇》《十九首》等平美者。乐府和诗虽各自有体,但二者之间的区别主要在于是否合乐,而不是文体风格,即并非以平美者为诗,以聱牙者为乐府。恰如诗歌不妨慷慨悲凉之音,乐府亦不妨柔美平典之作。后世流传的乐府中很多聱牙不可通者,乃乐工为合于乐,改造加工的结果,非乐府本如此也。李白歌行,上本骚、雅,下迄齐、梁,包罗万象,奇思跌宕,是"拟乐

---

① (清)冯班:《钝吟老人遗稿·古今乐府论》,清康熙陆贻典刻本。

府"绝美之作,后世之"拟乐府"但似李白歌行即可,切不可以生吞活剥,以聱牙不可通为乐府。不仅平美者可以为乐府,唐律诗亦多用于乐府。乐府自有其风格特征非以平美和聱牙区分。

最后,冯班为了消除时人对乐府的疑惑,总结了乐府的七种体制。曰:

> 总而言之,制诗以协于乐,一也;采诗入乐,二也;古有此曲,倚其声为诗,三也;自制新曲,四也;拟古,五也;咏古题,六也;并杜陵之新题乐府,七也。古乐府无出此七者矣。唐末有长短句,宋有词,金有北曲,元有南曲,今则有北人之小曲、南人之吴歌,皆乐府之余也。①

在汉乐消亡之前,乐府之创作或制诗协乐,或采诗入乐,或倚声填词,或自制新曲,诗与乐皆是联系在一起的。随着汉乐的消亡,文人所作之乐府但剩赋题与拟词而已,直至杜甫的新题乐府才有所改观。"杜子美作新题乐府,此是乐府之变。盖汉人歌谣,后乐工采以入乐府,其词多歌当时事,如《上留田》、《霍家奴》、《罗敷行》之类是也。子美自咏唐时事,以俟采诗者,异于古人而深得古人之理。元、白以后,此体纷纷而作。"② 杜甫之新题乐府,虽不同乐府之古题,亦不可歌,然古今乐府之"指论时事,颂美刺恶,合于诗人之旨,忠志远谋,方为百代鉴戒"③ 的精神却是相通的。但从乐的角度而言,无论是赋题、拟词还是新题乐府,均将乐府歌诗从乐的母体中剥离出来,形成一种独立于乐之外的文体。乐府作为一种独立文体,其在不同发展阶段具有不同文体特征,主要有三:一是合乐;二是咏古题;三是咏时事。汉乐消亡之前,乐府的本体特征为合乐;汉乐消亡之后,乐

---

① (清)冯班:《钝吟老人遗稿·古今乐府论》,清康熙陆贻典刻本。
② (清)冯班:《钝吟老人遗稿·古今乐府论》,清康熙陆贻典刻本。
③ (清)冯班:《钝吟杂录·正俗》,清康熙陆贻典刻本。

府主要以咏古题为主；杜甫之新题乐府又以乐府咏时事。

所以说，判定诗是否可以称为拟乐府，至少应具有乐府的合乐、咏古题、咏时事的三个特征之一。

> 又李西涯作诗三卷，次第咏古，自谓"乐府"。此文既不谐于金石，则非乐也；又不取古题，则不应附于乐府也；又不咏时事，如汉人歌谣及杜陵新题乐府，直是有韵史论，自可题曰"史赞"，或曰"咏史诗"，则可矣，不应曰"乐府"也。诗之为文，一出一入，有切言者，有微言者，轻重无准，惟在达其志耳。故孟子曰："不以文害词，不以词害志，以意逆志，是为得之。"西涯之词，引绳切墨，议论太重，文无比兴，非诗之体也。乃其叙语讥太白用古题，谬矣。①

李西涯所作乐府，既不合乐，又不取古题，还不咏时事，非乐府也。

> 乐工务配其声，文士宜正其文。今日作文止效"三祖"，已为古而难行矣。若更为其不可解者，既不入乐，何取于伶人语耶？……总之，今日作乐府，赋古题，一也；自出新题，二也。②

合乐之特征已经随着汉乐的消亡而变得无可依从，所以后世创作乐府只要符合乐府的后两个标准——咏古题和咏时事即可。

综之，乐府之名起源于汉代乐府机构的设置，有"制诗以协于乐""采诗入乐""古有此曲，倚其声为诗""自制新曲""拟古""咏古题""杜陵之新题乐府"七种体制，在不同发展阶段具有"合乐""咏古题""咏时事"三种文体特征。但随着汉乐的消亡，乐府"合乐"的特征亦已消亡，只剩"咏古题"和"咏时事"。

---

① （清）冯班：《钝吟老人遗稿·古今乐府论》，清康熙陆贻典刻本。
② （清）冯班：《钝吟老人遗稿·论乐府与钱颐仲》，清康熙陆贻典刻本。

虞山派与明末清初的学风

(二) 歌行

与乐府的辨义相关,冯班还对歌行进行了辨析,曰:

> 七言创于汉代,魏文帝有《燕歌行》,古诗有《东飞伯劳》,至梁末而七言盛于时,诗赋多有七言,或有杂五、七言者,唐人歌行之祖也。声成文,谓之歌,曰"行"者,字不可解,见于《宋书·乐志》所载魏晋乐府,盖始于汉人也。至唐有七言长歌,不用乐题,直自作七言,亦谓之歌行。故《文苑英华》歌行与乐府又分两类。今人歌行题曰"古风",不知始于何时,唐人殊不然,故宋人有"七言无古诗"之论。予按:齐梁已前,七言古诗有《东飞伯劳》、《卢家少妇》二篇,不知其人代,故题曰"古诗"也。或以为梁武,盖误也。如唐初卢、骆诸篇有声病者,自是"齐梁体";若李、杜歌行不用声病者,自是古调。如沈佺期《卢家少妇》,今人以为律诗。……大略歌行出于乐府,曰"行"者,犹仍乐府之名也。①

从歌行的起源而言:"歌行之名,不知始于何时。晋魏所奏乐府,如《艳歌行》、《长歌行》、《短歌行》之类,大略是汉时歌谣。"② 虽然不能准确断定歌行具体产生的时间,但从晋、魏歌谣的记录情况来看,应始于汉人。汉代即有七言,曹丕《燕歌行》可以称为七言之滥觞。

从歌行的命名而言:"晋宋时所奏乐府,多是汉时歌谣,其名有《放歌行》、《艳歌行》之属,又有单题某歌某行,则歌行者,乐府之名也。"③ 歌行大略出于乐府,"行"之名,犹仍乐府之名。"但指事咏物之文,或无古题。"④

---

① (清)冯班:《钝吟老人遗稿·古今乐府论》,清康熙陆贻典刻本。
② (清)冯班:《钝吟杂录·正俗》,清康熙陆贻典刻本。
③ (清)冯班:《钝吟老人遗稿·论歌行与叶祖德》,清康熙陆贻典刻本。
④ (清)冯班:《钝吟杂录·正俗》,清康熙陆贻典刻本。

第三章 虞山派诗学与明末清初的学风

从歌行的发展流变而言：

> 魏文帝作《燕歌行》，以七字断句，七言歌行之滥觞也。沿至于梁元帝，有《燕歌行集》，其书不传，今可见者犹有三数篇。于时南北诗集，卢思道有《从军行》，江总持有杂曲文，皆纯七言，似唐人歌行之体矣。徐、庾诸赋，其体亦大略相近。诗赋七言，自此盛也。迨及唐初卢、骆、王、杨大篇诗赋，其文视陈、隋有加矣。迤于天宝，其体渐变，然王摩诘诸作，或通篇丽偶，犹古体也。李太白倔起，奄古人而有之，根于《离骚》，杂以魏"三祖"乐府，近法鲍明远，梁、陈流丽，亦时时间出，谲辞云构，奇文郁起，后世作者无以加矣。歌行变格，自此定也。子美独构新格，自制题目，元、白辈祖述之，后人遂为新例。陈、隋、初唐诸家，渐渐灭矣。①

曹丕《燕歌行》为七言歌行的滥觞，然于时诗文仍是五七言杂行；其后经梁元帝、卢思道、江总、徐陵、庾信等创作，纯七言之体始具雏形；初唐四杰及王维之作使歌行定体，然仍类古体；其后经由李白、杜甫的改造，七言歌行变格成形，并达到极则。

就歌行的写作手法而言，可将其分为四类，曰："今之歌行，凡有四例：咏古题，一也；自造新题，二也；赋一物咏一事，三也；用古题而别出新意，四也。"② 其实合而言之，可分为咏古题和造新题两类，类同于乐府的咏古题和咏时事。在文体起源上，歌行本出于乐府；在写作手法上，歌行又与乐府相同。由此，歌行与乐府本源为一，又归而为一，打破了歌行和乐府之间的界限，为乐府与歌行的创作带来了极大的便利。

蒋寅先生在《冯班与清代乐府观念的转向》一文中，回顾了前代

---

① （清）冯班：《钝吟老人遗稿·论歌行与叶祖德》，清康熙陆贻典刻本。
② （清）冯班：《钝吟老人遗稿·论歌行与叶祖德》，清康熙陆贻典刻本。

和同时诗家对乐府的看法，得出冯班乐府论最为通达。因为冯班首先破除了乐府与歌行之间的隔阂，又重新确立了诗与乐之间的关系，并通过解构乐府词与乐的关系，打断人对音乐的追念；同时将乐府写作方式汰存为赋古题和赋新题二种，示人坦易可行之途。① 我深表赞同。冯班从音乐的产生与消亡的角度，讲清了乐府的产生和流变，并明确了乐府创作的七种体式，最后得出音乐既已消亡，今之乐府便可不必在意是否合乐，只要咏古题或咏时事即可。由于时代久远，诗与乐府、乐府与歌行之间的关系，盘根错节，深而不可解，然而冯班此论一出，就将复杂的问题简单化了，至此长期笼罩在乐府身上的迷雾，顿然清朗了。

（三）古体和近体

明确了诗与乐府的关系后，冯班进一步辨析了古体与近体、律诗和绝句以及声律音韵等问题。冯班所言古体诗有两个概念：一指声病说产生之前，汉、魏、晋、宋的古体诗；二指声病产生之后，不用声病之法，而法效汉、魏、晋、宋之人所作的拟古诗。两种虽都是针对声律说而言，然其内涵却有很大的不同。冯班曰：

> 古诗之视律体，非直声律相诡，筋骨、气格、文字作用，迥然不同矣。然亦人人自有法，无定体也。陈子昂上效阮公感兴之文，千古绝唱，格调不用沈、宋新法，谓之古诗。唐人自此，诗有古、律二体。云古者，对近体而言也。《古诗十九首》，或云枚叔，或有傅毅，词有"东都""宛洛"，钟参军疑为陈王，刘彦和以为汉人。既人代未定，但以古人之作，题曰"古诗"耳，非以此定古诗之体式，谓必当如此也。李于鳞云："唐无五言古诗，陈子昂以其古诗为古诗。"立论甚高，细详之全是不可通。只如

---

① 蒋寅：《冯班与清代乐府观念的转向》，《文艺研究》2007年第8期。

律诗始于沈、宋，开元、天宝已变矣。又可云"盛唐无律诗，杜子美以其律诗为律诗"乎？子昂法效阮公，尚不谓古，则于鳞之古，当以何时为断？若云未能似阮公，则于鳞之五言古，视古人定何如耶？①

古体诗与近体诗的分界点即在于四声八病说，然而古体诗与近体诗之间的区别，又不仅仅在于声律，两者的风骨气格、文字作用也截然不同。陈子昂虽生于声律产生之后的唐代，然他所作诗歌远效阮籍，不用齐、梁声病，亦为古诗，即冯班所言第二个层面上的古体诗。《古诗十九首》只因是古人之作才被称为古体诗，是冯班所言第一个层面上的古体诗，并不能以此定古体诗的体例。而李于鳞所言"唐无五言古诗，陈子昂以其古诗为古诗"，就是偷换了古诗的两个概念。从古诗的第一个概念上而言，唐代律体已经定型，唐代自然无古诗，李于鳞所言不非。然从第二个概念而言，陈子昂所作拟古诗亦可称为古体诗，所以并不能称唐无古体诗。但这又带来另一个论辩，既然第二个概念的古体诗不等同于第一个概念的古体诗，那么李于鳞又如何以陈子昂的古诗为古诗呢？正如冯班所言，陈子昂创作的古体诗，乃为拟古之诗，是针对近体而言，与近体诗的声律、筋骨、气格、文字作用等截然不同，然其又不同于汉、魏、晋、宋之古诗。陈子昂的拟古诗类似于杜甫的新题乐府，以古体诗赋时事，是古体诗的发展和变体。

从冯班对于古体诗和乐府的论断可以看出，冯班虽然尊古，但更看重新变，诗体在随着时代变革而发展，故诗人的眼光和创作方法亦应随着诗体的变革而发展。汉乐的消亡，并不代表乐府的消亡；近体的产生，亦不等同于古体的没落。因此当今诗人应适应新的形势，抛开不必要的羁绊，可自赋新题或自咏时事，追随并促进文学的发展变革。

---

① （清）冯班：《钝吟杂录·正俗》，清康熙陆贻典刻本。

虞山派与明末清初的学风

（四）律诗和绝句

冯班《钝吟杂录·正俗》中有一段论述，反映了冯班对于律诗与绝句关系的看法。曰：

> 沈约、谢朓、王融创为声病，于时文体不可增减，谓之"齐梁体"，异乎汉、魏、晋、宋之古体也。虽略避双声叠韵，然文不粘缀，取韵不论双只，首句不破题，平侧亦不相俪。沈佺期、宋之问因之，变为律诗，自二韵至百韵，率以四句一绝，不用五韵、七韵、九韵、十一韵、十三韵。唐人集中或不拘此说，见李赞皇《穷愁志》。首联先破题目，谓之破题，第二字相粘，平侧侧平为偏格，侧平平侧为正格，见沈存中《笔谈》。平侧宫商，体势稳协，视"齐梁体"为优矣。近体多是四韵，古无明说，仆尝推测而论之，似亦得其理也。联绝粘缀，至于八句，虽百韵亦止如此矣。如正格二联，平平相粘也；中二绝，侧侧相粘也。音韵轻重，一绝四句，自然悉异，至于二转，变有所穷，于文首、尾、胸、腹已具，足得成篇矣。律赋亦八韵，《文选注》中已备记之，兹不具论。

> 诗家尝言有联有绝，二句一联，四句一绝。宋孝武言吴迈远"联绝之外无所解"，是也。古人多有是语。四句之诗，故谓之"绝句"。宋人不知，乃云是绝律诗首尾。目不识丁之人妄为诗话，以误后学，可恨之极。如此议论，亦非一事也。《玉台新咏》有古绝句，古诗也，唐人绝句有声病者，是二韵律诗也。《元白集》《杜牧之集》、《韩昌黎集》可证，唐人集分体者少。今所传分体集，皆是今日妄庸人所更定，不足据。宋人集所幸近人不肯读，古本多存，中亦有分律诗、绝句者，如《王临川集》首题云"七言律诗"，下注云"绝句"，甚分明。唐人惟有元、白、韩、杜等是旧次，今武定侯刻《白集》，坊本《杜牧集》，亦皆分体如

今人矣。幸二集尚有宋板，新本亦有翻宋板可据耳。高棅《唐诗品汇》出，今人不知绝句是律矣。高棅又创"排律"之名，虽古人有排比声律之言，然未闻呼作"排律"，此一字大有害于诗。吾友朱云子撰诗评，直云"七排""五排"，并去律字，可慨也。①

冯班的此段言论主要论述了三个问题。第一，唐律诗发展了齐梁律诗：自沈约、王融等创为声病说，诗歌变体，然齐梁律诗与唐律诗还是不同的。齐梁律诗虽避双声叠韵，然不注意粘对、押韵、破题及平仄相叶；自沈佺期、宋之问因革，律体诗定型，首联破题、四句一绝、第二字相粘、平仄相叶，而其"平侧宫商，体势稳协，视'齐梁体'为优矣"。第二，绝句即律诗。近体诗多是四韵，所谓四句一绝，而律诗之八韵，乃是联绝粘缀，为绝句相粘的结果。如此而推，则非八韵而止，百韵、千韵亦可粘缀。唐不分律、绝，统称为律诗，以绝句为二韵律诗。律诗、绝句之分，乃后人所为。古本唐人诗集中分律、绝者很少，而所传之分体诗集，多为后代刊刻时妄加，不足信。第三，今人不知绝句即律诗，以至于误信高棅排律之言。

冯班从近体诗的起源和发展来看齐梁律诗和唐律诗，是符合律诗发展轨迹的，同时也是学界普遍认可的。然而自宋以来很多学者认为律、绝分体，且律的产生时间早于绝，绝句乃是律诗截半。对此冯班不予赞同。从律、绝之出现时间来看，绝句的产生时间要早于律诗，律诗定体之初，多为四韵，而四韵一绝，其余八韵乃至百韵均为四韵相粘之结果，即律诗乃绝句粘缀，非律诗截半为绝句。再从唐人的创作情况来看，律诗定型之初即以四句为主，绝句即二韵律诗。古今所传之古本唐人诗集皆不分律、绝，则绝句即为律诗，只是韵数之多寡不同，不必强分律、绝。进而言之，绝句即二韵律诗，则律诗可称四韵律诗，如此类推，其他长篇又可视韵数多少而定，称几韵即可，无

---

① （清）冯班：《钝吟杂录·正俗》，清康熙陆贻典刻本。

 虞山派与明末清初的学风

关排字。冯班从律、绝的产生时间和唐人的创作实践来看律诗,则打破了存于律诗与绝句之间的隔阂,将二者统一起来,所谓绝句即律诗也。当然他以此极力抨击"排律"之言,不免过于拘泥。绝、律甚或排律均是对于不同韵数律诗的称呼,既然可用二韵、四韵、八韵、长韵等来称呼,何不可以用绝句、律诗、排律来区分?况排律之名并不始自高棅,[①] 而排律之名又已经广泛使用,冯班的父亲冯复京《说诗谱》中即屡用排律之言,冯班此处咄咄逼人,斤斤计较于字眼之间,未免小家子气了。不过如同冯班的其他言论一样,冯班关于近体诗之辩,亦表现出强烈的"破"的精神。冯班打破律诗与绝句之间的壁垒,将二者统一起来,无疑又为后来学者打破了一扇屏障。

总之,虞山诗派通过分辨诗体,既肯定了诗歌的独特审美特征,又避免了明季以盛唐诗歌作为考量诗歌优劣之偏颇,将诗歌之评价标准还原于其自身。而且虞山诗派关于诗体之讨论带有强烈的"破"古今成见之态势,将笼罩在诗坛的千缠万绕化而为一,将诗歌创作带进了易知、易懂、易作的可操作境地,促进了诗歌的发展。

第三节 以性情为精神,以学问为孚尹

虞山诗派认为七子和竟陵派两种病症之根在于脱离了诗歌的本质特征,背离了儒家经典的轨道。所以为扭转明末清初诗风,虞山诗派一方面批判严羽、辨析诗体,动摇七子复古论之基石,明晰诗歌的审美特征,确定诗歌的审美标准;另一方面以"诗言志"这一诗歌命题,从情感上贯通古今,从而将复古与言情融合,提出诗文之道"萌

---

① (清)冯班:《钝吟杂录·正俗》何焯评语称:"(排律之名)见元板欧阳《圭斋集》,是其高第弟子所编,已有排律二字,大抵宋末科举之士皆以作诗作戒,元人学问渐失源流,相沿此名,竟不悟为杜撰。"

折于灵心,蛰启于世运,而茁长于学问。三者相值,如灯之有炷有油有火,而焰发焉"①。

一 性情

钱谦益曰:"夫文之必取法于汉也,诗之必取法于唐也,夫人而能言之也。"② 诗文取法汉唐,实乃无差,然近人知取法汉唐者,则"知空同、元美而已矣。其哆口称汉、魏,称盛唐者,知空同、元美之汉、魏、盛唐而已矣。自弘治至于万历,百有余岁,空同雾于前,元美雾于后。学者冥行倒植,不见日月。甚矣两家之雾之深且久也!"③ 七子之汉唐,非汉唐之所以为汉唐者,故近人欲学汉唐必须要知道"汉之文有所以为汉者矣,唐之诗有所以为唐者矣。知所以为汉者而后汉之文可为;曰为汉之文而已,其不能为汉可知也。知所以为唐者,而后唐之诗可为;曰为唐之诗而已,其不能为唐可知也"④。然汉唐何以为汉唐呢?钱谦益曰:"古今作者之异,我知之矣。古之作者,本性情,导志意,谰言长语,《客嘲》《僮约》,无往而非文也。涂歌巷舂,春愁秋怨,无往而非诗也。今之作者则不然,矜虫鱼,拾香草,骈枝而俪叶,取青而妃白,以是为陈羹像设斯已矣,而情与志不存焉。"⑤ 古人之诗皆发自真情实感,乃为情感之自然流露,故感人至深;今人之诗则徒以模拟为能事,寻扯字句拾人牙慧,缺乏情志,自然难以感人肺腑。"古人之诗,以天真烂漫自然而然者为工,若以剪削为工,非工于诗者也。……今之

---

① (清)钱谦益著,(清)钱曾笺注,钱仲联标校《牧斋有学集》卷四十九"题杜苍略自评诗文",上海古籍出版社,2010,第1594页。
② (清)钱谦益著,(清)钱曾笺注,钱仲联标校《牧斋初学集》卷七十九"答唐训导汝谔论文书",上海古籍出版社,2009,第1701页。
③ (清)钱谦益著,(清)钱曾笺注,钱仲联标校《牧斋初学集》卷三十二"黄子羽诗序",上海古籍出版社,2009,第925页。
④ (清)钱谦益著,(清)钱曾笺注,钱仲联标校《牧斋初学集》卷七十九"答唐训导汝谔论文书",上海古籍出版社,2009,第1701页。
⑤ (清)钱谦益著,(清)钱曾笺注,钱仲联标校《牧斋初学集》卷三十二"王元昭集序",上海古籍出版社,2009,第932页。

虞山派与明末清初的学风

诗人,骈章丽句,谐声命律,轩然以诗为能事,而驱使吾性情以从之,诗为主而我为奴。由是而膏唇拭舌,描眉画眼,不至于补凑割剥,续凫断鹤,截足以适履,犹以为工未至也。"① 古人之诗与今人之诗的高低差别即在于情感的自然萌发与否,因情生文与为文造情之别。

以汉唐为尊,非以时代地位而言之,乃因汉唐诗歌传达了诗歌的真实情感,为情感之自然宣泄。于此而言,"本朝非无文也,非无诗也。本朝自有本朝之文,而今取其似汉而非者为本朝之文;本朝自有本朝之诗,而今取其似唐而非者为本朝之诗。人尽蔽锢其心思,废黜其耳目,而唯谬学之是师。在前人犹仿汉、唐之衣冠,在今人遂奉李、王为宗祖,承讹踵伪,莫知底止"②。近人诗文自不比古人差,只是近人茫不自知,仍扯汉唐之衣冠,拾王、李之牙慧。

钱谦益曰:"古之为诗者,必有独至之性,旁出之情,偏诣之学,轮囷逼塞,偃蹇排奡,人不能解而己不自喻者,然后其人始能为诗,而为之必工。是故软美圆熟,周详谨愿,荣华富厚,世俗之所叹羡也,而诗人以为笑;凌厉荒忽,敖僻清狂,悲忧穷蹇,世俗之所訽姗也,而诗人以为美。人之所趋,诗人之所畏;人之所憎,诗人之所爱。人誉而诗人以为忧,人怒而诗人以为喜。故曰:诗穷而后工。"③ 钱谦益将"诗言志"与"诗缘情"统一起来,认为诗歌是内心情感的真挚流露,只有发自内心之作才为诗,那种一味模仿古人、无病呻吟之作,既无益于个人情感的宣泄与抒发,亦无益于社会。所以"有真好色,有真怨诽,而天下始有真诗"④。故而钱谦益评价诗歌以性情为先:"余尝谓论诗者,不

---

① (清)钱谦益著,(清)钱曾笺注,钱仲联标校《牧斋有学集》卷十九"题交芦言怨集",上海古籍出版社,2010,第829页。
② (清)钱谦益著,(清)钱曾笺注,钱仲联标校《牧斋初学集》卷七十九"答唐训导汝谔论文书",上海古籍出版社,2009,第1702页。
③ (清)钱谦益著,(清)钱曾笺注,钱仲联标校《牧斋初学集》卷三十二"冯定远诗序",上海古籍出版社,2009,第939页。
④ (清)钱谦益著,(清)钱曾笺注,钱仲联标校《牧斋有学集》卷十七"季沧苇诗序",上海古籍出版社,2010,第759页。

第三章　虞山派诗学与明末清初的学风

当趣论其诗之妍媸巧拙，而先论其有诗无诗。所谓有诗者，唯其志意逼塞，才力愤盈，如风之怒于土壤，如水之壅于息壤，傍魄结轖，不能自喻，然后发作而为诗。凡天地之内，恢诡谲怪，身世之间，交互纬繣，千容万状，皆用以资为诗，夫然后谓之有诗，夫然后可以叶其宫商，辨其声病，而指陈其高下得失。如其不然，其中枵然无所有而极其挦扯采撷之力，以自命为诗。剪采不可以为花也，刻楮不可以为叶也。其或矫厉气矜，寄托感愤，不疾而呻，不哀而悲，皆象物也，皆余气也，则终谓之无诗而已矣。"[①] 只有真情之作才能称之为诗歌，然后才可以以诗歌之标准衡量之、品评之，否则一切皆为无根之谈。于此而言，诗之取法，自非以时代而论，而应以情志为准。自唐宋乃至国初诗人，不一定非要模拟汉唐，只要承袭汉唐情志之真，其精神气格自可赶超汉唐。

冯班继承钱谦益的观点，曰："诗之兴也，殆与生民俱矣。民生有喜怒哀乐之情，情动乎中，形乎言，言之不足，而长言之，咏歌之，古犹今也。"[②] 人生下来就具有喜、怒、哀、乐之情，而诗歌是人表达情感的手段，是人类情感自然喷发的产物，自古至今皆然。从情感的角度而言，古今是相通的，因此诗歌要想复古，不能斤斤于字句、格调之间，要从情感的共通性入手。曰：

> 诗以道性情，今人之性情，犹古人之性情也，今人之诗不妨为古人之诗。不善学古者，不讲于古人之美刺，而求之声调气格之间，其似也不似也则未可知。假令一二似之，譬如偶人刍狗，徒有形象耳。黠者起而攻之，以性情之说，学不通经，人品污下，其所言者皆里巷之语，温柔敦厚之教，至今其亡乎？虞山多诗人，以读书博闻者为宗。情动于中，形于外，未尝不学古人也。上通《诗》、《骚》，下亦不遗于近代。然而甘苦疾徐，得于心，应于

---

① （清）钱谦益著，（清）钱曾笺注，钱仲联标校《牧斋有学集》卷四十七"书瞿有仲诗卷"，上海古籍出版社，2010，第1557页。
② （清）冯班：《钝吟杂录·正俗》，清康熙陆贻典刻本。

虞山派与明末清初的学风

手,亦不专专乎往代之糟粕也。工拙深浅,虽人人不同,然视世之沾粘□绝者为异矣。①

今人的性情与古人的性情是相通的,所以今人不妨作古人之诗,这样就从古今情感相通的角度,论说了尊经复古的必要性与可行性。因此,复古当从性情的角度复古,学古人的美刺比兴,学古人的温柔敦厚,而不应该如七子之流徒讲求于声调格律之间,只得古人之声貌,失去古人的精神内涵,将诗歌带入模拟剽窃的无病呻吟之中。

二　世运

钱谦益虽以性情说矫正七子复古说,然其所谓性情却与竟陵派是不同的。竟陵派更加侧重于个人性情,而钱谦益等虞山诗人在肯定个人性情的同时,亦强调性情与学问、世运的联系,所谓"萌折于灵心,蛰启于世运,而茁长于学问"是也。

"古之为诗者,必有深情畜积于内,奇遇薄射于外,轮囷结轖,朦胧萌折,如所谓惊澜奔湍,郁闭而不得流;长鲸苍虬,偃塞而不得伸;浑金璞玉,泥沙掩匿而不得用;明星皓月,云阴蔽蒙而不得出。于是乎不能不发之为诗,而其诗亦不得不工。"② 积聚于诗人胸中的情感,如火山喷发、暴雨来袭之不可抑制,故喷薄而发为诗。故为诗也,非可强求,必至情感之积发不可抑制之时,方可成为好诗。真情实感必不可等而至之,而是蛰启于世运。钱谦益曰:"古之人,其胸中无所不有,天地之高下,古今之往来,政治之污隆,道术之醇驳,苞罗旁魄,如数一二。及其境会相感,情伪相逼,郁陶骀荡,无意于文,而文生焉,此所谓不能不为者也。古之善为诗者,搜奇抉怪,刻肾擢腑,铿锵足以发金石,幽眇足以感鬼神。尝试诵读而歌咏之,平心而

---

① （清）冯班:《钝吟老人遗稿·马小山停云集序》,清康熙陆贻典刻本。
② （清）钱谦益著,（清）钱曾笺注,钱仲联标校《牧斋初学集》卷三十二"虞山诗约序",上海古籍出版社,2009,第923页。

思其所怀来,皆发摅其中之所有,而遘会其境之所不能无,求其一字一句出于安排而成于补缀者无有也。"① 诗人之情可有两个层次:一为个人之情,登高可望远,游山而思归,随着个人境遇而激发;一为世运之情,胸怀天下,包罗古今,随着世运之沉浮而哀喜忧患。于个人之情这一层面,虞山诗人与竟陵派并无二差,皆在于幽情单绪、喜春悲秋之情;而于世运之情,则是虞山诗人高于竟陵之处。

钱谦益等人看到也感受到了世运尤其是乱世对于诗人情感的激发作用,国家疮痍之际,诗人盛产之时,战乱更易激发诗人悲天悯怀之情,而此种情感也最为真挚而热烈,一旦感发则不可抑制。"佛言众生为有情,此世界为情世界。儒者之所谓五性,亦情也。性不能不动而为情,情不能不感而缘物,故曰情动于中而形于言。诗者,情之发于声音者也。古之君子,笃于诗教者,其深情感荡,必著见于君臣朋友之间,少陵之结梦于夜郎也,元、白之计程于梁州也,由今思之,能使人色飞骨惊,当飨而叹,闻歌而泣,皆情之为也。"② 众生为有情,世界为有情,然情必感于物、笃于教。杜甫、元稹、白居易的诗之所以能感人肺腑,不仅在于其为性情之流露,更因其所抒发之情感关乎世运、笃于诗教,所以更能引起共鸣。

竟陵派之性情强调的是个人单情幽绪,沉溺于自己营造的孤静空灵的境界之中,而远离世运、诗教;钱谦益等则更强调诗歌对于世运、对于世界的教化和改造作用,而这也正是和虞山派的经世一体化思想相一致的。

三 学问

诗文之道,不仅受制于性情、关乎世运,还受制于学问。钱谦益

---

① (清)钱谦益著,(清)钱曾笺注,钱仲联标校《牧斋初学集》卷三十三"瑞芝山房初集序",上海古籍出版社,2009,第959页。
② (清)钱谦益著,(清)钱曾笺注,钱仲联标校《牧斋有学集》卷十九"陆敕先诗稿序",上海古籍出版社,2010,第824页。

# 虞山派与明末清初的学风

以孤生谀闻,建立通经汲古之说,以排击俗学,海内惊噪,以为稀有,而其却不敢创获以哗世者,乃其以为有四者不如古人,曰:

> 古人学问,自羁贯就传以往,岁有程,月有要,年未及壮,而九经、三史、七略、四部之枢要,已总萃于胸中。其有著作,叩囊发匮,举而措之而已耳。余以少失学,婉晚改步,蹭蹬功名,洊臻丧乱,神志荒耗,诵读遗忘,乃欲上下驰骋,追扳古人于行墨之间,斯足下所云举鼎绝膑者乎?其自断者一也。庐陵、眉山以间世杰出之人,当圣宋雍熙之会,天下望风戁畏,如瑞人神士,朗出天外。一言一字,不轻徇人,人亦不敢曲望其徇也。今所处之地,辟如人在井中,虽大呼哀号,犹不能贯行人之耳,况敢仰面而唾人耶?文品卑菲,谁克湔濯?其自断者二也。往常语文太青曰:"古人之学,以古学为基,梯而下之,可以下逮于今。公等之学,以今学为基,梯而上之,不能进蹑于古。"太青叹息以为知言。今以斯言自考,吾所欲决排而去之者今学也,所未能沂沿而从之者则古学也。今学之梯已去,而古学之梯弥远。两楹之间,了无据依,不反为太青笑乎?其自断者三也。人生读书学问,与时而衰者,才力也。历时而进者,意智也。仆初学为古文,好欧阳公《五代史记》,以为真得太史公血脉。五十余,系请室,为稼轩读《史记》《汉书》,深悉其异同曲折,前此皆茫如也。乱后废业,老归空门。世间文字,杳如积劫。两年来课稚孙读书,偶翻注疏《左》、《国》诸书,划然眼开。始知七十年来,读书皆沉埋霾雾中,乃今心朗目舒,自具手眼,如东坡所谓观书眼如月者,惜乎老将至而耄及也。以今日读书之眼,覆视少作,如醒时人忆醉语。其自断者四也。①

---

① (清)钱谦益著,(清)钱曾笺注,钱仲联标校《牧斋有学集》卷三十九"答山阴徐伯调书",上海古籍出版社,2010,第1348~1349页。

148

第三章　虞山派诗学与明末清初的学风

古人之学识，乃为童蒙之学，先经后史、先史后子、先子后集，四部只要循序渐进，未及成年经史之学即已熟烂于心，故其为文为诗拈手即来，丝毫不受拘束。而自己却由于四种原因疏于学问：一是少年失学，追随七子懵然不知经史为何物，时至中年乃幡然悔悟，又遭逢世乱；二是地处偏隅，又游离于政治核心之外，虽身负党魁之名却无其实，缺少学术交流的环境与机会；三是因少年失学晚年追补，学术路径却与古人相异，非由古及今而是由今及古，本末倒置；四是时至耄耋之年，虽心郎目舒拨清数年雾，却限于才力减退，无法专注于学术。可见，钱谦益自认为不如古人者不在于其缺少性情，也不在于其不懂格调，归其根源则在于缺乏学识。

钱谦益进一步论学问与性情的关系，曰：

> 夫诗之为道，性情之与学问，参会而成者也。性情者，学问之精神也。学问者，性情之孚尹也。春女哀，秋士悲，任道而言，冲口而出，如春蚕之吐丝，夏虫之蚀木，此田夫红女民间之诗也。诗言志，歌永言，为赓歌，为赋颂，为变《风》变《雅》，极其兴会，可以役使百灵，感动帝鬼。其深文绮合，藻辨连环，若帝珠之宝网，云汉之文章，此文人学士之文也。[1]

学识与性情相辅相成，参会而成。古之诗人具备深厚的学识基础，故其情感厚积薄发之际，可以不假思索自然而然地行诸笔端，一气呵成而无须推敲。近世之人未经童蒙之训练，"执性情而舍学问，采风谣而遗著作，舆呼巷春，皆被管弦；《挂枝》、《打枣》，咸播乐府。胥天下不悦学而以用妄相师也，必自此言始"[2]。缺乏学识基础，情感来时

---

[1] （清）钱谦益：《牧斋外集》卷四"淮上诗选序"，（清）钱谦益著，（清）钱曾笺注，钱仲联标校《牧斋杂著》，上海古籍出版社，2007，第659页。
[2] （清）钱谦益：《牧斋外集》卷四"淮上诗选序"，（清）钱谦益著，（清）钱曾笺注，钱仲联标校《牧斋杂著》，上海古籍出版社，2007，第659页。

虞山派与明末清初的学风

亦难以把握，故执着于字句的推敲反而限制了性情的感染和表达。故而为诗，必当要"以性情为精神，以学问为乎尹"① 才能"有志于缘情绮丽之诗，而非以俪花斗叶，颠倒相上下者也"。②

于宋诗，钱谦益最为服膺者即为苏轼，以苏诗"'来龙甚远，一章一句，不是他来脉处。'余心师其语，故于声句之外，颇寓比物托兴之旨"则源于"眉山之学，实根本六经，又贯穿两汉诸史，演迤弘奥，故能凌躐千古"③。汤显祖、袁宏道兄弟能洗一代窠臼者，亦皆因以苏轼入手，贯穿六经八史。故而钱谦益十分注重性情与学问的融合，谆谆于世人以教读书之法。钱谦益、冯班指责公安、竟陵性情说之失，亦是因为他们读书少功夫，如冯班曰："钟伯敬创革弘、正、嘉、隆之体，自以为得真性情也。人皆病其不学，余以为此君天资太俗，虽学亦无益。所谓性情，乃鄙夫鄙妇市井猥亵之谈耳，君子之性情不如此也。"④ 钟、谭之性情为鄙夫鄙妇之性情，与君子之雅正性情不同，而归根结底则在于公安、竟陵读书太少之过。

杜甫云："读书破万卷，下笔如有神。"钱谦益曰："切观古人之文章，衔华佩实，画然不朽。或源或委，咸有根底。韩、柳所读之书，其文每胪陈之。宋景濂为《曾侍郎志》，叙古人读书为学之次第，此唐、宋以来高曾之规矩也。宋人传考亭、西山读书分年之法，盖自八岁入小学，迄于二十四五，经经纬史，首尾钩贯，有失时失序者，更展二三年，则三十前已办也。自时厥后，储峙完具，逢源肆应，富有日新，举而措之而已耳。"⑤ 古今诗人学识之高低直接决定了其诗歌之

---

① （清）钱谦益著，（清）钱曾笺注，钱仲联标校《牧斋有学集》卷十九"陆敕先诗稿序"，上海古籍出版社，2010，第825页。
② （清）钱谦益著，（清）钱曾笺注，钱仲联标校《牧斋有学集》卷十九"陆敕先诗稿序"，上海古籍出版社，2010，第825页。
③ （清）钱谦益著，（清）钱曾笺注，钱仲联标校《牧斋有学集》卷三十九"复遵王书"，上海古籍出版社，2010，第1359~1360页。
④ （清）冯班：《钝吟杂录·正俗》，清康熙陆贻典刻本。
⑤ （清）钱谦益著，（清）钱曾笺注，钱仲联标校《牧斋有学集》卷三十八"复徐巨源书"，上海古籍出版社，2010，第1323~1324页。

150

高低。冯班曰："多读书则胸次自高，出语皆与古人相应，一也；博识多知，文章有根据，二也；所见既多，自知得失，下笔知取舍，三也。"[1] 学识之高低决定了诗人的胸次、眼界，唯有多读书，涉览既多，才识自倍，资于吟咏，才能使文章有根据，下笔有取舍。冯班亦强调学识对于诗文之作用，所以"凡我同人，纵使嗜好不同，慎勿自隐短薄，憎人学问，便谓诗人不课书史也"[2]。

总之，钱谦益等以真情而非形式风格作为衡量诗歌的标准，曰："夫诗者，言其志之所之也。志之所之，盈于情，奋于气，而击发于境风识浪奔昏交凑之时世，于是乎朝庙亦诗，房中亦诗，吉人亦诗，棘人亦诗，燕好亦诗，穷苦亦诗，春哀亦诗，秋悲亦诗，吴咏亦诗，越吟亦诗，劳歌亦诗，相舂亦诗。"[3] 这从根本上抹杀了各种诗歌体裁和诗歌风格之间的差异，从性情的差异性上肯定诗歌形式风格的差异性，也就是说各种风格特征和各个时代之诗歌的地位是平等的，不必强分初、盛、中、晚，亦不必强分唐、宋之优劣。这样就从根本上推翻了七子"文必秦汉，诗必盛唐"之论，为中晚唐诗、宋诗争得了与盛唐诗同等之地位。同时钱谦益等以诗文之道，以"萌折于灵心，蛰启于世运，而茁长于学问"的观点，融合了复古与性情，既肯定了诗歌独抒性情之本质，使诗歌回归"诗言志"的传统；又强调了诗歌关系世运的作用，保持诗歌的诗教功用；又以学识为根底，矫正了明季疏于学问之流风。

第四节　转益多师是汝师

与经、史、诗、文四位一体的文学观相一致，于诗体关系上，

---

[1] （清）冯班：《钝吟杂录·正俗》，清康熙陆贻典刻本。
[2] （清）冯班：《钝吟杂录·诫子帖》，清康熙陆贻典刻本。
[3] （清）钱谦益著，（清）钱曾笺注，钱仲联标校《牧斋有学集》卷十五"爱琴馆评选诗慰序"，上海古籍出版社，2010，第713页。

虞山派与明末清初的学风

钱谦益亦强调打破人为的壁垒，使各个朝代、各个时期、各种风格特色的诗歌皆平等于诗学之本真。而后世文人亦应秉承杜甫的"转益多师是汝诗"，在前人丰厚遗产中，汲取养分，以形成自己的诗歌风格。

一 推翻四唐

钱谦益通过世情、世运、学问的三重论述，从性情的差异性上肯定诗歌形式风格的差异性，推翻了七子"文必秦汉，诗必盛唐"之论，为中晚唐诗、宋诗争得了与盛唐诗同等之地位。同时他又从诗体关系上，直追七子"文必秦汉，诗必盛唐"狭隘复古论的理论基石，对严羽的初、盛、中、晚唐的划分和"以禅喻诗"发起了攻击。钱谦益曰：

> 世之论唐诗者，必曰初、盛、中、晚。老师竖儒，递相传述。揆厥所由，盖创于宋季之严仪，而成于国初之高棅。承讹踵谬，三百年于此矣。夫所谓初、盛、中、晚者，论其世也，论其人也。以人论世，张燕公、曲江，世所称初唐宗匠也。燕公自岳州以后，诗章凄婉，似得江山之助，则燕公亦初亦盛。曲江自荆州已后，同调讽咏，尤多暮年之作，则曲江亦初亦盛。以燕公系初唐也，溯岳阳唱和之作，则孟浩然应亦盛亦初。以王右丞系盛唐也，酬春夜竹亭之赠，同左掖梨花之咏，则钱起、皇甫冉应亦中亦盛。一人之身，更历二时，诗以人次耶？抑人以时降耶？世之荐樽盛唐，开元、天宝而已，自时厥后，皆自《邠》无讥者也。诚如是，则苏、李、枚乘之后，不应复有建安有黄初；正始之后，不应复有太康有元嘉；开元天宝已往，斯世无烟云风月，而斯人无性情，同归于墨穴木偶而后可也。……严氏之论诗，亦其瞖热之病耳。而其症传染于后世，举目皆严氏之瞖也，发言皆严氏之谵

152

第三章　虞山派诗学与明末清初的学风

也，而互相标表，期以药天下之诗病，岂不慎哉！①

钱谦益对严羽《沧浪诗话》和高棅《唐诗品汇》对初、盛、中、晚四唐的划分深恶痛绝，并从论世、论人的两个角度言说了四唐分法的荒谬。以人论世，张说和张九龄世称初唐宗匠，似属初唐；王维和孟浩然的山水诗彰显盛唐气象，似属盛唐；钱起、皇甫冉感时伤乱，似属中唐。然以世论人，张说和张九龄跨越初、盛两唐，诗风亦发生了明显变化；王维和孟浩然亦跨越初、盛两唐，故二人亦盛亦初；钱起、皇甫冉跨越盛、中二唐，诗风亦经变迁，二人亦中亦盛。即从论世、论人的双重角度而言，很多诗人不仅在人生经历上跨越两唐，且诗风亦随着社会时局的变迁和人生经历的沉浮发生变化，兼具两唐甚至三唐的审美特征。因此，初、盛、中、晚四唐的划分，是不太准确的。

钱谦益又从诗歌风格的多样性，进一步言说四唐划分之误，曰：

> 唐人一代之诗，各有神髓，各有气候。今以初、盛、中、晚厘为界分，又从而判断之曰：此为妙悟，彼为二乘；此为正宗，彼为羽翼。支离割剥，俾唐人之面目，蒙幂于千载之上；而后人之心眼，沉锢于千载之下，甚矣诗道之穷也！②

就创作主体的差异性而言，唐代诗歌各有神髓，各有气候，才形成了唐代诗歌的整体风貌，非以初、盛、中、晚任一时期的单个风貌为主体，亦非以某一时期的某位作家或某些诗派为主体。因此，诗歌创作应该多种风貌和多种取径并存，不必拘于盛唐一家，更不必拘泥于盛唐诗人中的某一家。冯复京亦曰："夫中晚之不得为初盛，犹魏晋之不得为两京，而谓初盛诗存，中晚绝，将文心但存苏、李，而世宙遂

---

① （清）钱谦益著，（清）钱曾笺注，钱仲联标校《牧斋有学集》卷十五"唐诗英华序"，上海古籍出版社，2010，第707~708页。
② （清）钱谦益著，（清）钱曾笺注，钱仲联标校《牧斋有学集》卷十五"唐诗鼓吹序"，上海古籍出版社，2010，第709页。

153

虞山派与明末清初的学风

止当途乎？此何待知者而辨也。故初盛有初盛之唐诗，以汉魏律之，愚也。中晚有中晚之唐诗，以初、盛律之，亦愚也。"① 每个时期的诗歌自有其独特的风貌，大可不必非此即彼，以某一时期的创作风貌或审美标准强行约束其他时期的诗歌创作。黄宗羲进一步称："古今志士学人之心思愿力，千变万化，各有至处，不必出于一途。今于上下数千年之中，而必欲一之以唐，于唐数百年之中，而必欲一之以盛唐。盛唐之诗，岂其不佳，然盛唐之平奇浓淡，亦未尝归一，将又何适所从耶？"② 诗歌因不同的历史时期和不同的诗人呈现出不同的风貌，才形成了姹紫嫣红的绚烂之景，千变万化引人入胜。假使放眼整个诗坛均是一种风格特征，则不仅此种诗风为人所厌，诗亦随之亡也。

> 今之谭（谈）诗者，必曰某杜，某李，某沈、宋，某元、白。其甚者，则曰兼诸人而有之。此非知诗者也。诗者，志之所之也。陶冶性灵，流连景物，各言其所欲言者而已。如人之有眉目焉，或清而扬，或深而秀，分寸之间，而标置各异，岂可以比而同之也哉？沈不必似宋也，杜不必似李也，元不必似白也。有沈、宋，又有陈、杜也。有李、杜，又有高、岑，有王、孟也。有元、白，又有刘、韩也。各不相似，各不相兼也。③

诗歌的本质特征是言志缘情，故只要诗歌能陶冶性灵，留连景物，抒发自己所欲言的真实情感，即不妨为一首好诗，故不必以某种风格特征等而划之。明代很多论诗者，特别是明七子等复古派，秉持"诗必盛唐"，坚持以盛唐诗风，甚至以杜诗风、元白诗风等作为诗歌创作的准绳，非此则非诗，恰是脱离了诗歌抒情言志的本质特征，使之沦

---

① （清）冯舒：《说诗补遗跋语》，《冯复京诗话》，江苏古籍出版社，1997，第7315页。
② （清）黄宗羲：《南雷诗厉·题辞》，《黄宗羲全集》第十一册，浙江古籍出版社，2012，第204~205页。
③ （清）钱谦益著，（清）钱曾笺注，钱仲联标校《牧斋初学集》卷三十一"范玺卿诗集序"，上海古籍出版社，2009，第910页。

第三章　虞山派诗学与明末清初的学风

为无病呻吟的模拟之作。这不仅导致诗词格调拾取古人牙慧，即诗歌的情感为替古人代言的伪情感，则诗歌陷入千篇一律的沉寂，毫无生机可言。诗歌历时先秦、两汉、魏晋南北朝、唐、宋、元至明仍能经久不衰，正是以其不同历史时期的不同特色，也正是以其不同的风格特征，或沉郁，或秾丽，或平淡，或奇崛，或艰涩……的"乱花渐欲迷人眼"，吸引历代文人墨客为之倾尽才情，而不是整齐划一的单调机械。

钱谦益进而又从佛法分义的角度，进一步抨击严羽的"以禅喻诗""妙语"，以动摇独尊盛唐的基石。其曰：

> 严氏以禅喻诗，无知妄论，谓汉、魏、盛唐为第一义，大历为小乘禅，晚唐为声闻辟支果，不知声闻辟支即小乘也。谓学汉、魏、盛唐为临济宗，大历以下为曹洞宗，不知临济、曹洞初无胜劣也。其似是而非，误人箴芒者，莫甚于妙悟之一言。彼所取于盛唐者，何也？不落议论，不涉道理，不事发露指陈，所谓玲珑透彻之悟也……今仅其一知半见，指为妙悟，如照萤光，如观隙日。[1]

严羽"以禅喻诗"，谓汉、魏、盛唐之诗是大乘禅，是临济宗，晚唐是声闻、辟支，大历以下是曹洞宗，殊不知临济宗和曹洞宗初无优劣、高低之分。如此"以禅喻诗"，却连禅宗的基本常识不甚了然，如何用以喻诗。冯班亦曰：

> 乘有大、小是也。声闻、辟支则是小乘。今云大历已还是小乘，晚唐以下是声闻、辟支，则小乘之下，别有权乘？所未闻一也。初祖达摩自西域来震旦，传至五祖忍禅师，下分二枝：南为能禅师，是为六祖，下分五宗；北为秀禅师，其徒自立为六祖，七祖普寂以后无闻焉。沧浪虽云宗有南、北，详其下文，都不指喻何

---

[1] （清）钱谦益著，（清）钱曾笺注，钱仲联标校《牧斋有学集》卷十五"唐诗英华序"，上海古籍出版社，2010，第707~708页。

虞山派与明末清初的学风

事,却云临济、曹、洞。按临济元禅师、曹山寂禅师、洞山价禅师三人并出南宗,岂沧浪误以为二宗为南、北乎?所未闻二也。临济、曹、洞,机用不同,俱是最上一乘。今沧浪云:"大历以还之诗小乘禅也。"又云:"学大历已还之诗,曹、洞下也。"则以曹、洞为小乘矣。所未闻三也。凡喻者,以彼喻此也。彼物先了然于胸中,然后此物可得而喻。沧浪之言禅,不惟未经参学南、北宗派,大、小三乘,此最是易知者,尚倒谬如此,引以为喻,自谓亲切,不已妄乎?

在钱谦益和冯班看来,佛有三乘:一为菩萨乘,即大乘;二为声闻乘;三为辟支乘。声闻、辟支因其求自度,而谓之小乘。如就三乘而分,为大乘(即菩萨乘)、声闻、辟支;如就两乘而分为大乘、小乘。严羽先谓"乘有大小",后又将汉、魏与盛唐之诗称为第一义、为大乘禅,大历以还之诗为小乘禅,晚唐之诗为声闻、辟支果,等于又将禅分大、小、声闻辟支三乘。岂非混淆了佛乘之法?关于此点质疑,有的学者据魏庆之辑录的《诗人玉屑》,认为"小乘禅也"四字,是版本之误的额外增衍,不是严羽之误。① 但也有学者对魏庆之辑录的可信度提出质疑。② 而就现所能见的清代《沧浪诗话》的版本来看,诸

---

① 郭绍虞通过比照魏庆之《诗人玉屑》,曰:"《玉屑》无'小乘禅也'四字,是。案钱谦益与冯班均讥严氏分别小乘与声闻、辟支之非,据《玉屑》则沧浪原不误。"(《沧浪诗话校释》,人民出版社,1983,第 14 页)骆礼刚也认为,此误或为"作者行文自注,今本衍出,版本之误,非严羽不知禅"。(《为〈沧浪诗话〉以禅喻诗一辩》,《学术研究》2003 年第 1 期)

② 如:王仲闻考证《诗人玉屑》"亦有可以改正原书者,如卷十九'叶水心论唐诗与严沧浪异'一条所引徐山民墓志,其文字实较《四部丛刊》本《水心文集》为胜"。(《诗人玉屑校勘记前言》,魏庆之《诗人玉屑》,中华书局,2007,第 2 页)台湾学者黄培青认为《诗人玉屑》作为"选编"之作,"自然有其取舍标准与排列原则"。(《宋元时期严羽诗论接受史研究》,2008,台湾师范大学博士学位论文)周群也认为《诗人玉屑》乃"博观约取"的辑录之书,且含有自己斟酌改写的内容,"以此作为版本依据是否合适尚可商榷"(《〈严氏纠谬〉诗禅论平议》,《文艺研究》2010 年第 2 期)等。张健则以宋代文献和《沧浪诗话》的版本源流为据,指出:"《诗辩》等五篇原本并不是一部诗话,而只是一些单篇的著作,这些著作由严羽的再传弟子元人黄清老汇集在一起,到明代正德年间才被胡冠以《沧浪诗话》之名。"[《〈沧浪诗话〉非严羽所编——〈沧浪诗话〉成书问题考辨》,《北京大学学报》(哲学社会科学版)1999 年第 4 期]

156

本《诗辩》内容大体相同，唯与《诗人玉屑》不同。因此，以《诗人玉屑》与诸本《沧浪诗话》之间的版本差讹为严羽辩护，似有些牵强。即便宋本《沧浪诗话》无"小乘禅"诸字，那又如何解释严羽将汉、魏、盛唐诗为第一义，以大历以还之诗为第二义，又以晚唐之诗为声闻、辟支果？岂非严羽又将佛教分为三乘？另严羽忽而将"大历以还之诗"称为小乘禅，忽而又将其归入曹、洞下，似难免有混淆之嫌。

同时，严羽将禅宗分为大乘、小乘、临济、曹、洞，又将其代指汉魏盛唐诗和大历以还之诗，本身亦带有分判优劣、高低的意味。这就引入了冯班对严羽的第二点质疑，即严羽对俱为上乘的临济、曹、洞强分高下，岂非厚此薄彼？佛经东传，至五祖而分南、北。始而北盛，经安史之乱而衰，七祖普寂后几乎绝迹。南宗六祖慧能禅师，发扬佛法致使南宗渐盛，安史之乱后，渐为独大，已无南、北之分。南禅宗自慧能以下，又分沩仰宗、临济宗、曹洞宗、云门宗、法眼宗五宗。北宋时，云门、临济独盛，南宋时曹洞才比肩临济，临济与曹洞并立。临济、曹洞虽同属南宗，但两宗之争却由来已久。禅林、士大夫也多参与其中，纷纷阐明自己所宗法门。严羽习临济宗，深受临济高僧宗杲影响，以临济为高而斥曹洞为低，故论诗言"学汉魏盛唐为临济宗，大历以下为曹洞宗"。钱谦益、冯班"以临济、曹洞俱是上乘"，质疑严羽高临济、低曹洞，未考见南宋的历史背景，有些苛责。

其实初、盛、中、晚的划分，主要依据特定时期的主要审美特征，不可能囊括全部风格特征，其中必有些特例和个案的存在。而四个历史时期的过渡也不可能泾渭分明，诗人兼跨两个历史时期，诗风兼具两代审美特征的情况也必然会存在，不可能完全杜绝，只能大体言之而已。即便钱谦益反对四唐之划分，但他在论述唐代诗人时亦不能完全跳出四唐的限定。至于钱谦益和冯班苛责的"以禅喻诗"，胡应麟《诗薮》云："严氏以禅喻诗，旨哉！禅则一悟之后，万法皆空，棒喝怒呵，无非至理；诗则一悟之后，万象冥会，呻吟咳唾，动触天真。然禅必深造而后能悟；诗虽悟后，仍需深造。"① 钱锺书《谈艺录》云："禅家讲关捩子，故一悟尽悟，快人一言，快马一鞭。一指头禅可以终身受用不尽。诗家有篇什，故于理会法则以外，触景生情，即事漫兴，有所作必随时有所感，发大判断外，尚须有小结裹。"② 禅与诗的相通是"以禅喻诗"的可能，禅与诗的差异则是"以禅喻诗"的必要。本体和喻体之间本不必完全相和，喻只是宣扬诗法的手段而已。

当然，钱谦益之所以苛责于四唐的划分，吹毛求疵于"以禅喻诗"，其主要原因还是针对独尊盛唐而来，是欲从根本上动摇独尊盛唐而排斥中、晚唐诗歌和宋诗的基石。虽然他的言论不免有些苛刻，然其拳拳之心可引后来学者之路。钱振锽曰："沧浪借禅家之说以立《诗辨》，于禅则分第一义、第二义、正法眼藏、小乘禅、间辟支果、野狐外道；于诗则分汉、魏、晋、宋、齐、梁、盛唐、晚唐，其说巧矣。虽然佛门广大，何所不容，禽兽鱼鳖，皆有佛性，但能成佛，何必究其所自来。须知极乐世界，原无界限，何容平地起土，堆空门作重槛哉？历代以来，诗虽千变，但求其合于人情，快于己意，便是好诗。格调体制，何足深论。沧浪分界时代，彼则第一义，此则第二义。索性能指出各家优劣，亦复何辨。无奈只据一种荣古虐今之见，犹自以为新奇，此真不可教诲也。"③ 佛门广大，包容万象，既以成佛，何必究其来历，判其优劣？诗以性情为本，只要合于己意之诗，便是好诗，何必又以格调强分高下？严羽将禅分第一义、第二义非知禅也；将诗以格调分之三六九等，非知诗也。不知禅、不知诗，又如何"以禅喻诗"呢？朱庭珍也认为严羽之故"悟"，是"求渺冥之悟，流连光景，半吐半吞"，"终无药可医也"。④ 吴乔亦曰："诗于唐人无所悟

---

① （明）胡应麟：《诗薮》，上海古籍出版社，1979，第24页。
② 钱锺书：《谈艺录》，生活·读书·新知三联书店，2001，第295页。
③ 钱振锽：《谪星说诗》，《民国诗话丛编》，上海书店出版社，2002，第578页。
④ （清）朱庭珍：《筱园诗话》卷一，《清诗话续编》，上海古籍出版社，1983，第2328页。

第三章　虞山派诗学与明末清初的学风

入，终落死句。严沧浪谓诗贵妙悟，此言是也。然彼不知兴比，教人何从悟入？实无见于唐人，作玄妙恍惚语，说诗说禅说教俱无本据。"[1] 就"以禅喻诗"而言，钱谦益与冯班等虞山诗派皆认为诗以道性情，而人生有喜、怒、哀、乐之情，人的情感不分高低优劣，故以道性情的诗，亦不分优劣。

钱谦益和冯班对严羽"以禅喻诗"、"妙悟说"和四唐分期法的苛责亦与他们的诗学指归相关。钱谦益以杜甫、韩愈为宗，而出入于香山、杜牧、松陵，以迄苏轼、陆游、元好问诸家，提倡铺陈排比，乃为"文人之诗"，欲融抒情与议论、说理、叙事于一炉，而严羽推崇诗歌的兴象，排斥议论和说理。冯班以晚唐李商隐为宗，上溯齐梁，下及西昆，但严羽将大历以还之诗列入第二义。他们认为严羽之论为七子复古论的根源，所以他们对严羽的指责，实际是对扭转晚明思潮所做的努力。

严羽以古人作为衡量今人诗作的准绳，必然以今人之性情和创造力的丧失为代价，失去了作诗的宗旨和意义。明七子秉承严羽拟古之路，专事模拟，忽视了诗歌的风格特征和修辞要求等，将盛唐诗歌作为衡量一切诗歌创作的准则，不仅泯灭了其他时期诗歌的独特魅力和成就，也使诗歌成为古人为今人代言的工具，失去了表情达志的本质特征。钱、冯师徒打破四唐之分期，也就彻底打破了以时代论定诗歌优劣之禁锢，给予不同时期诗歌以同等的文学地位，由是宋诗之风和晚唐诗风兴起。

二　唐宋兼采

钱谦益等虞山诗人早年均对七子"文必秦汉，诗必盛唐"说顶礼膜拜，时至中晚年乃有所悔悟，遂扬弃七子盛唐之学，转而向其他时期的诗风学习。钱谦益、冯班等人通过对"诗言志""诗缘情"的梳

---

[1] （清）吴乔：《围炉诗话》卷五，《清诗话续编》，上海古籍出版社，1983，第603页。

 虞山派与明末清初的学风

理,重新挖掘诗歌言志抒情的本质特征,并通过对《沧浪诗话》的批评彻底瓦解七子复古说独以晚唐为尊之狭隘,号召多方研究有本、有物、有情的各代诗歌,转益多师而为吾师,从而形成自己的风格特征。而于诗法之取舍上,钱谦益与冯班师徒分道扬镳。钱谦益倾向于以六经、杜诗溯下于韩愈、苏轼,走宋元诗风的路数;冯班则倾向于以杜诗导源齐梁追溯晚唐、西昆,走晚唐艳体诗的路数。由是分而论之。

钱谦益论诗比较尊重诗歌风格的多样性,并不拘于一说,提倡多种风格的融会贯通,而七子复古派之独尊盛唐,则将诗歌固定于某个时期、某种风格中,是违背诗歌风格多样性的现实的。又从历史发展的规律来看,盛唐诗歌亦是诗歌发展史中的一个环节,虽至此诗歌达到顶峰,却不应该将其割裂出来,否定前代的诗歌创作也就否定了盛唐诗歌的继承性和创造性,否定宋、元、明诗歌也就否定了盛唐诗歌的延续性和影响力。再者,于时而论,明末清初内忧外患,盛世之歌早已失去赖以生存的社会土壤,世人转而更为关心世乱民安,较之盛唐诗风,或许晚唐末世之音和宋代忧患之声更契合明末清初之世人心态。最后,从中国古代诗歌典范来看,"杜有所以为杜者矣,所谓上薄《风》、《骚》,下该沈、宋者是也。学杜有所以学者矣,所谓别裁伪体,转益多师者是也"[1]。杜甫尚且上薄风、骚,下该沈、宋,历代之学杜者又岂能不转益多师呢?

于是,钱谦益从诗歌的发展规律和诗歌风格多样性的现实以及时代环境等角度言说清代诗歌不应违背历史发展规律,对古人亦步亦趋,而要从历代诗歌中汲取营养以形成自己的风格特征。诗歌有十个恒体,"一曰达才,二曰构意,三曰澄神,四曰会趣,五曰标韵,六曰植骨,七曰练气,八曰和声,九曰芳味,十曰藻饰"[2]。将"达才"置于首位,即强调要依据各人才力之不同,选取适合自己的体裁、诗法,扬

---

[1] (清)钱谦益著,(清)钱曾笺注,钱仲联标校《牧斋初学集》卷三十二"曾房仲诗序",上海古籍出版社,2009,第929页。

[2] (明)冯复京:《说诗补遗》卷一,《明诗话全编》,江苏古籍出版社,1997,第7174页。

160

第三章　虞山派诗学与明末清初的学风

长避短，不必诸体皆精。所谓"能此体，正不必兼彼体。工我法，正不必用他法"① 是也。而所谓"灵趣雄才，得自天授。精思妙诣，必以学求。然天授之奇者，不可以不学，学力之至者，未必不可以胜天也"②，哪怕天生才俊，如不努力学习，难免成为庸才，而天生平钝者，尚勤能补拙。只有"读书破万卷"才能"下笔如有神"；只有依据自己的"达才"，才能"转益多师是汝师"。

而在诗歌的历史长河中，参照之对象首以六经为重，不仅因其为诗学之源亦因其树立了诗歌的美学规范，其次以杜诗为重，再次参照诸家之个体风格，最后选取适合自己的风格。冯复京曰："求性情于《三百》，采风藻于《楚辞》，而卓然以古诗及苏、李《十九首》为师，子桓、子建为友，熔铸琢磨，精神游于彀内；优柔厌饫，理趣浃乎胸中。……盖参之以步兵之虚旷、记室之俊爽、康乐之精凿、彭泽之淡永、宣城之流丽、工部之沉郁，裒斯众美，妙骋心机，究竟自成一家，独有千古。"③ 为诗之道先要从《诗》《骚》入手，取其风神和辞藻，然后融汇《十九首》、"三曹"，取其气象和胸襟，最后参之以阮籍、沈约、谢灵运、陶渊明、谢朓、李白、杜甫等，将各家之风格融会贯通，融合自己的才力、情致，选取适合自己的诗歌风格，进而形成自己的独特诗歌风貌。

杜诗作为中国古代诗歌之集大成者，不仅是先秦两汉魏晋诗歌之总结，亦是唐诗向宋诗转折之关口和桥梁。"自唐以降，诗家之途辙，总萃于杜氏。大历后以诗名家者，靡不由杜而出。"④ 如 "韩之南山，白之讽喻，非杜乎？若郊，若岛，若二李，若卢仝、马异之流，盘空排奡，横从谲诡，非得杜之一枝者乎？然求其所以为杜者，无有也。

---

① （明）冯复京：《说诗补遗》卷一，《明诗话全编》，江苏古籍出版社，1997，第7174页。
② （明）冯复京：《说诗补遗》卷一，《明诗话全编》，江苏古籍出版社，1997，第7163页。
③ （明）冯复京：《说诗补遗》卷一，《明诗话全编》，江苏古籍出版社，1997，第7165页。
④ （清）钱谦益著，（清）钱曾笺注，钱仲联标校《牧斋初学集》卷三十二 "曾房仲诗序"，上海古籍出版社，2009，第928~929页。

 虞山派与明末清初的学风

以佛乘譬之，杜则果位也，诸家则分身也。逆流顺流，随缘应化，各不相师，亦靡不相合。宋、元之能者，亦由是也"①。唐及以后各家皆以学杜诗为宗，唐代如韩愈、白居易、孟郊、贾岛、卢仝、苏轼、黄庭坚等善学杜诗者，虽皆学杜，然却风姿各异，或沉郁，或讽喻，或诡谲……如此才能形成唐代诗歌"光焰而为李、杜，排奡而为韩、孟，畅而为元、白，诡而为二李"姹紫嫣红的诗歌面貌，才能造就唐代诗歌如黄山之三十六峰，高九百仞，厜㕒直上的艺术成就。

宋代诗人亦学杜诗，曰："自宋以来，学诗者多师法少陵，如高子勉、晁叔用、狄元规、唐彦谦、黄亚夫、谢师厚、陈简斋、杨诚斋、曾茶山、李南金、周德卿、赵廷采之流。"② 王安石谓苏轼诗有少陵气象；欧阳修谓郑伯玉不减少陵风味；王平甫谓张耒不减少陵；刘克庄谓赵明翁似少陵；叶适谓翁常之颇似少陵；希文谓石延年酷似少陵；陈子京、张伯雨谓杨焕然、范德机如少陵；张表臣谓王安石何异少陵；淮海、荆溪欲以曹元象、叶适诗直置少陵集中；马虚中谓张子振长歌短歌逼少陵；孔平仲、涂守约谓吕元均、邓元迪追少陵；石林谓苏轼、王安石追配少陵；许彦周谓苏轼《南海》诗、王安石《钟山》诗，追逐少陵；裘万顷谓范光伯逐少陵而升其堂；叶适谓郑大愚升少陵、太白之堂；刘克庄谓苏轼越海度岭后，深入少陵堂奥；杨万里谓邹应可入少陵户牖；叠山谓刘克庄与少陵争衡；荆溪又谓叶适诗句与少陵争衡者非一；朱少章谓山谷致少陵之浑成；苏轼以孔毅甫为前生少陵。其他如"赵清献、苏子由、刘平国、文宋瑞、刘云卿、元裕之、曹兑斋、倪元镇以荣学士、毛国镇、赵章泉、聂吉甫、李公度、辛敬之、元裕之、陈子贞为少陵，范忠宣、欧阳公、张子卿以张伯常、胡武平、梅圣俞为李、杜，杜挺之以邵不疑为李、杜、韩，水心谓赵汝谈兄弟

---

① （清）钱谦益著，（清）钱曾笺注，钱仲联标校《牧斋初学集》卷三十二"曾房仲诗序"，上海古籍出版社，2009，第929页。
② （清）钱谦益：《牧斋外集》卷五"薛行屋诗序"，（清）钱谦益著，（清）钱曾笺注，钱仲联标校《牧斋杂著》上海古籍出版社，2007，第665页。

第三章　虞山派诗学与明末清初的学风

韩篇杜笔"①。如此细细数来，宋代诗人可成一家者大都师学杜甫，为杜诗之延续，亦为盛唐诗风之延续，然千家学杜而千家各异，有苏轼的豪放、有黄庭坚的生新峭刻、有陈师道的瘦硬奇崛、有欧阳修的旷达平淡……各有所得而各有风情。由此，钱谦益以杜诗为桥梁，搭建起其祧唐弥宋的学诗路径。钱谦益进一步总结历代学杜之精者，曰其形神俱肖似杜甫复生者，在宋代唯苏轼，在元代唯元好问。②

明代诗歌亦学杜，然有善学和不善学者。不善学者，如七子、竟陵等，于"古人之诗，了不察其精神脉理，第抉摘一字一句，曰此为新奇，此为幽异而已。于古人之高文大篇，所谓铺陈终始，排比声韵者，一切抹杀，曰此陈言腐词而已。斯人也，其梦想入于鼠穴，其声音发于蚓窍，殚竭其聪明，不足以窥郊、岛之一知半解，而况于杜乎？"③如其评李梦阳曰："本朝之学杜者，以李献吉为巨子。献吉以学杜自命，聋瞽海内。……夫献吉之学杜，所以自误误人者，以其生吞活剥，本不知杜，而曰必如是乃为杜也。"④比及百年，而訾謷李梦阳者始出，然诗道之敝滋甚。

善学者如袁宗道、袁宏道、程嘉燧等，学杜之"转益多师"，学杜之精神气韵，如登山，"陟其麓，及其翠微，探其灵秀，而集其清英，久之而有得焉，李、杜、韩、孟之面目亦宛宛然在吾心目中矣"⑤。如其评价袁宏道，曰："万历中年，王、李之学盛行，黄茅白苇，弥望皆是。……中郎以通明之资，学禅于李龙湖，读书论诗，横

---

① （清）钱谦益：《牧斋外集》卷五"薛行屋诗序"，（清）钱谦益著，（清）钱曾笺注，钱仲联标校《牧斋杂著》上海古籍出版社，2007，第666页。
② （清）钱谦益：《牧斋外集》卷五"薛行屋诗序"，（清）钱谦益著，（清）钱曾笺注，钱仲联标校《牧斋杂著》上海古籍出版社，2007，第666页。
③ （清）钱谦益著，（清）钱曾笺注，钱仲联标校《牧斋初学集》卷三十二"曾房仲诗序"，上海古籍出版社，2009，第929页。
④ （清）钱谦益著，（清）钱曾笺注，钱仲联标校《牧斋初学集》卷三十二"曾房仲诗序"，上海古籍出版社，2009，第929页。
⑤ （清）钱谦益著，（清）钱曾笺注，钱仲联标校《牧斋初学集》卷三十二"邵梁卿诗草序"，上海古籍出版社，2009，第936页。

虞山派与明末清初的学风

说竖说,心眼明而胆力放,于是乃昌言击排,大放厥辞。以为唐自有诗,不必选体也。初、盛、中、晚皆有诗,不必初、盛也。欧、苏、陈、黄各有诗,不必唐也。……中郎之论出,王、李之云雾一扫,天下之文人才士始知疏瀹心灵,搜剔慧性,以荡涤摹拟涂泽之病,其功伟矣。"① 钱谦益诗论颇受袁氏兄弟的影响,尤其诗歌路数,更是沿袭一脉,唐宋兼取,性情与格调兼收,故钱谦益于竟陵派指责无所晦,于公安派则褒多贬少。又如其评袁中道曰:"于唐好香山,于宋好眉山,名其斋曰白苏,所以自别于时流也。"② 而于明代诗人,钱谦益最为推崇者乃程嘉燧,曰:"孟阳读书不务博涉,精研简练,采掇菁英,晚尤深老、庄、荀、列、楞严诸书,钩纂穿穴,以为能得其用。其诗以唐人为宗,熟精李、杜二家,深悟剽贼比拟之谬。七言今体约而之随州,七言古诗放而之眉山,此其大略也。晚年学益进,识益高,尽览中州、遗山、道园及国朝青丘、海叟、西涯之诗,老眼无花,照见古人心髓。"③ 钱谦益与程嘉燧一见如故,并邀请其去耦耕堂相伴读书,而究其惺惺相惜者,无非于思想之契合,故而能相谈甚欢。而这三家皆有一共同的特点,即能挑唐弥宋为己所用,做到了"转益多师是吾师"。

钱谦益中年学诗,"闻先生长者绪言,颇知拨弃俗学,未克穷究声律,精研风雅。溯流而下,自韩、刘、皮、陆,以讫于宋之庐陵、眉山,金之遗山,而已知尽能索矣。更溯而下之,洇其流而扬其波,殆将往而不返,非所望于高明也。元、白二公,往复论诗,司空表圣《与李生书》,皆作者之津涉,后人之针药也。"④ 钱谦益中年改辙异

---

① (清)钱谦益:《列朝诗集小传》丁集中"袁稽勋宏道",上海古籍出版社,1983,第567页。
② (清)钱谦益:《列朝诗集小传》丁集中"袁庶子宗道",上海古籍出版社,1983,第566页。
③ (清)钱谦益:《列朝诗集小传》丁集下"松园诗老程嘉燧",上海古籍出版社,1983,第577页。
④ (清)钱谦益著,(清)钱曾笺注,钱仲联标校《牧斋有学集》卷三十九"与遵王书",上海古籍出版社,2010,第1362页。

164

第三章　虞山派诗学与明末清初的学风

辕，由唐而宋，不仅因杜诗之光焰、苏诗之博才、元诗之忧世，更因诸家之诗论与诗作饱含匡时救国之心，可为诗者之津涉、后人之针药也。如王原吉《梧溪诗集》，"载元、宋之际逸民旧事，多国史所不载。原吉为伪吴划策，使降元以拒淮。故其游昆山怀旧伤今之诗，于张楚公之亡，有余恫焉。而至于吴城之破，元都之失，则唇齿之忧，黍离之泣，激昂忾叹，情见乎辞。前后《无题》十三首，伤庚申之北遁，哀皇孙之见获，故国旧君之思，可谓至于此极矣"。谢皋羽之于宋亡也，"《西台》之记，《冬青》之引，其人则以甲乙为目，其年则以羊犬为纪。瘦词隐语，暗哑相向"[①]。故钱谦益教人作诗，多言要祧唐祢宋，精于杜甫、韩愈而兼采宋元诸家，如《与方尔止》曰："近代思变杜者，以单薄肤浅为中唐，五言律中两联不对谓之近古，此求变而转下者也。唐人如岑嘉州、王右丞、钱考功皆与杜老争胜毫芒。晚唐则陆鲁望、皮袭美，金源则元裕之，风指秾厚，皆能横截众流。足下论诗以杜、白为第宅，亦不妨以诸家为苑囿也。"[②]《与吴梅村书》云："非精求于韩、杜二家，吸取其神髓，而佽助之以眉山、剑南，断断乎不能窥其篱落、识其阡陌也。讽诵久之，不禁技痒，遂放笔为叙引。非谓朴学谀闻，足以遂尽来美，亦聊于唱叹之余，少抒其领略，使人知天人之际，可学可不学之介，出自心神，本乎习气。"[③]

诗歌以性情为本，以风雅比兴为本，以温柔敦厚为本，萌折于灵心，蛰启于世务，涵养于学问。李梦阳之流不但舍弃诗之本又荒于学问、避离世运，蒙首于杜诗的章句炼字之中，自以为有所得实则离杜甚远。回首历代善学杜诗者，皆心系世运，胸怀天下，以百姓之悲喜

[①]（清）钱谦益著，（清）钱曾笺注，钱仲联标校《牧斋初学集》卷八十四"跋王原吉梧溪集"，上海古籍出版社，2009，第1765页。
[②]（清）钱谦益著，（清）钱曾笺注，钱仲联标校《牧斋有学集》卷三十九"与方尔止"，上海古籍出版社，2010，第1356页。
[③]（清）钱谦益著，（清）钱曾笺注，钱仲联标校《牧斋有学集》卷三十九"与吴梅村书"，上海古籍出版社，2010，第1363页。

 虞山派与明末清初的学风

为己之悲喜,故其情真调苦,有益于心、有益于世。而钱谦益之所以桃唐弥宋以学杜者亦即在于,宋代诗人未脱离诗歌利于教化之作用,心期于诗歌的匡世救病之效。而且以朝局之屡弱而言,明末清初诗人更能从宋代诗人那里找到同病相惜之支点,用与自己有相似遭遇的亡宋遗诗浇心中块垒,以抒发乱世悲怨之音。

三 晚唐为致

冯舒、冯班兄弟师从钱谦益,很多诗学主张均与钱谦益一致,对七子派和竟陵派诗学都持批判的态度,但与钱谦益的唐宋兼采的诗学取向不同。冯舒、冯班"自束发受书,逮及壮岁,经业之暇,留心联绝。于时好事多绮纨子弟,会集之间,必有丝竹管弦,红妆夹坐,刻烛擘笺,尚于绮丽,以温、李为范式"①,于是"建立了以象征性比兴为核心,崇尚细腻功夫与华丽文采的诗学,这种诗学对晚唐诗歌的审美价值做了正面的论述与肯定,确立了晚唐诗的地位"②,在明末清初普遍学习盛唐的夹缝中,掀起了一股晚唐风。

冯班虽然反对七子的独尊盛唐,却不反对以杜甫为尊,反而开宗明义地以复古为责,认为杜甫直接继承《诗经》的风雅比兴传统,树立杜甫的典范地位。冯班曰:

千古只一子美也。③

杜子美上承汉、魏、六朝,下开唐、宋诸大家,固所云集大成者也。元、白、温、李,自能上推杜之所学,故学杜而得其神似。即宋之苏公亦然,陆放翁、范石湖又其亚也。④

---

① (清)冯班:《钝吟老人遗稿·同人拟西昆体诗序》,清康熙陆贻典刻本。
② 张健:《清代诗学研究》,北京大学出版社,1999年11月,第148页。
③ (清)冯班:《钝吟杂录·读古浅说》,清康熙陆贻典刻本。
④ 李庆甲:《瀛奎律髓汇评》卷一"杜甫《登岳阳楼》",上海古籍出版社,2005,第6页。

第三章 虞山派诗学与明末清初的学风

杜甫上承汉、魏、六朝之风雅比兴，下开唐、宋的诗歌盛世，是唐代诗歌的典范，亦是历代诗歌的集大成者和典范。因此，后世诗人作诗应以杜诗为圭臬。

从杜甫的诗学渊源而言，得千古诗歌精粹的杜甫尚学齐梁，其他不如老杜者又怎能弃而不读呢？"看齐、梁诗，看他学问源流，气力精神，有远过唐人处。"而"千古会看齐梁诗，莫如老杜，晓得他好处，又晓得他短处，他人都是望影架子话"①。冯班通过杜诗的典范地位，侧面提升了齐梁诗风的地位。同时，在冯班看来，齐梁诗风"风雅之道，未坠于地。贤者得其大者，不贤者得其小者，夫子焉不学，而亦何常师之有"②，不仅可以为杜诗提供给养，亦可为后世诗人提供养分。

从杜甫的诗学传承而言，"义山本出于杜"③。王安石曾云学杜当从李义山入，欧阳修尝称赞杨亿、刘筠的昆体之工。

> 韩吏部，唐之孟子，言诗称鲍、谢。南北朝红紫倾仄之体，盖出于明远。西山真文忠公云："诗不必颟言性命，而后为义理。"则儒者之论诗，可知也已。人生而有情，制礼以节之，而诗则导之使言，然后归之于礼。一弛一张，先生之教，然也。吾友陆敕先，今之端士也。自鬌岁而好联绝，下语多惊人，至今十年不休。于书多所窥，其于诗律益深，咏情欲以喻礼义，则时有之。或讥之曰："诗人当有忠义之气，拂拂出于十指之端，此直朝花耳。"噫！是安知诗哉！光焰万丈李太白，岂以酒色为讳耶？以屈原之文，露才扬己，显君之失，良史以为深讥。忠愤之词，诗人不可苟作也。以是为教，必有臣诬其君、子谪其父者，温柔

---

① （清）冯班：《钝吟杂录·读古浅说》，清康熙陆贻典刻本。
② （清）冯班：《钝吟杂录·读古浅说》，清康熙陆贻典刻本。
③ 李庆甲：《瀛奎律髓汇评》卷三十九"李商隐《夜饮》"，上海古籍出版社，2005，第1454页。

虞山派与明末清初的学风

敦厚其衰矣。且诗人又不当如此。韩学士不为褚渊，持朱晃之虎须，其文有《香奁集》，视夫口言忠孝、婉娈贼手者，其何如哉？①

"呜呼！自江西派盛，斯文之废久矣。至于今日，耳食之徒，羞言昆体。"究其原因，无非士人以儒家道义自居，以风花雪月为耻。但在冯班看来，齐梁诗风、晚唐诗风和西昆诗风，均不违背温柔敦厚的诗教传统，反而是比兴大义的直接传承。

> 汉人云："大者与六经同义，小者便丽可喜。"言赋者莫善于此，诗亦然也。"仁者乐山，智者乐水"，咏之何害？风云月露之词，使人意思萧散，寄托高胜，君子为之，其亦贤于博弈也。以笔墨劝淫，诗之戒，然犹胜于风刺而轻薄不近理者，此有韵之谤书。②

李商隐和西昆体，既得杜诗精髓，亦得"六经"精髓，为儒家温柔醇厚诗风的继承者。至于齐、梁艳体诗，李白、杜甫、韩愈、欧阳修尚且不以为讳，他人又岂能忽之？第一，艳体诗得出创作时来久矣，自齐、梁以来代不乏人。第二，"唐香艳诗必以义山为首，有妆里，意思远，中间藏得讽刺"。李商隐等创作的艳体诗继承了比兴之义和温柔醇厚之旨。第三，诗歌的风格特征与诗人的品格修养并无直接关系：韩偓《香奁集》词风绮靡，但为人忠孝有气节；屈原《离骚》词风危苦，但显君王之失，失忠君之道。第四，艳体诗是诗人情感的自然抒发，可以疏导诗人的性情，远胜于轻薄不近理的有韵谤书。而且艳体诗符合诗歌发展的正变规律，是盛世之音的先兆：

> 徐、庾为倾仄之文，至唐而变，景龙、云纪之际，飒飒乎盛

---

① （清）冯班：《钝吟老人遗稿·陆敕先玄要斋稿序》，清康熙陆贻典刻本。
② （清）冯班：《钝吟杂录·家戒上》，清康熙陆贻典刻本。

168

第三章　虞山派诗学与明末清初的学风

世之音矣。温、李之于晚唐，犹梁末之有徐、庾，而西昆诸君子则似唐之有王、杨、卢、骆。杜子美论诗有"江河万古流"之言，欧阳永叔论诗，不言杨、刘之失而服其工。古之论文者，其必有道也。盖徐、庾、温、李，其文繁缛而整丽，使去其倾仄，加以淳厚，则变而为盛世之作。文章风气，其开也有渐，为世道盛衰之征。君子于此，有前知之道焉。"治世之音安以乐，乱世之音怨以怒，亡国之音哀以思。"非直音声，其文字则亦有然者。盛而衰，衰而盛，其变如循环，非老于学者不足以辨之。①

齐梁之际徐陵和庾信的艳体诗，是诗歌变革的先导，是盛世之音的前兆。晚唐的温庭筠和李商隐，犹若齐、梁的徐陵和庾信，也是诗歌变革的先导，亦是开宋代盛世之音的先兆。"西昆诗派"诸君子，可比初唐四杰，也是盛世之音之开创者。王、杨、卢、骆初唐四杰的诗，初亦不被人所接受，反哂其轻薄，但杜甫却说四杰的诗"不废江河万古流"，充分肯定了四杰的诗在唐诗发展史上的重要地位。"西昆"诸君子的遭遇与初唐四杰同，虽颇受非议，但他们却继承了温、李的繁缛蕴藉，一改宋初诗风的平直浅俗，扭转了宋初诗坛的风气，为宋诗风的形成与发展开了先路。而且诗歌的风格特征多受世运、时运的影响，亦是世运、时运的展现。诗歌因变相循，乱世之音亦伏盛世之音，唐诗继齐、梁而变革，宋诗继晚唐而变革，"西昆"在诗歌转变中的推动作用与"四杰"同。齐梁、晚唐、西昆艳体诗繁缛而整丽，如去其倾仄，加以淳厚，亦为盛世之音的先兆，可征世运。

从继承的角度而言，艳体诗风荟萃了先秦、汉魏、六朝、唐代诗歌的精华，直接继承了温柔醇厚、风雅比兴的诗教传统；从变革的角度而言，艳体诗风是诗歌发展的先导，亦是盛世之音的先兆。于是，冯班从诗歌继承与变革两个角度，梳理了齐梁、晚唐、西昆艳体诗风

---

① （清）冯班：《钝吟老人遗稿·陈邺仙旷谷集序》，清康熙陆贻典刻本。

的发展脉络和诗学价值,为绮艳诗风争得了一席之地。

冯班诗学齐梁、晚唐、西昆一脉,既有好为铅粉之词的个人喜好,又有红妆夹坐的环境因素,同时亦不能排除动荡波折的社会因素。冯班生长于明末清初的鼎革更替之际,既在早年享受了友朋交相唱和的悠游闲暇,又在中年遭受了弟弟为清兵屠戮、兄长为恶吏曲杀的家庭变故,和明朝惨遭灭亡的故国之失。以明遗民苟活下来的冯班,在晚年谨言甚微,口不臧否,他曾自言曰:

> 冯子之文,危苦悲哀,无所不尽,而不肯正言世事。每自言曰:"诗人之词,欲得言者无罪,闻者足戒耳。善于刺时者,宜有文字之祸焉。"少年或讥其无益教化,亦弗顾也。呜呼!使万世之下有读冯子之文,论其世,而知其心者,冯子死且不朽矣。①

他还曾告诫子弟曰:"太平时做错了事,却有救;乱世一毫苟且不得,一失脚便送了性命。"② 冯舒因编纂《怀旧集》语涉谤讪,而被县令瞿四达寻机陷狱至死的阴影,在有生之年一直挥之不去,故他一直以文字自省,学阮籍"不臧否人物",效陶渊明"篇篇说酒,不及时事"③。他亦知好为脂腻铅黛之辞,难免为人所讥笑,但善于刺时者,往往因文字而惹祸上身,实非明智之举。诗贵有意,然值此乱世,死者已矣,生者何堪!出于儒家礼教,不敢亦不能妄论国君、朝政之是非,但心中隐忍之情,何以抒之?唯有曲笔写之,望待数百年后有人能够知人论世,解诗人之意也。

艳体诗亦可以蕴含比兴深意,深藏诗人的忠愤、幽怨之情。冯班身居乱世,身危、思苦、情怨,恨不能一吐以解心中之快,但风雅比

---

① (清)冯班:《钝吟老人遗稿·再生稿叙》,清康熙陆贻典刻本。
② (清)冯班:《钝吟杂录·家戒上》,清康熙陆贻典刻本。
③ (清)冯班:《钝吟杂录·家戒上》,清康熙陆贻典刻本。

兴，诗之教也，且直言政事或有性命之忧，因此，只能将满腹的惆怅、忠愤之情隐藏于含蓄蕴藉的语言之中，深埋于风花雪月、舞榭亭台的绮靡之中。冯班如是，李商隐亦如是。朱鹤龄曾从李商隐所处的社会背景出发，探析李商隐诗风产生的原因，曰：

> 古人之不得志于君臣朋友者，往往寄遥情于婉娈，结深怨于蹇修，以序其忠愤无聊、缠绵宕往之致。唐至太和以后，阉人暴横，党祸蔓延，义山厄塞当涂，沉沦记室，其身危，则显言不可而曲言之；其思苦，则庄语不可而谩语之。计莫若瑶台璚宇、歌筵舞榭之间，言之者可无罪，而闻之者足以动。①

李商隐的诗歌往往蕴含深沉的人生主题和悲愤自伤的情感体验，但他很少铺陈直叙，而是通过大量运用典故、象征等手法，将其融汇到绮艳浮靡、幽俏晦涩的艺术境界之中，从而达到"言之者无罪，而闻之者足以动"的蕴藉朦胧的艺术效果。冯班早期的诗歌多为宴饮游玩之作，纤仄有余而感慨不足，只在字句、音韵、格调等表面追奉李商隐。但冯班在经历了战争的洗礼和亡国的巨大悲恸后，对人生、社会和时代兴亡有了更深的感慨，在情感内涵上与李商隐更接近了。他通过将自己对人生的感悟、对友朋的追念、对故国的留恋等深沉的情感，融入字词的锤炼、声律的修整、典故的繁用、结构的巧妙布置之中，创造一种含蓄蕴藉的艺术情思，达到与李商隐诗歌契合的审美状态，彰显了乱世诗人的家国情怀和美学面貌，并通过自己的诗歌创作和诗学主张，号召了一批志同道合之士，推动了晚唐诗风的兴盛，对纠正清初学宋而产生的流弊起了很大作用，成为一种引人注目的诗歌倾向。②

前文已经指出，在钱谦益的视野中，经乃各学之源，史本于经，

---

① 朱鹤龄：《笺注李义山诗集序》，《李商隐资料汇编》，中华书局，2006，第243页。
② 参见李世英《清初文学思想研究》，敦煌文艺出版社，2000，第73页。

虞山派与明末清初的学风

诗本于经，各类学科盖莫不统摄于经学之下，而多生滋发。于诗学而言，有诗人之诗，有儒者之诗，然世之论诗者，知道有诗人之诗，却不知道有儒者之诗。《诗》三百篇，采自民间，"巡守之所陈，太师之所系，采诸田畯红女涂歌巷讴者，列国之《风》而已"①，为列国诗集汇编，然其又与诗人之诗不同，以其曰雅，曰颂，言王政，美盛德，莫不肇自典谟，本于经术。又其"言四始则《大明》为水始，《四牡》为木始，《嘉鱼》为火始，《鸿雁》为金始。言五际则卯为《天保》，酉为《祈父》，午为《采芑》，亥为《大明》"②，非儒者所不能为，故可称之为儒者之诗。"荀卿之诗曰：天下不治，请陈佹诗。炎汉以降，韦孟之讽谏，束广微之补亡"，皆所谓儒者之诗也。而唐人之诗，皆本于经学，"韩之《元和圣德》，柳之《平淮夷雅》，《雅》之正也。玉川子之《月蚀》，《雅》之变也"③。六经可称为儒者之诗，为诗学之源，诗人之诗则在儒者之诗的基础上加以演化生发，或正风正雅，或变风变雅，均不出经学之轨范。"经术既熟，然后从事于子史典志之学，泛览博采，皆还而中其章程，隐其绳墨。于是儒者之道大备，而后胥出而为名卿材大夫，以效国家之用。"④ 文与经合，文与道合，道与学合，经、史、诗、文四个学术门类，在保持各自独立特性的基础上，又四位一体于经世之下。

于是明末清初常熟学人在学术一体化思想的指导下，以经世致用为目的，破除明代诗学之禁锢，以扭转明代学风和世运。首先，对"诗言志"的传统加以阐释，将格调和性情统一起来，纠正了明代诗

---

① （清）钱谦益著，（清）钱曾笺注，钱仲联标校《牧斋有学集》卷十九"顾麟士诗集序"，上海古籍出版社，2010，第823页。
② （清）钱谦益著，（清）钱曾笺注，钱仲联标校《牧斋有学集》卷十九"顾麟士诗集序"，上海古籍出版社，2010，第824页。
③ （清）钱谦益著，（清）钱曾笺注，钱仲联标校《牧斋有学集》卷十九"顾麟士诗集序"，上海古籍出版社，2010，第823页。
④ （清）钱谦益著，（清）钱曾笺注，钱仲联标校《牧斋初学集》卷二十八"苏州府重修学志序"，上海古籍出版社，2009，第853页。

学在诗歌体制上的偏执,使诗歌在格调与性情之间达到平衡,以促进明清诗学的转向;其次,在高度提倡学问的基础上,将性情与学问统一起来,肯定了学问在诗歌创作中的重要作用,以纠正明末空疏学风;再次,将复古与革新统一起来,纠正明末复古派的师古而赝和竟陵派师心而妄的偏颇,将复古与性情融合起来,并从诗歌发展流变的角度,打破诗必盛唐的传统格局,冲破诗歌的时代牢笼,给不同时代的诗歌以平等的地位和独立的审美特征;最后,借末世之音的晚唐诗歌和乱世之声的宋代诗歌以浇心中壁垒,抒发黍离之思和悲天悯人之情。正是在学术一体化思想的指导下,虞山诗派冲破了笼罩明代诗坛百年之久的盛唐诗潮,将晚唐诗风和宋诗之风拉入人们的视野之中,推动了清代诗风的转变。而且他们融合学问与性情、格调与性情、复古与性情、世运与性情的理论主张,不仅矫正了明七子的盲目拟古,还纠正了竟陵派的无病呻吟,将诗歌拉回抒情言志的轨道上来,将格调与性情融入经世致用的实学,重新确立了诗歌的本体特征,对于扭转明末清初诗风和学风的时弊都起了很大的作用。

第四章

虞山派藏书与明末清初的学风

伴随着明末清初"天崩地解"的社会大变革，中国的传统学术乃至学术风气都发生了明显的嬗递和演变，并形成一代之学。宋明理学向清代考证学转变不是一蹴而就的，而是经历了很漫长的历史过程，其推动因素也是多方面的，绝非一人一方之力短期内可为之。然在众多推手之中，藏书文化的兴盛必占据主要位置。由于明末众多学人认识到了明代空疏无学之流弊，故于典籍的收藏、校勘、刊印上更加严谨，讲究字有所出，句有所本。又因明代印刷业发展迅猛，在商业利益的推动下，很多书贾不注重版本的质量，私改、讹纂古书现象很严重，以致书籍质量参差不齐。故明末清初的很多学者兼藏书家苦心搜集宋元旧本，以校勘明刻本之讹舛。而在一系列搜访、校勘、辨伪、注释、考订的过程中，学人秉承严谨的治学方法，积累了丰富的藏书治学之经验，并形成了简洁朴实、引证考据的学术风气。

当然，学术风气与藏书文化二者是互为因果，互相推动的。"就某一时代具体而言，一个时代学术思潮和文化风尚的取向，则必然影响这一时代典籍收藏的内容、范围和风尚。"[①] 典籍收藏的积累和丰富，也会反过来推动当时学术文化风气的不断发展变化。"藏书之风气盛，读书之风气亦因之而兴。好学敏求之士往往跋涉千里，登门借读，或则辗转请托，移录副本，甚或节衣缩食，恣意置书。每有室有悬磬而彝书充栋者；亦有毕生以抄诵秘籍为事，蔚成藏家者。假本既多，校雠之学因盛，绩学方闻之士多能扫去鱼豕，一意补残正缺，古

---

① 周少川：《藏书与文化：古代私家藏书研究》，北京师范大学出版社，1999，第149页。

 虞山派与明末清初的学风

书因之可读,而自来所不能通释之典籍,亦因之而复显于人间。甚或比勘异文,发现前人误失,造成学术上之疑古求真风气。藏家之有力者复举以剞劂,辑为丛书,公诸天下。数百年来踵接武继,化秘籍为亿万千身,其嘉惠来学者甚多。"① 藏书不仅为学风的转变提供外部环境或资源,而且可以内化为学风转变的动因。藏书对学风转变的双面性与藏书家的多种面性相一致:许多藏书家在藏书的同时,还留心学术,如版本学、校勘学、经学、诗学、史学等。藏书家在搜集藏书的过程中,因防商贾假本障目,自当练就慧眼识珠的辨别真伪之法,版本之学为之兴盛;又因假本太多,鱼龙混杂,校雠之学、辨伪之学为之兴盛;又因古书年来已久,艰涩难读,注释之学为之兴盛;……而且他们不是站在学术的外围,而是带着一己甚至一方藏书参与到学术中来,从学术追求出发搜集丰富藏书,又从藏书中发现可供学术生长的因素。况且藏古书与求古学本来就意蕴相通,故在排击明末空疏乖谬学风中,二者便自然地结合在一起,互为滋长互相促进。② 一方面是为学术而搜集藏书;一方面是在读书、抄书、校书的过程中砥砺学风。

常熟地处吴地,为江南名县,士大夫喜藏书,自为一方风气。其"自元迄清,五六百年,项背相望,绵延弗绝,邑志人物传中特列藏书家一目,实属首创"③。故探讨常熟的文风与学风,必然要涉及常熟的藏书文化与学风的关系。

第一节 以藏书为文化传承的纽带

就藏书家和藏书数量而言,常熟一邑之藏书,为中原之甲秀,自

---

① 吴晗:《江苏藏书家史略·序言》,《吴晗全集》,中国人民大学出版社,2009,第354页。
② 参见袁媛《常熟藏书家与明末清初的学风》,《中国典籍与文化》2015年第2期。
③ 瞿冠群:《藏书先哲藏书考略》,四川大学出版社,1990,第1页。

第四章　虞山派藏书与明末清初的学风

成一方风气。"前明有杨五川七桧山房、赵清常脉望仙馆，储藏之富，远有师承。其后继之者，为毛子晋汲古阁、钱牧翁绛云楼。绛云火后，余书归族子曾述古堂。甲宋乙元，转相传授。乾、嘉之际，有张月霄爱日精庐、陈子准稽瑞楼。近今犹有瞿子雍铁琴铜剑楼。盛矣哉！以一邑之收藏，为中原之甲秀。"① 绛云楼之火，烧毁宋元旧本大半，为中原藏书一大厄，引无数学者为之遗憾。常熟后学秉承绛云余绪，诸加搜访、抄录，仍保中原藏书之冠。黄廷鉴《爱日精庐藏书志·序》云："吾邑藏书，绛云之后，尚有汲古毛氏、述古钱氏羽翼之者。叶石君、冯己苍、陆敕先诸君子互相搜访，有亡通假。故当时数储藏家，莫不以海虞为称首。"② 然藏书之聚难散易，兵燹、水火、虫蠹等天灾，书禁、子孙不肖等人祸均能将百年积聚顷刻化为虚无。又藏书很受经济条件的制约，一旦家道中落就难保不鬻书以为生。天灾尚且无奈，人祸则当尽力免之，故常熟藏书家注重家族性聚书和群体性聚书，以家族、姻亲、师承、结社等为纽带形成藏书集团，既便于藏书的聚集，又便于学风的形成与传承。

一　世家传承

在常熟以几大藏书楼为核心，形成子孙代传的藏书世家，主要有陈氏、孙氏、杨氏、何氏、顾氏、冯氏、叶氏、钱氏、谭氏、毛氏、瞿氏、张氏等。他们以藏书的传承为纽带，在收书、保书、护书的过程中涵养学识、传授方法。一代之藏可因一己之私好而聚集，代代相传则非仅私好所能维持，否则终将难逃曲终人散之结局。故常熟藏书世家在家族传承时，既注重培养子孙的藏书嗜好，又注意以身体力行

---

① （清）叶德辉：《叶德辉诗文集·常熟顾氏小石山房佚存书目序》，岳麓书社，2010，第382页。
② （清）黄廷鉴：《爱日精庐藏书志·序》，《宋元明清书目题跋丛刊》第11册，中华书局，2006，第273页。

虞山派与明末清初的学风

做出护书之榜样,以防子孙稍有困顿即鬻书为生。

陈氏藏书始自陈芳,"自其曾祖伯阳,祖孟远,父仲祥,世以仁厚相承,为邑城望族。至君尤温厚慈良,敦尚礼义,乡称长者"①。虽遭兵乱仍能克勤以俭,再植有家。其子陈璇、陈稷隐居农耕,承袭家族藏书遗风。

孙氏藏书始自孙艾传至孙藩,历明、清两代三百余年。孙氏历代藏书印有"孙朝肃恭生""恭父""孙光父""孙氏朝让""大石山房""本芝翁""孙孝若图书记""虞山孙仲孝维考藏图书""孙仲孝维收藏印""虞山孙藩仲孝维考藏图书""虞山孙藩夔王氏之印""主司巷人家""虞山孙氏慈封堂丙舍图书"等。孙艾师从沈周,工于绘画。孙七政,字齐之,自号沧浪生,孙艾之孙,秉承家学,有藏书癖,建"西爽楼""清晖堂"以收藏图籍、金石、名画、古物等。《常熟县志》记曰:"(孙七政)家故万卷所居有亭,亭下有池,非与谈诗文者弗入。"偶有一俗人突入池上而溺,其便将池水引去,待池干涸,再引井水冲洗亭池,恐脏其池。然其虽私癖如此,非与谈诗文者不交,但非死守所藏不放,不但质之以济人,甚至举以送人。"所蓄古迹,如唐贯休《阿罗汉像》宋本隶式、牺尊诸物,俱弃膏腴产累千金置之。及亲故以急告,则即推向所置物质金,饱其欲去。独惜贯休迹甚。汪伯玉(道昆)知齐之(七政)贫,令其乡大贾挟千金售之,齐之弗与。俄一故人谓云此千年物,不装潢恐蠹,遂欣然不受直质其家。赵少宰(用贤)尝称齐之痴绝以此。"②孙七政虽积累世家财用以致藏,然其知取舍,至其贫贱之时为保亲眷尚可痛心割爱,然并不为利所趋,只保书之万全,既知书护书,亦周济亲眷,而不为金钱所累。其晚年虽生活贫困潦倒,却仍未变卖典籍以度日,而是将藏书留给后代。孙楼为孙七政族子,"性好书,杜门校雠,昼夜不辍。

---

① (清)章懋:《枫山章先生集》卷六"陈府君继芳墓表",丛书集成初编本,第201页。
② (明)姚宗仪:《常熟县志》卷一五,第3页上~4页下。

第四章　虞山派藏书与明末清初的学风

所藏逾万卷，略无脱误，命工编简册，则躬自临视。其日虽宾客往来，例不酬接"①。孙楼虽身为湖州府推官，然家资均用以购置书籍，故家中所称长物，唯书最多。插架数万卷，孙楼手自校雠，昼夜不辍。先有藏书楼名曰"博雅堂"，后比喻王世贞"万卷楼"构建"丌册庋"，并撰《博雅堂藏书目录》，将所藏图书分为经、史、诸子、文集、诗集、类书、地理学、国朝杂记、小说家、志书、字学书、医书、刑家、兵家、方技、禅学（道书）、词林书、制书（附加试录、墨卷）等十八类，颇觉秩然有序。万历中，孙能传、张萱等即仿其类例，而略加删改，编撰《内阁书目》。孙朝肃，字恭甫，更字功甫，建藏书楼为"五芝堂"，以刻书、藏书名盛一时。孙朝让，孙七政之孙，字光甫，一字本芝，建"大石山房"以藏书。孙胤伽，字唐卿，一字伏生，孙楼之孙，孙七政曾孙，秦四麟之婿，克承祖上藏书而增益之，"亦好异书，手自缮写，更于'丌册庋'增碎金断璧之秘"，所藏多异本、抄本。孙江，字岷自，孙楼的玄孙，陆贻典的姻友，继承祖业，喜好抄书，多藏异本，如《沈下贤集》《宏秀集》《武林旧事》等。孙鲁，字孝若，号沂水，孙朝肃之子，钱谦贞的女婿，多藏善本；孙藩，字孝维，号留松，孙鲁的异母胞弟，建"慈封堂"②以储藏家传藏书并增益宋元刻本。孙氏子孙皆能继承孙七政之业，而藏书益富，历经明清两代，实乃罕见。

　　杨氏藏书始自杨舫传至杨仪，"舫有弟五人，聚居有恩，老无闲言。喜蓄书，校雠不倦"③。杨仪，字梦羽，号五川，生性最嗜书，家本素封，因购书之故，晚岁赤贫，所藏书有十余万卷。"家有万卷楼，而所蓄法书名画称是。弟性高亢，为时所嫉，一朝购祸，而同邑缙绅某为下石，所蓄荡然，仪亦寻卒。有女适云间莫如忠，而甥云卿（莫是龙）多携仪藏书去。"④杨仪藏书多聚宋元旧本和法书名画及彝鼎故器，

---

① （明）冯复京：《圣明常熟先贤事略》卷一三"文苑"，稿本。
② 转引自叶昌炽《藏书纪事诗》，北京燕山出版社，2008，第200页。
③ （明）姚宗仪：《常熟县志》卷一五，第14页上。
④ （明）姚宗仪：《常熟县志》卷一五，第14页上~15页上。

181

 虞山派与明末清初的学风

藏于"七桧山房"和"万卷楼",编纂《七桧山房古虞文录》,江左推为博雅。黄丕烈因郡中有修志之举,广收遗集,适逢贾人以杨氏抄本《蓬窗类记》相示,收之如获至宝。然杨仪遭逢祸事,又为人所嫉,死后收藏遂为散去,一部分归其外孙莫是龙,其余则皆归钱谦益所有。

何氏藏书以何钫、何镗兄弟二人及子何德润、何允鸿及孙何大成、何云藏书最富。《光绪常昭合志稿》载何氏一门藏书之况,曰:"何镗,字子端,钫弟,太学生。好聚古书,朱黄不去手,与兄钫及从子允鸿、大成并以藏书著闻。"① 何钫,字子宣,生三子——世滋、允澄、允泓,皆好藏书,尤以三子何允泓为著,承父何钫的遗书,与父钫及从父镗并享盛名。秦兰征《经舅氏何季穆先生故居》诗曰:"邺侯架在虫生纲,内史池空雨结苔。"② 何大成,字君立,晚自称慈公,何允泓从子,"负气忤俗,不容于间里。避仇,出游黔楚间,归益嗜书好古。每闻一异书。徒步访求,篝灯传写,虽寒冻不少休"③,藏书处称"娱野园""妙香阁",喜好藏书、抄书,惜膝下无子,死后遗书遂散为云烟。何大成与冯舒关系最善,得一书,必定相通假,并曾与冯舒一起于朔风飞雪中,挟带纸笔、炊饼等入山径造赵均处,穷四昼夜之力,抄录《玉台新咏》。何大成作《同冯己苍昆季入寒山抄〈玉台新咏〉毕遂游天平》诗一首,记录抄书始末,曰:"吾侪真书淫,余事了游癖。既理支硎棹,旋放天平履。自唯老脚硬,尚堪年少敌。登登及山椒,千步始一息。凭高一以眺,万木静如拭。湖光浩渺平,山容逶迤出。忆昨小宛堂,抄书忘日昃。手如蚕食桑,心似蜂营蜜。今朝始毕功,探奇何孔棘。蝇营满天地,此乐无人得。游山拟为樵,搜书甘作贼。幸兹江南安,二事乃吾职。"④ 何镗,字子端,何钫弟,与秦季公(四麟)善,

---

① (清)庞鸿文:《光绪常昭合志稿》卷三二"藏书家",江苏古籍出版社,1991,第23页。
② 转引自叶昌炽《藏书纪事诗》,北京燕山出版社,2008,第200页。
③ 潘介祉:《明诗人小传稿》卷五,北京图书馆出版社,1986,第178页。
④ (清)冯舒:《怀旧集》卷一,清抄本。

182

第四章　虞山派藏书与明末清初的学风

好聚古书，曾经拟元人书《何逊集》一卷，笔精墨妙，字字有法。①何仲容，讳德润，何镡子，强学缵文，好镂版以行世，长与诸名士文会，"通内典，工小楷，修布衣长者之行"，亦"沿袭素风，食贫自守，泊如也。性好洁，焚香布席，书帙井井"②。何仲容娶秦氏，生五子——述禹、述稷、述契、述皋、云，皆善藏书。五子何云，字士龙，师从钱谦益，能古文。《海虞诗苑》曰："君服习家教，自幼即能为古文。钱宗伯爱其才，延至家塾。宗伯被奸下狱，君草索相从，世以比郭亮、王成焉。又从瞿中丞至闽粤，流离艰苦，历十五载乃归。"③

秦氏藏书以秦四麟和秦兰征最著。秦四麟，字景阳，一字酉岩，号季公，又号五岭山人。善填词曲，精通音律。"饶于赀，风流博雅，善度曲鼓琴，尤喜藏书，朱黄丹白，开卷烂然，从人得秘书，多用行书好写，篝灯雠勘，老而不倦。"④藏书之余又喜抄书，多以行书书之，版心有"又玄斋""玄览中区"字样。孙江尝称赞秦四麟手抄甚富，而笔法流逸。秦兰征，字元芳，秦四麟之孙，亦善填曲，"尝以省试至金陵，行囊唯挟《琵琶》、《西厢》两记。同伴讶之。公笑曰：'吾患曲不工耳，不患文不中也。'"承家业，亦喜藏书，尝作诗曰："那有余粮愁鼠耗，只劳架上守残书。"⑤

赵氏脉望馆楼主为赵用贤和赵琦美父子，"性嗜典籍，所搜集凡数万卷，不轻以借人，朱黄雠校，不分日夜"⑥。赵琦美"喜蓄异书，因而博极。得异本，命童子缮写，日不下数手"⑦，"生平损衣削食，

---

① 参见叶昌炽《藏书纪事诗》，北京燕山出版社，2008，第201页。
② （清）钱谦益著，（清）钱曾笺注，钱仲联标校《牧斋初学集》卷五十五"何仲容墓志铭"，上海古籍出版社，2009，第1387页。
③ （清）王应奎：《海虞诗苑》，古处堂本。
④ （清）钱谦益著，（清）钱曾笺注，钱仲联标校《牧斋初学集》卷五十七"虞逸夏君墓志铭"，上海古籍出版社，2009，第644页。
⑤ （清）王应奎：《海虞诗苑》，古处堂本。
⑥ 叶昌炽：《藏书纪事诗》，北京燕山出版社，2008，第214页。
⑦ （明）姚宗仪：《常熟县志》卷一四，第20页下。

 虞山派与明末清初的学风

假书缮写,朱黄雠校,欲见实用。得善本,往往文毅公(赵用贤)序而琦美刊之"①。赵琦美不仅致力于古籍的收藏,并精心校勘,其所校《洛阳伽蓝记》历时八年,先据陈锡玄、秦酉岩、顾宁宇、孙兰公四家抄本改正四百八十八字,增脱三百二十字,后又据旧刻本改正五十余字,方成善本。其抄校的《古今杂剧》很多为难见之孤本,后人称为"戏曲宝库"。赵氏藏书"二酉五车,联架塞屋,临老忽发无书之叹。非无书也,即挂一漏万之意也"②,可见其收书之嗜。钱曾称:"赵清常脉望馆,藏书者之藏书也。"③ 赵琦美自著《脉望馆书目》,曾与钱谦益诉说其藏书志向并欲赠书与钱。赵琦美死后,其书多归钱谦益所有。

钱氏藏书名声甚旺,钱谦益"绛云楼"和钱曾的"述古堂"名贯千古。钱谦益,字受之,号牧斋,晚号蒙叟、东涧老人、东涧遗老等。藏书室名"绛云楼""红豆山庄""半野堂"等。其家居"访求遗书,残编落简,捐衣食无所恤"。曹溶《绛云楼书目题词》称钱谦益:"尽得刘子威(凤)、钱功父(功甫)、杨五川(仪)、赵汝师(用贤)四家书,更不惜重资购古本。书贾奔赴捆载无虚日,用是所积充牣,几埒内府。视叶文庄(盛)、吴文定(宽)及西亭王孙(朱睦㮮)或过之。中年构'拂水山庄',凿壁为架庋其中。……告归,居'红豆山庄',出所藏书重加缮治,区分类聚,栖绛云楼上,大椟七十有三。顾之自喜曰:'我晚而贫,书则可云富矣。'"并称:"宗伯每一部书,能言旧刻若何,新版若何,中间差别几何。……然大偏性,未为深爱古人者有二端:一所收必宋元板,不取近人所刻及抄本。虽苏子美、叶石林、三沈集等,以非旧刻,不入《目录》中。一好自矜啬,傲他氏以所不及,片楮不肯借出,尽有单行之本,烬后不复见于人间。"④

---

① (清)庞鸿文:《光绪常昭合志稿》卷三二"藏书家",江苏古籍出版社,1991,第24页。
② (清)钱曾撰,(清)管庭芬、章钰校证《钱遵王读书敏求记校证》,《宋元明清书目题跋丛刊》第11册,中华书局,2006,第104页。
③ (清)钱曾撰,(清)管庭芬、章钰校证《钱遵王读书敏求记校证》,《宋元明清书目题跋丛刊》第11册,中华书局,2006,第2页。
④ (清)曹溶:《绛云楼书目题词》,《绛云楼书目》,陈景云注本。

第四章 虞山派藏书与明末清初的学风

钱谦益一人尽收刘凤、钱允治、杨仪、赵用贤四大藏书家的藏书，几埒内府，雄冠江左，乃至绛云失火，不禁发出"甲申之乱，古今书史图籍一大劫也。庚寅之火，江左书史图籍一小劫也"①的感叹。

钱谦益的藏书是读书人的藏书，他"老而好学，每手一编，终日不倦。暑月夜读苦蚊，辄以足置两瓮中"②。其所藏之书，悉为阅竟，丹黄甲乙，复加其中，"淹灌经史，其读书每种各有副本，凡遇字句新奇者，即从副本摘取，黏于正本上格，以便寻览、供采撷，盖正本或系宋元精刻，不欲轻用丹黄也"③。因恐损坏正本，钱谦益不烦辛劳重为缮写批校，可见其拳拳爱书之心。绛云楼之火虽尽毁其书，然未毁其腹中之识。且其对版本之间的差异、源流等悉能分辨秋毫，堪称大家。钱氏族人皆深受钱谦益的影响，以藏书、抄书、校书为事。钱谦贞，字履之，钱谦益的从弟，早年谢举子业，建"怀古堂""竹深堂""愚公榭"等书斋以藏书奉母，帘户靓深，书签错列，不甚幸哉。钱谦贞之子钱孙保，字求赤，"日读书，夜必记于卷尾。藏书甚富，校雠精审"④。次子钱孙艾，字颐仲，"每与人通假抄录，朱黄两毫，不省去手。书拟颜鲁公，篆刻图书印似文彭"⑤，精校勘，勤抄书。钱纯，字孝修，钱谦贞之孙，"熟史学，长于议论。有'在兹阁'藏书，所藏有名字诸朱印"⑥。钱裔肃，字子美，钱谦益的从子，钱曾的父亲，亦好聚书。钱谦益喜钱裔肃与自己有相同的癖好，但又恐钱裔肃分己之好。《明代钱遗民诗咏》赞钱裔肃曰："虞山钱孝廉，古籍满户

---

① （清）钱谦益著，（清）钱曾笺注，钱仲联标校《牧斋有学集》卷四十六"书旧藏宋雕两汉书后"，上海古籍出版社，2010，第1529页。
② （清）王晫：《今世说》卷三"文学"，《清代传记丛刊》，台北明文书局，1991，第46~47页。
③ （清）钱谦益：《牧斋遗事·序》，上海古籍出版社，2010，第1页。
④ （清）庞鸿文：《光绪常昭合志稿》卷三二"藏书家"，江苏古籍出版社，1991，第26页。
⑤ （清）冯舒：《怀旧集》卷下，《涛喜斋丛书》，清光绪三年刻本，第2页。
⑥ （清）庞鸿文：《光绪常昭合志稿》卷三二"藏书家"，江苏古籍出版社，1991，第26页。

牖。绛云符赏心，白云赓在口。族孙成墓志，烦尔八义手。三十年不知，名士笑老叟。"① 钱曾，字遵王，号贯花道人，钱谦益的族孙，以藏书为业，建"也是园""述古堂""莪匪楼"等藏书斋以藏书，"二十年食不重味，忆不完采，捋当家资，悉藏典籍中"②，勤于校雠、版本、目录之学，生平藏书最嗜宋椠，以致冯班戏称他为"佞宋"。钱曾编有《述古堂书目》《也是园书目》《读书敏求记》等目录学著作，在目录学史上具有重要地位。

隐湖毛氏藏书始于毛晋"汲古阁"，而至童仆、家丁皆善抄书、校雠和雕刻。毛晋，初名凤苞，字子久，后更名为晋，字子晋，号潜在，曾学于钱谦益门下，前后积书多至八万四千册。陈瑚曰："登其阁者如入龙宫鲛肆，即怖急，又踊跃焉。其制，上下三楹，始子讫亥，分十二架。中藏四库书及释道两藏，皆南北宋内府所遗，纸理缜滑，墨光腾剡。又有金元人本，多好事家所未有。子晋日坐阁下，手翻诸部，雠其讹谬，次第行世。至滇南官长万里遣币以购毛氏书，一时载籍之盛，近古未有也。其所锓诸书，一据宋本。……司李雷雨津赠之诗曰：'行野樵渔皆拜赐，入门僮仆尽抄书。'人谓之实录云。"③ 吴伟业《汲古阁歌》曰："比闻充栋虞山翁，里中又得小毛公。搜求遗佚悬金购，缮写精能镂版工。""主人留宿倾家酿，醉来烧烛夜摊书，双眼摩挲觉神王。古人关书借三馆，羡君自致五千卷。又云献书辄拜官，羡君待索躬耕田。伏生藏壁遭书禁，中郎秘惜矜谈进。君获奇书好示人，鸡林巨贾争摹印。"④ 毛晋好古博览，构"汲古阁""目耕楼"以藏书，藏书数万卷，尤好宋元精椠，遇有宋元刊本或珍本而不能收藏者，辄选良工覆纸影抄，称为"影宋抄"。家中男女老少，乃至童仆，

---

① （清）张其淦：《明代千遗民诗咏》卷六，《清代传记丛刊》，台北明文书局，1991，第257页。
② （清）钱曾：《述古堂藏书自序》，《宋元明清书目题跋丛刊》，中华书局，2006。
③ （清）陈瑚：《确庵文稿·为毛潜在隐居乞言小传》，清代毛氏汲古阁刻本。
④ （清）吴伟业著，吴翌凤注《吴梅村诗集笺注》，世界书局，1936，第114~115页。

第四章　虞山派藏书与明末清初的学风

皆能抄校书籍。毛晋生有五子，皆承父业，特别是毛晋第五子毛扆，继承家学，搜讨旧椠，校雠刊刻诸多善本秘册。朱翔凤曰："明季虞山钱氏绛云楼藏书为备，钱遵王作《读书敏求记》排次篇目，就其宋本皆有识别，然寥寥无几。同时邑中汲古阁刻经史诸书，始以宋本对校，已洗有明一代刻书之陋。"① 毛晋延请名士校勘，刻《十三经》《十七史》《古今百家》及其他从未梓印之书籍，天下贩卖善本书者，必走隐湖毛氏。用纸亦十分考究，乃从江西特造，厚者曰"毛边"，薄者曰"毛太"。汲古阁的影宋抄本，保存了很多宋元善本的原貌，汲古阁刊印的书籍也因版本之善为古今学者所珍视，为我国古籍善本的保护、刊刻与流传做出了重要贡献。

冯氏藏书始自冯复京。冯复京，字嗣宗，与钱谦益、秦四麟等为友，好藏书，所积甚富，子冯舒、冯班、冯知十亦雅好藏书、抄书、校书，传至其孙冯武之后，家道中落，藏书稍稍散失。冯武曾予感慨曰："先太史藏书万卷，子孙不能读，且不知爱惜，即宋元精板嘉书，尽化为蝴蝶飞去，吾能无念乎？"② 冯舒，字已苍，号默庵，又号孱守居士、癸巳老人，建"空居阁"以藏书，藏书印有"空居阁""上党大冯收藏图书记""上党冯氏""冯氏藏本""空居阁藏书记""癸巳人""冯巳苍手校本"等。因藏书多有散佚，冯复京又重整故书，多方采求，藏书益富，多异本、抄本，仅次于毛晋、钱曾之藏，与叶树廉、陆贻典、何大成、何云等交往较多，常相互搜访，互通有无。冯舒与弟冯班均早谢举业，家境中落，故藏书以抄、校为主。冯舒、冯班和冯知十抄本栏外均有"冯氏家藏"四字，被目为"冯抄"，以色泽黑亮，字体隽永，校勘精审，被众多藏书家视为珍宝。冯舒人耿直，不避权势，钱谦益被乡人诬告之时，出面营救，并被牵连，携以入狱。后又因揭露邑中

---

① （清）朱翔凤：《铁琴铜剑楼藏书目录·序》，《宋元明清书目题跋丛刊》，中华书局，2006，第 2 页。
② （清）莫友芝：《宋元旧本书经眼录》卷一"盐铁论"，江苏广陵刻印社，1987，第 24 页。

 虞山派与明末清初的学风

漕粮弊端，为县令瞿四达所忌，指控他编纂的《怀旧集》诽谤朝政，遂被曲杀。冯班，字定远，又字钝吟，晚号钝吟老人，自号"二痴"，少时师从魏叔子，后与兄冯舒同游于钱谦益门下，兄弟二人齐名，人称"海虞二冯"，有"定远""臣班""一字虎""二痴"等藏书印。冯知十，字彦渊，因据清兵，赴难而死，曾抄录《玉台新咏》等，有"冯彦渊藏书记"等藏书印。冯武，字窦伯，号简缘，冯知十之子，少从冯舒、冯班学诗，甚得真传，爱藏书，校勘和抄写不辍，所抄、刻书籍皆有"世彩堂"字样，有"窦伯藏书记""简缘冯氏藏本""简缘子"等藏书印，精于校勘，当时隐湖毛氏刻刊书，多由他校订。

叶氏原为吴县人，后因兵乱迁至常熟，藏书以叶奕、叶树廉最著。叶奕，字林宗，与钱曾友，《读书敏求记》赞其曰："笃好奇书，搜访不遗余力。每见案头一帙，必假归躬自缮写，篝灯命笔，夜分不休。我两人获得秘册，即互相传录，虽昏夜叩门，两家童子闻声知之，好事极矣。……君亡来三十余年，遍访海内收藏家，罕有如君之真知真好者。每叹读书种子几乎灭绝矣。"[1] 林宗死后，书籍多散佚，幸得弟叶万（树廉）整理，部分得保。叶树廉慨叹曰："近来林宗物故，书籍星散，宋元刻本，尽废于狂童败妇之手。……予生平不欺其心，自信不若林宗，其书籍必不若林宗死后之惨。"[2] 叶奕之子祖德及祖人皆少有才名，次子叶裕，字祖仁，因右手骈指，自称枝指生，游于钱谦益和陈瑚门下，亦喜藏书，并建"获墅堂"以收藏元刻、宋椠多种，有"东吴叶裕图章""东吴叶裕祖仁藏书""枝指生叶祖仁读书记""子华后人""宋少保石林公二十一世孙裕"等多枚印章，然以母故后叶奕另娶，失爱于父，忧郁而卒。故叶奕之藏书，身亡之后无人可继，遭后妻变卖，甚为可惜。故从弟叶树廉发出此等言语，一为可惜书籍

---

[1] 转引自叶昌炽《藏书纪事诗》，北京燕山出版社，2008，第290页。
[2] （清）陆心源：《皕宋楼藏书志·沈下贤集》，《宋元明清书目题跋丛刊》，中华书局，2006，第796页。

188

第四章　虞山派藏书与明末清初的学风

之星散，一为不满叶奕之行径，一为自警之意。叶万，又名树廉，字石君，号潜夫，别署鹤汀、清远堂主人、南阳觳道人，叶奕从弟。藏书室称"朴学斋""怀峰山房""归来草堂"等。藏书印有"南阳觳道人""归来草堂""古道自持""金庭玉柱人家""东洞庭山镇恶先生叶万字石君""立本之印""胥江""审研堂""镇恶""万经""树廉居士""虞山怀峰山房叶氏鉴藏"等。徐乾学《叶石君传》曰：

> 叶石君者，隐君子也。性嗜书，世居洞庭山中，尝游虞山，乐其山水，因家焉。所至必多聚书，常损衣食之资以购书，多至数千卷。会鼎革兵燹，尽亡其赀财，独身走还洞庭，其乡人相与劳苦，石君颦蹙，曰："赀财无足言，独惜我书耳。"乡人皆笑之。已复居虞山，益购书，倍多于前。石君所好书与世异，每遇宋元抄本，收藏古帙，虽零缺单卷，必重购之。世所常行者勿贵也，其所得书条别部居，精辨真赝，手识其所由来，识者皆以为当。有三子，时诫之曰："若等无务进取，但能守我书读之足矣。"年六十七卒于家。石君既殁，而乡人益思之，以为王君公仲长子光流亚也。其友黄仪子鸿尝为予言，因为之传。石君名树廉，尝为邑诸生，已而弃去。石君其字也。子鸿精方舆之学，亦奇士。赞曰：江南藏书家，有金陵焦氏，虞山钱氏，四明范氏。钱氏绛云半野之藏甚富，惜厄于火，漪园先生之后所藏亦多散佚，惟范氏天一阁尚存。予亦有聚书之癖，平生所得度之一楼，曰传是楼，然较之诸家所藏，多有目无书，殊足憾也。向亦闻叶君名，惜未遇，今为之传不禁慨然。洞庭有林屋洞，相传禹于此得异书，如古所云宛委石仓者，石君得之其亦不偶然也夫？[①]

叶树廉藏书成痴，不惜简衣缩食。当鼎革之际，心中唯一可惜的也是藏

[①]（清）徐乾学：《憺园集·叶石君传》，《续修四库全书》第1412册，上海古籍出版社，2002。

虞山派与明末清初的学风

书的焚毁,并时常教诲子孙珍爱书籍。叶树廉不仅藏书成痴,且精于校雠,雅好抄书,所抄之底本精善,且抄写工整,校对精严,《藏书纪要》称:"石君所藏书,皆手笔校正,博学好古,称为第一。叶氏之书,至今为宝,好古同嗜者赏识焉。"①《七十二峰足征集》称何焯最喜叶树廉所阅之书,并谓其书"考订精严,评骘古今,源流了然,别具手眼"②。

常熟明末清初藏书世家,另有顾氏藏书始于顾云鸿止于顾铁,总计三代,其后藏书不得考知;谭氏以谭应明和谭应征兄弟为首,其出身纨绔高赀之家,身后家沉,藏书散佚;……清代亦有瞿氏铁琴铜剑楼、张氏爱日精庐等名存千古藏书世家,使邑内藏书得以流传保存。于时常熟邑内普通人家亦以藏书为乐,常有所得,然由于财、才等限,未能成为藏书家族,故多于史不载,甚为可惜。

藏书家对于费尽一生心血搜集的书籍有着特殊的感情,实不愿书随人灭,故一旦传给子孙,必当希望子孙能够善加利用,以增长学识。因此他们在培养后代时十分看重藏书的家族传承,子孙在陪伴父辈藏书家收书、校书、刻书、注书的过程耳濡目染,养成惜书、爱书、读书的学风。如陈芳之藏书历经其子陈璇、孙陈稷三世,至其曾孙陈察尚能读其书而思发扬光大之。

二 师承交往

藏书颇受经济条件的制约,需要投入大量的金钱、时间、人力和精力,故史上大的藏书家或出身官宦高赀,或为文人雅士,他们通常对该地文学风气的养成,起着重要作用。常熟藏书家多为读书者,虽亦有夸耀炫博之意图,但更注重文化传承之本身,故其或为家学,或延师于家,或拜师于外。明末清初常熟藏书家师承关系较为简单,大都师从钱谦益,"将从事藏书活动而衍生的知识与技巧,变成可以师

---

① (清)孙从添:《藏书纪要》第三则"抄录",士礼居丛书。
② (清)孙从添:《藏书纪要》第四则"校雠",士礼居丛书。

承相传的一门学问，并且透过师承关系，藏书家也显得特别的专业化，而不再仅是以往家学传承所专有的一部分而已"①，从而形成以钱谦益为核心的藏书交往集团，互相传承，互通有无，在密切的互动活动中，形成共同的宗尚和特点，时称"虞山派"。

钱谦益与杨氏、赵氏交往密切，杨仪和赵琦美遗书多归其所有。钱谦益甚为敬重赵用贤，曰："读公之文，视其平生之大节，而万历以来，国论士风，皆可以考见焉。"②且钱谦益弱冠之时即与赵用贤公子游，其记二公子气度曰："余弱冠，则与赵文毅公之二子叔度、季昌游。叔度激昂自喜，眉宇轩然，笼盖人上。季昌，叙州君也，沉实恭谨，刻苦于学，嗛然如有所不足。皆所谓佳公子也。"③赵琦美生前尝言要赠书于钱谦益助其完成宋以后四史志愿，曰："已矣！世不复知我，而我亦无所用于世矣。……武康之山，老屋数间，皮书数千卷，吾将老焉。子有事于宋以后四史，愿以生平所藏，供笔削之役。书成而与寓目焉，死不恨矣。"④然关于赵氏遗书，张汉儒揭告钱谦益乃为强抢豪夺，曰："钱谦益见刑部郎中赵元度两世科甲，好积古书古画，价值二万金，私藏武康县山间。后乘其身故，欺其诸男在县，离隔五百余里，馨抢四十八橱古书归家，以致各男含冤，焚香咒诅。"⑤钱曾《读书敏求记·杨炫之洛阳伽蓝记五卷》亦曰："清常殁，其书尽归牧翁。武康山中白昼鬼哭，嗜书之精爽若是。"⑥"鬼哭"之说似暗指钱

---

① 陈冠至：《明代的苏州藏书——藏书家的藏书活动与藏书生活》，台北花木兰文化出版社，2007，第91页。
② （清）钱谦益著，（清）钱曾笺注，钱仲联标校《牧斋初学集》卷三十"赵文毅公文集序"，上海古籍出版社，2009，第899页。
③ （清）钱谦益著，（清）钱曾笺注，钱仲联标校《牧斋初学集》卷六十一"中宪大夫四川叙州府知府赵君墓志铭"，上海古籍出版社，2009，第1462页。
④ （清）钱谦益著，（清）钱曾笺注，钱仲联标校《牧斋初学集》卷六十六"刑部郎中赵君墓表"，上海古籍出版社，2010，第1536页。
⑤ （清）张汉儒：《张汉儒疏稿》，《虞阳说苑》（甲编），1917年虞山丁氏初园铅印本。
⑥ （清）钱曾撰，（清）管庭芬、章钰校证《钱遵王读书敏求记校证》，《宋元明清书目题跋丛刊》第11册，中华书局，2006，第104页。

谦益豪夺之举，以钱曾与钱谦益之关系，此说当非胡说，恐怕确有其事。赵氏与秦四麟、陈锡玄、顾宁宇、孙兰公、焦竑等均有书籍交往，其校勘吴馆刻《古今遗史》中《洛阳伽蓝记》时因其龃龉不可句，乃购陈锡玄、秦酉岩、顾宁宇、孙兰公四家抄本改正四百八十八字，增脱三百二十字；其校勘《孙逢吉职官分纪》曾因旧抄讹谬，借金陵太史焦竑本校勘，惜焦本多残缺。

毛晋师从钱谦益，与钱谦益交往甚繁。崇祯十二年秋钱谦益为《隐湖题跋》作序，称其简而能核，详而又体；同年毛氏刻《十三经》，钱谦益为其序；顺治六年钱谦益《列朝诗集》完稿，交付毛晋镂版印刷；顺治十三年，毛晋刻《十七史》，钱谦益为之作序；顺治十五年，钱谦益校勘《心经略疏小抄》，稿成即交付毛晋镂版印刻，次年夏天完成。顺治十六年，毛晋弥留之际，请钱谦益为其作墓志铭。在《钱牧斋先生尺牍》中与毛晋来往的书信多达四十六封，或为探访书籍，或为借阅书籍，或为刊刻《列朝诗集》，或为笺注杜诗等事。毛晋所刻书籍多赖钱谦益所藏善本校雠，钱谦益亦尝向毛晋借阅书籍；毛晋所刻书多请钱谦益作序，钱谦益所撰书稿多付毛晋刊印……师徒二人在书籍的互通和交流上频繁而顺畅，三十年未曾有间。在众多弟子中，钱谦益亦较为看中毛晋，其为毛晋寿文，曾曰："余少有四方之志，老而无成。海内知交，凋谢遒尽，及门之士，晨星相望，亦有弃我如遗迹者。唯毛子子晋，契阔相存，不以老髦舍我。"①

钱曾既为钱氏曾孙，又师从钱谦益，弱冠即与钱谦益游，奇书共赏，问学请益，深得钱谦益器重。钱谦益不仅将自己笺注的《杜工部集》、《全唐诗》未完稿及前后诗文稿尽付钱曾，并授之以诗法。顺治十七年，钱曾废除其父室庐，读书其中，钱谦益取"述而不作，信而好古"及"好古敏以求之"之意，为之命名曰"述古斋"。绛

---

① （清）钱谦益著，（清）钱曾笺注，钱仲联标校《牧斋有学集》卷二十三"毛子晋六十寿序"，上海古籍出版社，2010，第936页。

第四章 虞山派藏书与明末清初的学风

云楼一炬后,钱谦益亦将劫后余书赠予钱曾,助述古斋的藏书一跃成为吴中之冠。关于钱谦益赠书之举,钱曾言之甚详,其《读书敏求记》跋《邵子皇极经世观物篇》曰:"忆乙丑春杪,侍牧翁于燕誉堂,适见检阅此册,予从旁窃视,动心骇目,叹为奇绝。绛云一烬后,牧翁悉举所存书相赠。"① 简秀娟论及钱谦益对钱曾的影响,说:"谦益影响了遵王自幼读书之法、收藏观念与聚书征集方向,遵王'佞宋'、撰《读书敏求记》开赏鉴书志之先河,与谦益提倡古版、精于辨识,亦未始无渊源。而绛云灾后,谦益所余,几尽归遵王,更使之一时为吴中之冠,造就了遵王对后世的影响与贡献。"② 钱曾亦不辱钱谦益赠书之托,尽许钱谦益随意往来"述古斋",读取书籍如入自家,且为完成钱谦益遗命,不惜割爱售书筹资以刊印其遗书。季振宜赞钱曾此举,曰:"牧翁著述,自少至老,连屋叠床。使非遵王导信而死守之,其漫漶不可料理,纵免绛云楼之一炬,亦将在白鸡栖床之辰也。谋于予则获,遵王真不负牧翁幽冥之中者哉!"③ 钱谦益年近八十,注杜乃成完稿,然某章某句尚有疑义,至其弥留之际,仍难以尽释,故于病榻上颤颤巍巍中口述于钱曾,钱曾执笔相记。而且笺注中涉及的书目,往往非人间所常见者,但钱曾大多有藏,故钱曾依钱谦益临终嘱托,弃日留夜为钱谦益探窟爬穴,爬坡梳理以补笺注之未具,钱注杜诗之稿乃定。

钱谦益与冯复京为多年老友,交往较密,冯复京之子冯舒、冯班亦师从钱谦益,虽诗学取向与钱谦益不同,然藏书旨趣并无二致。冯复京殁后,钱谦益为其作《墓志铭》,赞其强学广记,不屑为章句小儒。冯复京还与同邑的藏书家何焯、秦四麟、蒋肖圃等交往较多,几人皆好藏书,一人有所得,便往来之间相与借阅传抄。在邑地藏书世

---

① (清)钱曾撰,(清)管庭芬、章钰校证《钱遵王读书敏求记校证》,《宋元明清书目题跋丛刊》第11册,中华书局,2006,第123页。
② 简秀娟:《钱谦益藏书研究》,台北汉美图书有限公司,1991,第344页。
③ (清)季振宜:《钱注杜诗序》,钱谦益《钱注杜诗》,上海古籍出版社,2009,第2页。

虞山派与明末清初的学风

族中,冯氏与孙氏交往较为密切:孙森与冯复京为社友,尝相唱和;冯舒与孙朝肃、孙江交往较密。冯氏早年财赀颇厚,然自冯舒、冯班辈皆弃举业,家产日渐稀薄,然藏书之趣却未尝断绝,故冯舒、冯班兄弟经常在老师钱谦益和同门好友钱曾、毛晋、陆贻典、叶树廉等间穿梭,闻有异书,必相往索观借为抄录。冯舒、冯班校勘《玉台新咏》《文心雕龙》《白莲集》等时,颇得钱谦益所藏宋本相助。特别是《文心雕龙·隐秀》篇诸本皆不存,但钱谦益藏钱功甫抄本,据钱功甫所言直接抄自宋本,且在宋本亡佚之后,成为世存唯一直接来源宋本的抄本,价值非凡。于时学者纷纷奔赴常熟,寻钱谦益往借一观,以弥补生平之憾。但钱谦益在出借之时,皆隐匿《隐秀》一篇,唯冯舒、冯班兄弟得见钱功甫抄本《文心雕龙》的原貌,并手抄笔录,从而在钱功甫抄本为绛云之火化为灰烬之后,间接保存了钱功甫抄本《文心雕龙》,甚至是宋本《文心雕龙》的面貌。而钱谦益抄校善本古籍时,时常嘱以冯舒、冯班兄弟,钱谦益注杜诗亦多得冯舒、何云及钱龙惕校勘相助。冯舒、冯班闻有宋本《玉台新咏》,便集结何大成等六位好友相与抄录。且二冯兄弟因诗学之才,周围围绕着很多藏书家,与其相与唱和游玩,并形成了一个小团体。钱谦贞父子皆是二冯交游圈中的成员,钱谦益《列朝诗集小传》曰:其"帘户靓深,书签错列,所与游惟魏冲叔子、冯舒己苍,相与论诗度曲,移日永夕,下键谢客,意泊如也"[①]。冯舒为钱履之《末学庵诗稿》作序,曰:"吾与子生同年,居同里,读书、说诗同好,顾贱且老将随草木者亦同腐乎!顾何以永吾年也。"[②] 而同里好友或富或贵追逐于声名富贵之间,独履之"颓垣败纸,斜行小字,犹得摩挲吟啸其间,则吾之与子可藉以存者,其在兹乎!其在兹乎!于是各出所著,互为点定。而序之如

---

① (清)钱谦益:《列朝诗集小传》,上海古籍出版社,1983,第600页。
② (清)冯舒:《默庵遗稿》卷九"钱履之末学庵诗稿序",《常熟二冯先生集》,1925年张鸿铅印本。

194

第四章　虞山派藏书与明末清初的学风

此，昔元微之序乐天也。曰交分浅深非序文之要，故不书，予独拳拳以交，分为言者"①。冯舒将其为钱履之作序，比之元稹为白居易作序，以表示二人交情之深厚，并言元白二人同为富贵官僚，而其与钱履之同为乡里老贱书生，悯天同叹之情更加深厚。而且二人诗学志趣相同，故能抛开功名富贵之羁绊，潜心于读书与作诗之中。浩瀚丛书之中丹黄甲乙，不甚乐乎？

毛晋亦与二冯交好，其居地隐湖更是当时友朋诗酒唱和的常地。冯班作《隐湖唱和诗序》叙及与毛晋往日交往之情景，曰："余自结发与君同研席，于今四十载，一言一笑，一日一夕，回思如在昨日。良友弃我，化为异物，披其隐湖酬倡之集，名贤先达、缁素高人，往时声气相应者，亦半已不存。虞山耸翠，湖水滔滔，其间踪迹岂可重寻耶？"② 毛晋与其为同声相应者，具有共同的诗学追求，然友朋远逝，冯班作《隐湖唱和诗序》以示怀念。毛晋与二冯之交好还体现在善本书目的互通有无上，冯抄与汲古阁抄本并为明清精抄，享誉盛名。《读书敏求记》卷四《西昆酬唱集》跋，记与二冯谈诗之往昔，曰："忆丁亥、戊子岁，予始弱冠，交于巳苍、定远两冯君，时时过予商榷风雅，互以搜讨异书为能事。一日，巳苍先生来，池上安榴正盛开，烂然照眼。君箕踞坐几上，矫尾厉角，极论诗派源流，格之何以为格，律之何以为律，西江何以反乎西昆，反复数千言，开予茅塞实多，但不得睹《西昆集》，共相惋惜耳。未几，君为酷吏磔死，屈指已一十六七年，泉路交期，频于梦中哭君而已。"③ 挚友远逝，共相惋惜，然相同的诗学追求和对书籍之热爱，时刻联系着友人之间的慰藉和想念，故钱曾得《西昆酬唱集》时首先感叹的是挚友冯舒未曾得见，惺惺相

---

① （清）冯舒：《默庵遗稿》卷九"钱履之末学庵诗稿序"，《常熟二冯先生集》，1925年张鸿铅印本。
② （清）冯班：《钝吟老人遗稿·隐湖唱和诗序》，清康熙陆贻典刻本。
③ （清）钱曾撰，（清）管庭芬、章钰校证《钱遵王读书敏求记校证》，《宋元明清书目题跋丛刊》第11册，中华书局，2006，第219页。

 虞山派与明末清初的学风

惜之情和悲天悯人之叹充斥行间。冯班从子冯武又师从毛晋,读书于汲古阁,冯武七岁时即帮助毛晋抄录《云林集》。

孙江亦为冯氏一派,曾自叶奕处抄录冯氏藏本《沈下贤集》,喜藏书,好抄书,所藏多异本、抄本,与二冯经常互通有无。严熊与冯舒、冯班亦师亦友,其跋冯舒《怀旧集》曰:"蒙两翁指诲甚切。已翁被祸后,定翁又二十余年而殁。予未尝三日不待函丈也。今之学者,有如定翁之善诱,如予三受教者,恐无其比矣。此册是已翁未刻时抄本,经已翁逐首指诲者。其论与定翁颇多异同,今亦无辨其源流者矣。"① 叶树廉经眼冯舒撰《怀旧集》,忆往昔互相校勘书籍之情景,亦发出追念之思曰:"已苍,余之故友也。少有豪气,暮年遭世变,为酷吏所杀,其诗文有伊侄窦伯为之搜集。伊弟定远与余为世外交,皆好古博雅之士也。已苍当鼎革之时,旧交零落而追念之,因有此集。罗织者以为罪状而按之,遂死。呜乎,可哀也!"② 当然,与二冯相互唱和之人甚多,如孙永祚、魏冲、邓林梓、叶祖德、陶世济等均与二冯交往甚密,为当时唱和的积极参与者。而叶奕、孙潜、陆贻典等人与二冯以书为友,致力于古籍的收藏与校勘,互通有无,互相传抄。

常熟藏书家非邑内自相拥重,而是与境内尤以吴中藏书家交往频繁,各地藏书家亦皆以常熟为项背,兹仅以钱谦益为例,举其交往圈中数人简而言其与境内藏书家之交流情况,透其一角而概观全貌。钱谦益作为江左盟主,其交往之对象除却邑中藏书家,亦不乏文坛及藏书界之砥柱,如李鄂翀、王士禛、黄宗羲、钱功甫、龚鼎孳、朱鹤龄等。

李鄂翀,字如一,再字贯之,江阴人,家世力耕,多识古文奇字而又强学好问,以搜辑圣贤遗文为事,"至其读书好学,老而益坚,则有如尤延之所谓饥以当肉,寒以当裘,孤寂以当友朋,而幽忧以当

---

① (清)冯舒:《怀旧集》严熊跋,清抄本。
② (清)冯舒:《怀旧集》叶树廉跋,顺治四年刻本。

第四章　虞山派藏书与明末清初的学风

金石琴瑟者"①，虽残编蠹卷，仍"瘯瘝访求，横经籍书，朱黄错互。虞监之亲钞，杜侯之手跋，充栋宇而溢机杼，江以南艳称之"②。李鹗翀藏书很为钱谦益艳羡，常与其借书阅读，其无不欣然慷慨，倒屣相付。故自钱谦益与李鹗翀相识后，垂十五年之久一直互通书信借阅书籍，论史探学孜孜不倦。惜李鹗翀藏书于易代之际毁于兵火，其孙拾掇烬余，刻成《存余稿》，钱谦益为之序。崇祯三年李鹗翀病亟之际，嘱命诸孙曰："我于三不朽无一，不敢称学者。穷经问字，虞山吾心师也，丐一言铭我足矣。"③后其孙具状请铭，钱谦益泫然执笔记其藏书三要：聚之勤、读之力、守之固。钱谦益曰："家世力耕给公，上供伏腊，其余悉以购书。搜阁本，访逸典，藏弆刋编蠹翰，老而食贫，指其藏书曰：'富猗、郑矣。'故曰聚之勤。其读书也，缺必补，讹必正，同异必雠勘。疾不辍业，衰不息劳。仿宋晁氏、元氏书目，自为诠次，发凡起例，井如也。故曰读之力。论学以六经为渊海，以笺疏为梯航，谓朱子于《戴记》未有成书，网罗钩贯，撰《礼经缉正》。易簀时犹自幸彻简。故曰守之固。"④

黄宗羲，字太冲，一字德冰，号南雷，别号梨洲老人、梨洲山人、蓝水渔人、鱼澄洞主、双瀑院长、古藏室史臣等，世称梨洲先生，余姚人。黄宗羲愤科举之学锢人，归乡后即建"续钞堂"于南雷，以承东林之绪，既而发奋读书，尝语世人曰："当以书明心，无玩物丧志也。"极抵明人讲学不以六经为根柢，游谈而不读书。钱谦益仗于黄宗羲与其父有私交，黄宗羲曾为其父求墓志铭于钱谦益，不料二人一

---

① （清）钱谦益著，（清）钱曾笺注，钱仲联标校《牧斋初学集》卷三十七"江阴李贯之七十序"，上海古籍出版社，2009，第1026页。
② （清）钱谦益著，（清）钱曾笺注，钱仲联标校《牧斋初学集》卷三十七"江阴李贯之七十序"，上海古籍出版社，2009，第1026页。
③ （清）钱谦益著，（清）钱曾笺注，钱仲联标校《牧斋有学集》卷三十二"李贯之先生墓志铭"，上海古籍出版社，2010，第1158页。
④ （清）钱谦益著，（清）钱曾笺注，钱仲联标校《牧斋有学集》卷三十二"李贯之先生墓志铭"，上海古籍出版社，2010，第1156~1157页。

见如故，结为忘年交。黄宗羲做客绛云楼，得见钱谦益藏书，感叹己所欲见之书，无不在焉。钱谦益约之相与读书为伴，黄宗羲大喜过望，不料绛云起火，俱归东壁。黄宗羲"初师谦益，颇得其笔"，称颂钱谦益为"主文章之坛坫者五十年，几与弇州相上下。其叙事必兼议论，而恶夫剿袭，诗章贵乎铺叙而贱夫凋巧，可谓堂堂之阵，正正之旗矣"①。康熙三年黄宗羲与吕留良、吴之振同至常熟时，适逢钱谦益病革，钱氏即以丧事相托付。黄宗羲为之作挽诗《钱宗伯牧斋》曰："四海宗盟五十年，心期末后与谁传？凭裀引烛烧残话，嘱笔完文抵债钱。红豆俄飘迷月路，美人欲绝指筝弦。平生知己谁人是？能不为公一泫然！"②黄宗羲的文学观念也多受钱谦益影响，提倡"经史一体"，亦以史官自任，欲通过史学矫正俗学，推动学风的转变。

曹溶，字洁躬，又字秋岳，号倦圃、锄菜翁，浙江秀水（今浙江嘉兴）人。好收宋、元人文集，王士禛尝见其《静惕堂书目》所载唐宋人集，自柳开《河东集》以下一百八十家，元人集自耶律楚材《湛然集》以下一百十有五家。钱谦益于顺治三年起与其有过从，常向其借抄缮写，钱谦益成《绛云楼书目》，曹溶为其序。曹溶曾与钱谦益定古书流通之约，以便往来相借和学术共享。但钱谦益曾因珍本秘宝，违反流通约定，而曹溶未及一观的善本随着钱谦益的藏书一起焚于绛云之火，当世无见，引曹溶为之大憾，并发怨言。

钱允治，字功甫，贫而好学，酷似乃父钱穀。钱穀，字叔宝，自号罄室，吴县（今江苏苏州）人。家虽贫，却嗜书如命，闻有异书，虽病亦起而匍匐借观，手抄不辍，故而家藏万卷充栋，日夜校勘至老不衰。允治家承父亲遗书，映日抄书日暮抄书而不止，且多为罕见之秘本。钱允治年老无子，介独自好，人皆畏之，唯钱谦益不惧之，相

---

① （清）黄宗羲：《思旧录·钱谦益》，《黄宗羲全集》第一册，浙江古籍出版社，2012，第377页。
② （清）黄宗羲：《南雷诗历·钱宗伯牧斋》，《黄宗羲全集》第十一册，浙江古籍出版社，2012，第256页。

第四章　虞山派藏书与明末清初的学风

与坐谈一日。钱允治视其为传人，欲以藏书相赠，尝语钱谦益曰："吾贫老无子，所藏书将遗不知何人。明日，公早来，当尽出以相赠。"①钱谦益大喜，不料竟日前往相坐一日，钱允治并未提赠书之约，他亦不忍开口相要，只得作罢。辛酉冬，钱谦益欲北上，相与告别，亦想谈赠书之事，然见允治已起病疡，疮斑满面仍手抄不辍，未忍再提，只说代为向曹溶借书之事。怎知钱谦益北上归来，钱允治已经命薄归西，藏书亦因无人料理而散为人烟。钱谦益事后极力搜讨钱允治遗书，然仍未搜集全，甚为可惜。

时至明末清初，宋元善本书目数量日稀，藏书家往往珍若至宝，然独自护守自能抬价，却十分不利于书籍的保护和流通，但凡稍有差池即消之于世，难以再见。通过简述常熟藏书家的师承交往，可知这些藏书家视书籍为生命，然虽有不舍却不独专，常相与借阅传抄互成好事。钱谦益即多与人借书相观，数与曹溶、钱允治、毛晋、钱曾、陆贻典等谈及借书之事，还曾帮曹溶往借钱允治的藏书。钱谦益相与毛晋借书曰："石老诗序，日下想已刻成。乞付数纸，欲以扣所知耳。"②"小板《汉书》，只取《贾山传》二页，又残佚年表一卷，余悉封附还。如《资治通鉴》有残本，并望惠示。"③"南中焦家释典书尚在，可一访之。《释摩订衍论》，二《藏》所无，彼中似尚可一访求。又杨复辑《训行录》，皆开国释门事典，千万觅一册见示，可问之丁函生也。"④"德操家藏诗卷，幸为致之。""《牧潜集》及书目领到。"⑤"《心经小抄》，阅完送去。……《出三藏记》，乞惠一册，尚

---

① （清）钱谦益编，潘景郑辑《绛云楼题跋》，中华书局，1958，第184页。
② （清）钱谦益：《钱牧斋先生尺牍》卷二"与毛子晋"，（清）钱谦益著，（清）钱曾笺注，钱仲联标校《牧斋杂著》，上海古籍出版社，2007，第300页。
③ （清）钱谦益：《钱牧斋先生尺牍》卷二"与毛子晋"，（清）钱谦益著，（清）钱曾笺注，钱仲联标校《牧斋杂著》，上海古籍出版社，2007，第302页。
④ （清）钱谦益：《钱牧斋先生尺牍》卷二"与毛子晋"，（清）钱谦益著，（清）钱曾笺注，钱仲联标校《牧斋杂著》，上海古籍出版社，2007，第304页。
⑤ （清）钱谦益：《钱牧斋先生尺牍》卷二"与毛子晋"，（清）钱谦益著，（清）钱曾笺注，钱仲联标校《牧斋杂著》，上海古籍出版社，2007，第311页。

欲尽印新藏，待少时有赀粮，即从事也。"① "《出三藏记》，乞借一阅。"② "未刻经目，并云楼经直，乞借一看。"③ 致陆贻典曰："近代文集繁富，放失尤多，见闻固陋，不得不求助于博雅君子。闻仁兄收藏甚富，口吟手抄，有数十大册。何不出以见示，省弟搜访之劳，共成此胜事。"④ 与钱曾书曰："《梅圣俞集》，可觅一部见示。"⑤ "闻有奇本《后汉书》，可付一看否？杜诗尚有种种欲商，须面尽也。"⑥ "《秋兴》旧本乞付看，即欲改定相商也。皎然《诗式》，检来一看。"⑦ 钱谦益亦将藏书慷慨借与他人以供阅览、抄录、校勘、刊印之用。如，冯舒、冯班兄弟抄录《文心雕龙》乃据钱谦益藏本补入《隐秀》篇，并据以校勘；冯班校勘《白莲集》《才调集》等皆曾借钱谦益藏宋椠本作为参校本；毛晋刊印书籍，钱谦益任其去绛云楼随意去取，不必相乞；钱谦益更将绛云劫后余书悉数赠与钱曾。且常熟藏书家多勤于校勘，一部书或一人取多本校勘，或举多人之力互为校勘，如《玉台新咏》一书，冯舒、冯班兄弟六人于赵均处共为抄录，其后冯舒、冯班又先后几次校订，孙潜、叶奕等亦参与其中。孙潜参照冯班校本《玉台新咏》重为校订，不仅辨其鲁鱼，且存其字体，叶奕与冯班一同校过一遍，又借孙潜校本参量圈点。毛晋汲古阁刻书广请校

---

① （清）钱谦益：《钱牧斋先生尺牍》卷二"与毛子晋"，（清）钱谦益著，（清）钱曾笺注，钱仲联标校《牧斋杂著》，上海古籍出版社，2007，第310页。
② （清）钱谦益：《钱牧斋先生尺牍》卷二"与毛子晋"，（清）钱谦益著，（清）钱曾笺注，钱仲联标校《牧斋杂著》，上海古籍出版社，2007，第314页。
③ （清）钱谦益：《钱牧斋先生尺牍》卷二"与毛子晋"，（清）钱谦益著，（清）钱曾笺注，钱仲联标校《牧斋杂著》，上海古籍出版社，2007，第316页。
④ （清）钱谦益：《钱牧斋先生尺牍》卷二"与陆敕先"，（清）钱谦益著，（清）钱曾笺注，钱仲联标校《牧斋杂著》，上海古籍出版社，2007，第289页。
⑤ （清）钱谦益：《钱牧斋先生尺牍》卷二"与遵王"，（清）钱谦益著，（清）钱曾笺注，钱仲联标校《牧斋杂著》，上海古籍出版社，2007，第327页。
⑥ （清）钱谦益：《钱牧斋先生尺牍》卷二"与遵王"，（清）钱谦益著，（清）钱曾笺注，钱仲联标校《牧斋杂著》，上海古籍出版社，2007，第328页。
⑦ （清）钱谦益：《钱牧斋先生尺牍》卷二"与遵王"，（清）钱谦益著，（清）钱曾笺注，钱仲联标校《牧斋杂著》，上海古籍出版社，2007，第331页。

雠家参与校书,邑内陆贻典即为其一,正乃常熟藏书家密切的师承交往,才能使此种盛举得以实现。

三　姻亲纽带

同一个地区的世家大族,因社会地位、经济基础、文化旨趣等的相同,常会彼此通婚,以形成更为稳固的姻亲集团,相互提携,相互促进。常熟藏书家大都为当地的望族,藏书旨趣和学风比较接近,他们交流的方式除了家族传承和师徒传承、结社交流外,为了使彼此之间的关系更为紧密,亦常相互通婚,通过姻亲的关联将藏书家与藏书家、藏书家与藏书家族、藏书家族与藏书家族集结起来从而形成大的藏书亲族。"藏书家透过姻亲关系的牵连,可以使不同的藏书集团透过另一种社会关系的联系,变成更为大型的藏书家集团,而这些集团亦将在时代与空间地域的层面上,代表着一种生活文化的类型与特色。"[1]

据陈冠至先生考,明代苏州以姻亲结为藏书家族集团者有成、弘时期的刘氏、杨氏、文氏与钱氏四大藏书家族组成的藏书亲族集团;正德、嘉靖年间以陆氏、袁氏、文氏与赵氏借由婚姻组成的大型藏书亲族集团;隆庆、万历年间以叶氏、袁氏、王氏、陆氏与赵氏五大藏书家族借由婚姻组成的大型藏书亲族集团等。[2] 其中赵氏即常熟赵用贤一支,其仲子赵祖美,"为王敬美之婿,与同伯(王士骐)尤莫逆"[3]。王敬美即王世懋,别号麟州,王世贞的弟弟,先建"鹤适轩"搜藏经史图籍充牣其中,后闻王世贞另建有藏书楼,又别建"万卷楼"以扩充藏书。赵用贤与王氏藏书集团交往甚密,尤以王世贞过从

---

[1]　陈冠至:《明代的苏州藏书——藏书家的藏书活动与藏书生活》,台北花木兰出版社,2007,第120页。

[2]　陈冠至:《明代的苏州藏书——藏书家的藏书活动与藏书生活》,台北花木兰出版社,2007,第120~125页。

[3]　(明)龚立本:《烟艇永怀》卷三,《虞山丛刻》第11~12册,常熟丁氏民国间刻本。

虞山派与明末清初的学风

较多。王世贞,字元美,与李攀龙狎主文盟,攀龙殁后独操柄文坛二十年,才高地望,声华意气笼盖海内。一时士大夫及山人、词客、衲子、羽流,莫不奔走门下。与其所游者,大抵见其文章,有前五子、后五子、广五子、续五子、末五子之目,常熟赵用贤并居"续五子"与"末五子"之列。赵用贤仲子娶王世懋之女后,两大藏书家族就又多了一层姻亲,关系更为密切。

孙胤伽为同邑秦四麟之婿。孙氏为常熟藏书世家,自孙艾以下延续明清数百年而藏书不断,至孙胤伽更称藏书之富。孙氏与秦氏本为同邑藏书世家,往日交往就比较频繁,孙胤伽娶秦四麟之女后,两家在友朋的关系上又增添了姻亲的纽带,藏书交流更为频繁。如秦四麟曾自袁氏得宋版葛洪《神仙传》十卷,十分珍惜,后转手归之孙胤伽。藏书家虽嗜书如命,但藏书难免遭遇困境或偶有重复,不免要有所舍弃,此时他们往往首先选择与自己关系最为密切且交往最为频繁的人,或为日后赎回之便,或为失后读用之便。由于孙氏与秦氏这层姻缘关系,与其他藏书家及藏书家族相比,秦四麟更信任和依赖孙胤伽些,故两家之间的藏书流通较之与其他藏书世家之间的流通自然要频繁一些。

秦四麟之孙秦兰征为何允泓的外甥,其曾作《经舅氏何季穆先生故居》诗,则秦兰征母亲乃何允泓之姐妹,秦、何两家亦有姻亲关系。何允泓的从子何大成迎娶的夫人乃赵琦美的妹妹。何大成跋明刻本《文潞公文集》曾曰:"此故内兄元度物也。"可见何氏与赵氏亦有姻亲关系。透过这种互通婚姻之举措,常熟秦氏、孙氏、何氏、赵氏就结成了亲缘关系较近的藏书亲族集团,并透过赵氏与王世贞家族的姻亲关系,与王氏家族结为远亲。

毛晋之子毛扆娶同邑藏书家陆贻典之女,与陆家结为姻亲。陆贻典,字敕先,号觌庵,又名贻芬,"自少笃志坟典,师东涧而友钝吟,学问最有原本。笃于友谊,钝吟、孙岷自遗诗,皆赖君编辑付梓"①,

---

① (清)王应奎:《海虞诗苑》,古处堂本。

第四章　虞山派藏书与明末清初的学风

游于钱谦益门下，曾影抄宋本《西昆酬唱集》二卷烧于钱谦益冢前。陆贻典与毛晋同游钱谦益门下，日常交往较为频繁，经常就所藏之书来回往借抄录校勘，毛氏所刻书亦多经陆贻典手校勘。毛扆娶其女后，毛、陆两家交往更为频繁，毛扆收得新书时常叫其相与赏玩。陆贻典与孙江亦为姻亲，《爱日精庐藏书志》记《武林旧事》之陆贻典跋曰："此本系余姻友孙岷自旧藏。岷自不禄，屈指已十有三年矣，抚此不胜人琴之痛。"① 孙江去后诗集一直散落家中，陆贻典恐其埋没，出资刊刻。通过陆贻典之关系，毛氏、陆氏、孙氏结为姻亲家族。而孙氏与钱氏亦为姻亲，孙朝肃之子孙鲁，乃钱谦贞之女婿，由此，钱氏、毛氏、孙氏、陆氏又形成了关系较为密切的藏书亲族集团。

严讷，字敏卿，号养斋，卒赠少保，谥文靖，善青词善书画，钱谦益称之为"词林老宿"。钱谦益曾于王时敏处得见严讷家散出的《王文肃公南宫墨卷》，并题识。严讷有四子，分别为严治、严澄、严泽、严济，尤以严泽藏书为巨。严、钱两家为世交，钱谦益之拂水山庄即为严泽转售，严讷孙迎娶钱谦益之妹，严、钱两家亲上加亲。钱谦益曾得严泽所赠宋版《左传》，跋曰："宋建安余仁仲校刊《左传》，故少保严文靖公所藏，其少子中翰道普见赠者。"②

常熟乃至吴中的藏书家因社会地位、藏书志趣之相同，常予买卖书籍、交往切磋等，藏书家之间就形成了一个大的交往圈子，为使这种关系更为密切，同时也为使藏书交往更为便利，各家之间常会相与婚配，故透过这种错综复杂的姻亲交往，各大藏书家、藏书世家联接在一起，形成一个更为庞大乃至笼罩邑内的藏书亲族集团。就上文所言的秦氏、孙氏、何氏、赵氏姻亲集团和钱氏、毛氏、孙氏、陆氏姻亲集团，如果排除时间的因承性，透过孙氏之纽带，秦氏、何氏、赵

---

① （清）张金吾：《爱日精庐藏书志》，《宋元明清书目题跋丛刊》，中华书局，2006，第423页。
② （清）钱谦益著，（清）钱曾笺注，钱仲联标校《牧斋初学集》卷八十五"跋宋版左传"，上海古籍出版社，2009，第1780页。

203

虞山派与明末清初的学风

氏、钱氏、毛氏、陆氏实乃一个更大的藏书集团,几乎囊括了常熟邑内各大藏书世家。不仅如此,透过赵氏、钱氏等的姻亲触角,常熟藏书姻亲家族亦与吴中他地之藏书家、藏书世家、藏书亲族联结在一起,形成更为广泛的亲族关系。

常熟藏书家通过家族传承、师徒传承、文会交往、姻亲关系等纽带,相与集结,使藏书家与藏书家、藏书家与藏书世家、藏书世家与藏书世家的关系更为紧密,从而构成更为庞大的一邑藏书集团或社会藏书集团。这既利于书籍流通、借阅、传抄、校勘、印刷,同时也在这种相互切磋互通有无的过程中相互影响,形成爱书、好书、读书之笃实考据之学风。而且因藏书家多为社会上层名流,其举止爱好常为普通民众效仿之对象,他们所从事的藏书活动,也为世人所追慕和向往,故一般世人为附庸风雅追效文人的步伐,亦不惜巨资购买书籍,虽寒俭之家亦数十百册,富裕之家则汗牛充栋。正是在藏书家藏书活动的带动下,藏书成为常熟人日常生活的习性,藏书、爱书、读书之风得以沁人心脾,不仅对于保护书籍功绩万世,对于世人生活习性的养成和学风的培养都大有裨益。

第二节 收藏与治学并举

就藏书目的而言,常熟藏书家多为学者之藏书,治学与收藏并举。洪亮吉《北江诗话》将藏书家分为数等,曰:考订家、校雠家、收藏家、赏鉴家、掠贩家。叶德辉《书林清话》合考订家、校雠家为著述家,绛云楼钱谦益、池北书库王士祯、曝书亭朱彝尊是也。叶德辉看到了藏书家往往多方涉猎,非一类可以囊括,故往往取其大者而言之,于是在洪亮吉的基础上将藏书家分为著述家、校勘家、收藏家和赏鉴家四类。如云述古堂、也是园钱曾,季沧苇振宜为赏

鉴家；汲古阁云毛氏既是校勘家亦是收藏家也，因其刻书风行天下，而校勘不精，故不能于校雠分居一席；何焯义门，虽平生校书最多，亦可云赏鉴，而于考订、校雠皆无取也。常熟藏书家往往身兼收藏、鉴赏、校雠、考订等多职，亦常将自己的学术旨趣融入藏书的搜集、整理、校勘过程中。

钱谦益砥砺史学，以修辑明史为己任，故其在藏书过程中留意于有关明代史料的搜寻、借阅和抄录；毛晋意欲汇刻《十七史》和《十三经》，故其在收书之际，凡经史善本、宋本必收囊中；冯舒、冯班痴心于晚唐诗风的复兴，故于《玉台新咏》《才调集》《西昆酬唱集》等用心至深，冒着严寒呵冻手录，历时几载辗转校雠；……而收书、抄书、校书又为他们带来新的学术增长点：钱谦益在搜集明代史料之余，亦广收明人诗文集，乃就家中所藏编纂成《列朝诗集》；赵琦美搜罗既广且博，初为兔园残册，历久乃成古今戏曲宝库；毛晋初为导源六经根底，汇辑刊印《十三经》，在校勘书籍过程中，撰成《毛诗陆疏广要》和《毛诗名物考》；钱谦益初为避坊贾射利作伪欺人，故而研知版本，乃成版本学家；钱曾初作书目乃为检书之便，多方修撰乃成《读书敏求记》，开创善本目录学；孙从添感慨收书、藏书、校书之不易，乃以经验植肺腑成就《藏书纪要》……且围绕着藏书进行的一系列搜求、购买、校勘、抄书、注释、评点等活动，又形成新的学问，如版本学、校雠学、考订学、目录学等。

一 为治学而藏书

常熟派征书、访书、购书、抄书之目的有二：一为生色收藏，扩充书栋；一为读书之学、之用。钱谦益有心于宋以后四史的编撰，故其搜讨遗帙时于史学尤其加以留意。其于天启年间，官史局，与中州王损仲商订《宋史》，听闻损仲言王偁《东都事略》藏李少卿家，搜箧中获之，缮写以归，后听人言"嗣美家有宋刻善本，而未信也。辛

 虞山派与明末清初的学风

丑春,从其子曾见之,刻画精好,阙文具在,则其捐馆舍已十有六年矣"①。顺治五年(1648)钱谦益讼系南方时,方有采诗之役,欲编撰《国朝诗集》,方搜集明朝古人诗文集,从人借书,曰:"余录《皇朝诗集》,吴中名卿硕辅,高文大册,勒金石而征琬琰者,往往多有阙遗。而老师宿儒,小生妇孺,兔园之残册,蜡车之故纸,搜罗访求,不遗余力。"②可见其为了编撰此集所费之辛苦劳累,虽时隔尚短,然仍多有遗阙,故访之而不遗余力。其曾向黄虞稷借书,曰:"戊子之秋,余颂系金陵,方有采诗之役,从人借书。林古度曰:'晋江黄明立先生之仲子,守其父书甚富,贤而有文,盍假诸?'余于是从仲子借书,得尽阅本朝诗文之未见者。"③待其诗集编撰至嘉隆年间,闻陆贻典有数十大册近代文集,修书往借,以供诗集的编撰。又《皕宋楼藏书志》卷一零八,《跋九灵山房集》曾引无名氏跋语曰:"我里蒋之翘,字楚雅,隐廛市间,有藏书之癖,虞山钱牧斋宗伯编《国朝诗集》,尝就其家借书。"④其又数次向赵琦美借书,观《脉望馆书目》多有书目下记载"为受之借去"。其还曾向祁氏澹生堂借书,但由于祁氏祖上有训不得借书于外人,故命祁凤佳、祁彪佳抄录馆中所藏十几种赠给钱谦益。然并非所有藏书其均能访求,如其与毛晋曰:"曾托胡白叔寻访郡中黄德水、沈从先诗,幸一促之。德水诗唯史辰伯有之,恶其吝而难与言也。"⑤又如钱曾跋《文心雕龙》记钱功甫多人间罕见之本,"有《李师师外传》一卷,牧翁屡借不与"⑥。钱功甫殁后,

---

① (清)钱谦益著,(清)钱曾笺注,钱仲联标校《牧斋有学集》卷三十一"族孙嗣美合葬墓志铭",上海古籍出版社,2010,第1148页。
② (清)钱谦益编,潘景郑辑《绛云楼题跋》,中华书局,1958,第163页。
③ (清)钱谦益著,(清)钱曾笺注,钱仲联标校《牧斋有学集》卷二十六"黄氏千顷斋藏书记",上海古籍出版社,2010,第994页。
④ (清)陆心源:《皕宋楼藏书志·跋九灵山房集》,中华书局,1990,第1220页。
⑤ (清)钱谦益:《钱牧斋先生尺牍》卷二"与毛子晋",(清)钱谦益著,(清)钱曾笺注,钱仲联标校《牧斋杂著》,上海古籍出版社,2007,第313页。
⑥ (清)钱曾编,(清)管庭芬、章钰校证《读书敏求记校证》卷四《文心雕龙十卷》,《宋元明清书目题跋丛刊》第11册,中华书局,2006,第224页。

第四章 虞山派藏书与明末清初的学风

此书亦随之散落,钱谦益还数次搜讨,悬百金以购求。钱谦益虽然嗜书、爱书,但他访书、借书、藏书并非无的放矢,纯以收藏为乐,更为读书著述之所需。简秀娟论其访书方式时说:"谦益征访书籍,运用了购买、抄录、接受赠送等方式,亦能选定对象,掌握时机,托人访求,以助己一臂之力,并念兹在兹,时以访书为念,主动征集或记载未见、待访之本,提示自己,告之后人。再者,谦益征访有其一定的原则,古椠旧版,虽是所爱,但内容实质尤重于外表精装,珍视古板,取于古墨精雕,更因内容精确少谬。……谦益征访背后更为读书、著述,虽兔园残册、蜡车故纸,搜罗访求,不遗余力,并时以补阙辑佚为己任。"① 常熟派藏书家的搜访原则和搜访目的多受钱谦益的影响,重宋椠以其内容少谬,多资借鉴;补阙辑佚既为生色所藏,亦备读书治学之需。

赵琦美"天性颖发,博闻强记,落笔数千言。居恒厌薄世之儒者,以谓自宋以来,九经之学不讲,四库之书失次,学者皆以治章句取富贵为能事,而不知其日趋于卑陋。欲网罗古今载籍,甲乙铨次,以待后之学者。损衣削食,假借缮写,三馆之秘本,《兔园》之残册,刊编蠹翰,断碑残壁,梯航访求,朱黄雠校,移日分夜,穷老尽气,好之之笃挚,与读之之专勤,盖近古所未有也"②,非但读书广博,于天文、水利、兵法、算历、神仙药物之学皆有涉猎,且能学以致用,用于实际生活,造福于民。"生平好兵家之言,思以用世,好神仙之术,思以度世。"③ "君之于书,又不徒读诵之而已,皆思落其实而取其材,以见其用于当世。诸凡天官、兵法、谶纬、算历,以至水利之书,火攻之谱,神仙药物之事,丛杂荟蕞,见者头目眩晕,君独能暗记而悉

---

① 简秀娟:《钱谦益藏书研究》,台北汉美图书有限公司,1991,第225页。
② (清)钱谦益著,(清)钱曾笺注,钱仲联标校《牧斋初学集》卷六十六"刑部郎中赵君墓表",上海古籍出版社,2009,第1537页。
③ (清)钱谦益著,(清)钱曾笺注,钱仲联标校《牧斋初学集》卷六十六"刑部郎中赵君墓表",上海古籍出版社,2009,第1536页。

虞山派与明末清初的学风

数之。官南京督察院照磨,修治公廨,费约而工倍。君曰:'吾取宋人将作营造式也。'升太常寺典簿,转都察院都事,厘正勾稽,必本旧章。及其丞太仆,印烙之事,人莫敢欺。君曰:'吾自有《相马经》也。'君之能于其官,于所读之书,未用其一二,而世已有知之者。"①

毛晋一生酷爱买书、刻书,不惜重金大量购藏善本书籍,先后购藏宋元印本及其他善本达八千四百册之多,为刻书提供较善的版本来源。他还重视旧抄本和残本的收藏,聘请学者校勘,并招募集合刻工于家中,乃至家中妇孺、童仆皆能抄录、椠刻。毛晋刻书非随手翻刻、汇录,而是有自己的学术思想和观点,故其刻书有较强的目的性和计划性,与当时社会学术文化的发展有着较密切的联系,这不仅能带来商业利益,亦能以一己之力带动学风的转变。毛晋在为《唐诗纪事》一书撰写的跋文中写道:"唐诗之流传者,不啻稻麻竹苇,而正本绝少,凡分类分体,尤为可恨。予因据初、盛、中、晚世次,每一人全录一册,卷首著纪略,或载本传,卷尾拾遗文遗事若干则,可称有唐大观。第卷帙浩繁,未能旦晚卒业耳。"② 毛晋感慨明末清初唐诗刻本版本质量的良莠不齐,于是精选唐人诗集的正本、善本,分类刊刻并补本传和拾遗,以充学者之书栋,为学者治学提供精良的刻本,惠泽学林无限。明季举世沉溺于宋明理学,不学无术,其欲提倡汉学,故举家刊刻《十三经注疏》《十七史》《津逮秘书》《六十种曲》等书目,并以其版本之善、校勘之精、印刷之美而流布天下,影响至今而不绝。钱谦益曰:"壮从余游,益深知学问之指。意谓经术之学,原本汉、唐,儒者远祖新安,近考余姚,不复知古人先河后海之义。代各有史,史各有事有文,虽东莱、武进以钜儒事钩纂,要以歧枝割剥,使人不得见宇宙之大全。故于经史全书,勘雠流布,务使学者穷其源

---

① (清)钱谦益著,(清)钱曾笺注,钱仲联标校《牧斋初学集》卷六十六"刑部郎中赵君墓表",上海古籍出版社,2010,第 1537 页。
② (明)毛晋:《汲古阁书跋·跋唐诗纪事》,上海古籍出版社,2005,第 117 页。

208

第四章 虞山派藏书与明末清初的学风

流,审其律涉。其他访佚典,搜秘文,皆用以裨辅其正学。于是缥囊湘帙。毛氏之书走天下,而知其标准者或鲜矣。"① 而后 "经史既竣,则有事于佛藏。军持在户,贝多滥几。捐衣削食,终其身芒芒如也。盖世之好学者有矣,其于内外二典世出世间之法,兼营并力,如饥渴之求饮食,殆未有如子晋者也。余老归空门,拨弃世间文字,每思以经史旧学,朱黄油素之绪言,悉委付于子晋。子晋晚思入道,观余笺注《首楞》《般若》,则又思刊落枝叶,回向文字因缘,以从事于余,而今皆不可得矣!"② 毛晋有感于明末经学的荒芜,士人游谈无根,又感于史事之繁杂割裂,使人难以见经史之全貌,为重树六经的根底,贯彻经经纬史的学术思想,汇辑刊印《十三经注疏》和《十七史》,从版本的选择上、文本的校勘上和书籍的流通上打破《四书大全》《五经大全》一统学林的局面,使士人皆可得见经史全书,为汉学复兴导乎先路,使士人有书可读,也为扭转空谈不学的浮泛学风提供了武器和凭借。

正是在生色藏书和服务治学双重动力的推动下,常熟藏书家才能"无问册帙美恶,唯欲搜奇索隐,得见古人一言一论之秘,以广心胸未识未闻,至于梦寐嗜好,远近访求,自经书子史,百家九流,诗文传记,稗野杂著,二氏经典,糜不兼收。故常景耽书,每见新异之典,不论价之贵贱,以必得为期,其好亦专矣"③,甚至不惜变卖家产也要购买、抄录备于书阁,而且明末清初常熟藏书家面对异族进主中原,生灵涂炭,举家逃亡之际,仍一心惦念于书籍的保护。冯舒、冯班在避兵洋荡村生死茫然之时,仍然手不辍耕,在四面漏风的茅草屋内精心抄录、校雠;钱谦贞困居城内,生命危急之时,仍冒险修书与冯氏

---

① (清)钱谦益著,(清)钱曾笺注,钱仲联标校《牧斋有学集》卷三十一"隐湖毛君墓志铭",上海古籍出版社,2010,第1141页。
② (清)钱谦益著,(清)钱曾笺注,钱仲联标校《牧斋有学集》卷三十一"隐湖毛君墓志铭",上海古籍出版社,2010,第1141页。
③ (明)高濂:《遵生八笺·论藏书》,巴蜀书社,1992,第537页。

 虞山派与明末清初的学风

兄弟商讨校书事宜。每一个藏书家都在尽已所能保全所藏图书能逃离战争的水火和自然的灾难。日军侵犯我国国土之时，瞿氏铁琴铜剑楼冒死运送书籍，保存善本书籍免遭日军荼毒，战火平息之后，又将藏书倾囊捐出。常熟翁氏藏书经历代累积，善本无数，翁氏后人将大部分遗书分批捐赠给上海图书馆，亦是藏书史上的佳话。明朝灭亡之后，常熟藏书家和学人自觉地以修史作为学术寄托，大力搜集史料以便修史之用。钱谦益本就心向宋以后四史之修辑，明清易代更加笃定了他的修史之志，耗力半生矻矻不倦，虽不幸毁于水火，于世无见，然其汇集明代诗文集史料而成的《列朝诗集》及《小传》仍可补明史之不足。冯复京撰的《明常熟先贤事略》、冯舒撰的《怀旧集》、王应奎编撰的《海虞诗苑》虽拘于一邑先贤，亦仍资史料之补充，于文史研究均大有裨益。而这些具有史料价值的著述得以修辑，与邑内丰富的藏书是分不开的。

二 因藏书以治学

常熟派藏书家围绕着藏书、抄书和刻书的相关活动，衍生出很多与之相关的学问，如校雠学、考据学、目录学和版本学等。周星诒曰："藏书家首重常熟派，盖其考证板刻源流、校订古今同异，及夫写录、图画、装演、藏皮，自五川杨氏以后，若脉望、绛云、汲古及冯氏一家兄弟叔侄，沿流溯源，踵华增盛，广购精求，博考详校。所谓'读书者之藏书'者，惟此诸家足以当之。故通人学士，于百数十年后得其遗籍，争相夸尚，良有以也。"[1] 常熟派正因为其藏书在版本学、校雠学、出版学等方面的考究，才受到高度重视，以致千百年后学人仍以常熟遗籍为贵。

---

[1] （清）钱曾撰，（清）管庭芬、章钰校证《钱遵王读书敏求记校证·周星诒题记》，《宋元明清书目题跋丛刊》第 11 册，中华书局，2006，第 246 页。

210

第四章　虞山派藏书与明末清初的学风

（一）版本学

在版本学方面，常熟派藏书家以版本为评判书籍收藏价值的标准和依据，开启了清代版本学之先河，而"版本之学，为考据之先河，一字千金，于经史尤关紧要"[1]。

1. 专尚宋椠与精抄

潘祖荫《滂喜斋书目序》云："吾乡藏书家，以常熟为最。常熟有二派：一、专收宋椠，始于钱氏绛云楼、毛氏汲古阁，而席玉照殿之；一、专收精钞，亦始于毛氏、钱氏遵王、陆孟凫，而曹彬侯殿之。"[2] 叶德辉说："国朝藏书尚宋元板之风，始于虞山钱谦益绛云楼、毛晋汲古阁。"[3] 他在《书林清话》卷十中说："自钱牧斋、毛子晋先后提倡宋元旧刻，季沧苇、钱述古、徐传是继之。流于乾嘉，古刻愈稀，嗜书者众，零篇断叶，宝若球琳。盖已成为一种汉石柴窑，虽残碑破器，有不惜重赀以购者矣。"[4] 钱曾生平所嗜，宋椠本为最，有"佞宋"之称。叶树廉亦好宋版，每遇宋元旧抄，虽零册单卷，亦必重金购买，而世所常行之本勿贵之。

然宋刻日渐珍稀，藏书家又视若珍宝，争先购买珍藏，于是商贾为利益驱使，作伪欺人成风，真假难辨。叶德辉说："自宋本日希，收藏家争相宝贵，于是坊估射利，往往作伪欺人，变幻莫测。"[5] 或以明翻刻宋板剜补改换之，或抽去重刊书序，或改补校刊姓名，或伪造收藏家图记钤满卷中，或移缀真本跋尾题签，以掩其赝迹。更有甚者，

---

[1] 陈冠至：《明代的苏州藏书——藏书家的藏书活动与藏书生活》，台北花木兰文化出版社，2007，第214页。
[2] （清）陈揆：《稽瑞楼书目》，中华书局，1985，第1页。
[3] （清）叶德辉：《书林清话》卷九"吴门书坊之盛衰"，上海古籍出版社，2008，第209页。
[4] （清）叶德辉：《书林清话》卷十"藏书偏好宋元刻之癖"，上海古籍出版社，2008，第240页。
[5] （清）叶德辉：《书林清话》卷十"坊估宋元刻作伪"，上海古籍出版社，2008，第218页。

211

虞山派与明末清初的学风

"将新刻模宋板书，特抄微黄厚实竹纸，或用川中茧纸，或用糊扇方帘绵纸，或用孩儿白鹿纸，筒卷用棰细细敲过，名之曰刮，以墨浸去臭味印成。或将新刻板中残缺一二要处，或湿霉二五张，破碎重补。或改刻开卷一二序文年号。或贴过今人注刻名氏留空，另刻小印，将宋人姓氏扣填两头。角处或妆茅损，用砂石磨去一角。或作一二缺痕，以灯火燎去纸毛，仍用草烟熏黄，俨状古人伤残旧迹。或置蛀米柜中，令虫蚀作透漏蛀孔。或以铁线烧红，锤书本子，委曲成眼，一二转折，种种与新不同。用纸装衬绫锦套壳，入手重实，光腻可观，初非今书仿佛，以惑售者。或札夥囤，令人先声指为故家某姓所遗。百计瞽人，莫可窥测，多混名家，收藏者当具真眼辩证"①。由于贾人狡诈，善于作伪，故藏书家在收藏购买古书时，必须具备辨别真伪的能力，这就要求购书者必须具备更高的学识基础和版本知识。首先要知晓所购书籍"系何朝何地著作、刻于何时何地"；其次要眼力精熟，考据确切，熟知各个时期各个地区乃至各个刻工的版式特点、字体样式、纸张薄厚、墨品色泽等差异；再次还要通览各家收藏目录、历朝书目、志书文苑志、历代史料之书籍志乃至名人诗文集等；最后须能鉴别"板之古今，纸之新旧好歹，卷数之全与缺"等。② 否则"犹瞽之辨色，聋之听音，虽其心未尝不好，而才不足以济之，徒为有识者所笑"③。

常熟派藏书家在长期的实践活动中，逐渐掌握了利用版本的形制特征、字体样式、纸张薄厚等内外证据来鉴定版本，辨析书贾作伪的版本鉴定方法。如孙从添在总结书贾作伪常用手法上，提出"鉴别宋刻本，须看纸色、罗纹、墨气、字画、行款、忌讳字、单边、末后卷数，不刻末行、随文隔行刻，又须将真本校勘乃定"④。其后又指出宋刻本和宋抄本的版式、墨气、纸色、字样等特征，曰："若果南北宋

---

① （明）高濂：《遵生八笺·论藏书》，巴蜀书社，1992，第 538~539 页。
② （清）孙从添：《藏书纪要》第二则"鉴别"，士礼居丛书。
③ （清）孙从添：《藏书纪要》第二则"鉴别"，士礼居丛书。
④ （清）孙从添：《藏书纪要》第二则"鉴定"，士礼居丛书。

刻本，纸质罗纹不同，字画刻手古劲而雅，墨气香淡，纸色苍润，展卷便有惊人处。所谓墨香纸润，秀雅古劲，宋刻之妙，尽之矣。"① 宋抄"字画墨气古雅，纸色罗纹旧式，方为真本。若宋纸而非宋字，宋跋、宋款而非宋纸，即系伪本；或字样、纸色、墨气无一不真，而图章不是宋镌，印色不旧，割补凑成，新旧交错，终非善本。元人抄本亦然。常见古人稿本，字虽草率而笔法高雅，纸、墨、图章色色俱真，自当为希世之宝。"②

2. 嗜好抄书

书之所以贵抄录，与其为古人读书之法是分不开的，孙从添曰："书之所以贵抄录者，以其便于诵读也。历代好学之士皆用此法，所以有刻本，又有抄本、有底本。底本便于改正，抄本定其字画，于是抄录之书比之刊刻者更贵且重。"③ 抄书既为保存传承书籍之方法，亦为读书之法，以学人抄录书籍便于记诵，故读书之时竟抄录书籍；且古人爱书之心拳拳珍重，多不舍于底本上直接勾抹图画，录为副本正可资笔记之用；抄录之人抄录时又常多加持择，笔墨、字体、纸张、版式均非常考究，故成精品，甚为可宝。

随着抄本数量的增多和质量的异同优劣，抄本亦成为明清版本学研究的重要分支，"明清藏书家的许多抄本，如叶盛的绿竹堂抄本，毛晋汲古阁抄本，清钱曾的述古堂抄本，朱彝尊曝书亭抄本，都大为后人所宝。抄本成为版本学研究的一个支流，至有'毛抄''钱抄'之称"④。明清以来，"最为藏书家所秘宝"的十三家抄本中，常熟就有五家，分别为："杨抄"（常熟杨仪七桧山房抄本）、"秦抄"（常熟秦酉岩四麟致爽阁抄本）、"毛抄"（常熟毛子晋汲古阁抄本）、"冯抄"（常熟冯舒、冯班、冯知十兄弟一家抄本）和"钱抄"（常熟钱

---

① （清）孙从添：《藏书纪要》第二则"鉴定"，士礼居丛书。
② （清）孙从添：《藏书纪要》第三则"抄录"，士礼居丛书。
③ （清）孙从添：《藏书纪要》第三则"抄录"，士礼居丛书。
④ 刘意成：《私人藏书与古籍保存》，《图书馆杂志》第3期，1983年9月，第61页。

 虞山派与明末清初的学风

谦益绛云楼抄本、钱曾述古堂抄本、钱谦贞竹深堂抄本)。① 每家均有自己的抄书特点，故常熟派"能视装订签题相脚上字，便晓属某家某人之物矣"②。冯舒、冯班兄弟更是抄书成痴。"冯己苍昆仲，闻寒山赵氏藏有宋椠本《玉台新咏》，未肯假人。尝于冬月挈其友舣舟支硎山下，于朔风飞雪中，挟纸笔，袖炊饼数枚，入山径造其庐。乃许出书传录。堕指呵冻，穷四昼夕之力，抄副本以归。旁人笑为痴绝，不顾也，时传为佳话。"③ 六人冒雪呵冻抄录回常熟后，冯班又据合六人之力本再录副本，其弟冯知十又再为抄录。是以冯氏兄弟三人总计抄录《玉台新咏》三本，皆以宋本为据，又先后借赵均所藏宋本校雠，乃为精绝。

赵琦美手抄的《脉望馆钞校本古今杂剧》，后为郑振铎购藏捐给国家图书馆，存目二百四十二种，其中孤本就有五十多种，郑振铎感叹道："我在劫中所见、所得书，实实在在应该以这部古今杂剧为最重要，且也是我得书的最高峰。想想看，一时而得到了二百多种从未见到过元明二代的杂剧，这不该说是一种'发现'么？……不仅在中国戏剧史的和中国文学史的研究者们说来是一个极重要的消息，而且，在中国文学宝库里，或中国的历史文献资料里，也是一个太大的收获。这个收获，不下于'内阁大库'的打开，不下于安阳甲骨文字的出现，不下于敦煌千佛洞抄本的发现。"④ 郑振铎将其比作甲骨文的出现和敦煌千佛洞抄本的发现，可见《脉望馆钞校本古今杂剧》的学术价值和版本价值，在中国戏曲史和中国藏书史上都占有极其重要的地位。

---

① （清）叶德辉：《书林清话》卷十"明以来之抄本"，上海古籍出版社，2008，第226~227页。
② （清）顾广圻：《思适斋书跋》卷三"清河书画舫十二卷"，上海古籍出版社，2007，第63~64页。
③ （清）黄廷鉴：《第六弦溪文抄》卷二"读知不足斋赐书图记"，《丛书集成初编》，商务印书馆，1936，第36页。
④ 郑振铎：《西谛书话·劫中所得记》，生活·读书·新知三联书店，2005，第205页。

214

第四章 虞山派藏书与明末清初的学风

毛晋汲古阁总结古今书籍抄录经验,开创了影宋抄法,即以上等纸附于原刻本上,透纸临摹抄录,行款、字体等悉与原书同,时称"影宋抄",不但将抄录的错误降至最低,并且能原封不动地完整保留原书的字体、版式和样貌。《天禄琳琅书目》云:"明之琴川毛晋,藏书富有,所贮宋本最多。其有世所罕见而储诸他氏,不能购得者,则选善手,以佳纸墨影抄之,与刊本无异,名曰'影宋抄'。于是一时好事家皆争仿效,以资鉴赏,而宋椠之无存者,赖以传之不朽。"[①] 故此法一行,即为常熟派广为使用,既有效降低了抄书的错误率,又利于宋本的保存与传播。如钱曾从叶奕处借得宋椠本《达夫集》影摩,后影宋本又被其族孙求赤转借去,再录而藏于怀古堂。这样一来,单个人的抄书就会合成为一种群体抄录的社会行为,以抄本的形式为这些未及刊印之宋本移录下许多副本,"这些副本分散在千家万户,这样即使遭到战乱兵火,它也绝不可能一散俱散"[②]。宋刻本的数量是非常稀少的,收藏者往往视如秘宝,不肯轻易示人,一旦藏书人或藏书室遭遇任何不测,这些于世仅存的善本和孤本亦将亡于世,极其不利于书籍的保存与流通。如钱谦益珍藏的很多善本孤本被绛云之火焚毁,实乃中国图书史的一大劫难。但明清藏书家抄书之举,特别是影宋抄本,客观上为很多稀世孤本保存了副本,也是明清文人为中国图书收藏所做的一大创举。特别是毛氏开创的影抄法,不但誊录原本中的文字,亦将原书的版式也一并保存下来,即便原本遭毁,透过其影抄本往往能看到原刻本之本貌,故常为后来学者判定版本优劣及版本承递提供依据和线索。同时抄录之举也降低了购买书籍的成本,这样即便家资不够丰厚之人亦能藏书、读书,极大地加速了书籍的流通,也利于读书风气的养成。

---

① (清)于敏中:《天禄琳琅书目·续目》卷四"周易辑闻",《宋元明清书目题跋丛刊》第17册,中华书局,2006,第69页。
② 刘意成:《私人藏书与古籍保存》,《图书馆杂志》第3期,1983年9月,第61页。

 虞山派与明末清初的学风

3. 广刻书籍

常熟派刻书不同于书贾刻书,书贾刻书纯为牟利,故不太在乎版本的选择和校勘,往往随手刊印,且挖版、毁板、删改现象严重,对于纸张的选择和印刷质量也不太苛求。常熟派刻书家因自身即为藏书家,且好宋元旧椠,手里的本子本就比较精良,且刻印时亦注意校勘,往往择自己所藏或邑内的善本,然后聘请专门的人员负责校勘,故校勘较为严谨,对于纸张的选择和装帧等也都有自己的要求和特点。

首先,在版本的选择上,以宋元旧椠为佳。常熟派刻书,以其不仅是刻书家亦是藏书家,往往兼著述、校雠、编纂、出版等于一身,加上常熟藏书家多藏书丰富且与其他藏书家交往密切,可以互通有无,汇刻书籍的条件得天独厚,且常熟派雅好宋元旧本,也可为图书的刊印提供较好的底本和校勘本。如毛晋汲古阁"其所锓诸书,一据宋本。或戏谓子晋曰:人但多读书耳,何必宋本为?子晋辄举唐诗'种松皆老作龙鳞'为证曰:读宋本然后知今本'老龙鳞'之为误也"[①]。诗文集有此之误,只待费解和偏颇,然佛典、经史尤其医方则一字差误不得,故刻书时应尽量选择宋元椠本,就是因为"宋元刻本,雕镂不苟,较阅不讹,书写肥细有则,印刷清朗"[②]。而明代刻本质量斑驳,校勘不精,挖版、补版、错简、删改严重,更因佛氏、医家二类,一字差误,其害匪轻,故藏书刻书均以宋椠为最善。

其次,在纸张的选择和装帧上也颇为考究。毛晋为降低印刷成本专门从江西定制造价低廉而托墨渗水效果甚佳的竹纸,又称毛边纸、毛太纸。此纸亦因毛氏书籍而闻名,从而广泛应用于图书的刊印。钱曾述古堂刊印的书籍"装订书面,用自造五色笺纸,或用洋笺"[③]。毛

---

① (明)陈瑚:《确庵文稿·为毛潜在隐居乞言小传》,清代毛氏汲古阁刻本。
② (明)高濂:《遵生八笺·论藏书》,巴蜀书社,1992,第537~538页。
③ (清)孙从添:《藏书纪要》第五则"装订",士礼居丛书。

第四章　虞山派藏书与明末清初的学风

氏汲古阁印版书籍的装订，书面用宋笺藏经纸，并用"伏天糊裱，厚衬料，压平伏。裱面用洒金墨笺，或石青、石绿、棕色、紫笺俱妙。内用科举连裱里，糊用小粉、川椒、白矾、百部草细末，庶可免蛀"①。其版本的选择、文字的校勘、纸张的使用、装帧的形式均有考究，既版本精善、校勘精良又装帧优美，还可防止虫蛀，苟非藏书、爱书之人，实难于此考虑周详。

最后，在版刻范围上尤好丛书。明末清初常熟派最大的刻书家非毛晋莫属，徐康《前尘梦影录》曰："汲古阁在虞山郭外十余里，藏书刊书皆于是。今析隶昭邑界，剞劂工陶洪湖孰方山溧水人居多。开工于万历中叶，至启祯时……毛氏广招刻工，以《十三经》《十七史》为主，其时银串每两不及七百文，三分银刻一百字。所刻经史子集、道经释典，品类甚繁。当其时盗贼蜂起，毛氏赖工多保家。"②朱彝尊亦叹曰："（毛晋）自群经、十七史以及诗词曲本，唐、宋、金、元别集，稗官小说，靡不发雕，公诸海内，其有功于艺苑甚巨。"③今人林潜为曰："（毛晋）缩衣节食，毕生的精力和金钱都用在购书刻书，一生共刻书六百五十余种，版片十万余片，几六千卷，八万四千册，数量之多，实居历来私家出版事业之冠。所刊刻之书，上至汉唐，下至明清，经史子集无所不包，于古籍之传播保护，居有极重要的地位。"④这些人都对毛晋的刻书事业和成就给予了肯定。

毛晋刻印的很多书籍，或为仅存之本，或为传世唯一完本，或为后世刊印之底本：如毛本《南唐书》是明末以来该书的惟一传本，刻附《渭南文集》之后的其他本子，已经改其体例，析其卷数；《孔子家语》明代罕传，到崇祯末年，毛晋始据北宋本刊刻行世；倪瓒《清

---

① （清）孙从添：《藏书纪要》第五则"装订"，士礼居丛书。
② （清）徐康撰，孙迎春校点《前尘梦影录》，中国美术学院出版社，1999，第168~169页。
③ （清）朱彝尊：《静志居诗话》卷二十二，扶荔山房本。
④ 林潜为：《毛晋〈宋六十家词〉初探》，《大陆杂志》91卷第6期，1995年12月，第48页。

阆阁集》明天顺、万历间虽有刻本，但岁久漫漶，唯有毛本流传，后来刻本均据毛刻；李善《文选注》自南宋以来多与五臣注合刊，名曰《六臣注文选》，李善注单行本极为罕传，毛本之外，更无别本；司马贞《史记索隐》，宋代以后多与集解、正义合刊，单行本除毛刻之外，亦无别本；《说文解字》元无刻本，明刊仅毛刻一种；明陈继儒刻《春渚纪闻》仅有前五卷，而毛晋《津逮秘书》本补其脱遗，始成完书；明《稗海》本《齐东野语》删去此书大半，与《癸辛杂识》合为一书，毛晋得旧本重刻，乃成完本；明《汉魏丛书》本《神仙传》据《太平广记》所引抄合而成，而毛本据原本重刻，与裴松之《三国志记》引文一一相合；《花间集》是中国文学史上最早的词总集，坊本妄增篇目，殊失其旧，而毛晋重刊宋本，尤为精审，是难得的善本。[1]

毛晋亦为明清刊印丛书之先导，其所刻丛书有《十三经注疏》13种330卷、《十七史》17种1574卷、《五唐人集》5种26卷、《唐六名家集》6种42卷、《唐人选唐诗》8种23卷、《十家宫词》10种12卷、《三家宫词》3种3卷、《二家宫词》2种2卷、《宋名家词》61种90卷、《词苑英华》9种45卷、《六十种曲》60种115卷、《津逮秘书》144种752卷等。[2] 关于丛书于学之裨益，张之洞在《增订书目答问补正》中说道："丛书最便学者，为其一部之中可该群籍，搜残存佚，为功尤巨。欲多读古书，非买丛书不可。"[3] 人虽或言毛晋所刻《十三经注疏》及《十七史》有未用宋版和校勘不严之病，然以刊印之时局来看，实有扭转学风之目的和作用。

毛晋感慨明世荒于经学和史学，以致六经蒙晦，史书荒诞，为矫正学风，其"遂誓愿自今伊始，每岁订正经史各一部，寿之梨枣。及筑翁方兴，同人闻风而起，议联天下文社，列十三人任经部，十七人

---

[1] 参见曹之《毛晋刻书功过谈》，《出版科学》2001年第4期，第63页。
[2] 参见侯璨敏《毛晋校刻书研究》，湖南师范大学硕士学位论文，2005，第33页。
[3] （清）张之洞编撰，范希曾补正，孙文泱增订《增订书目答问补正》，中华书局，2011，第547页。

第四章 虞山派藏书与明末清初的学风

任史部,更有欲益四人,并合二十一部者。筑舍纷纷,卒无定局,余唯闭户自课已耳。且幸天假奇缘,身无疾病,家无外侮,密尔自娱,十三年如一日。迨至庚辰朝夕,十三部板斩新插架,赖钜公渊匠,不惜玄宴,流布寰宇。不意辛巳壬午两岁灾祲,资斧告竭,亟弃负郭田三百亩以充之。甲申春仲,史亦衰然成帙矣。岂料兵兴□发,危如累卵,分贮版籍于湖边岩畔茅庵草舍中,水火鱼鼠,十伤二三,呼天号地,莫可谁何。犹幸数年以往,村居稍宁,扶病引雏,收其放失,补其遗亡,一十七部连床架屋,仍复旧观,然校之全经,其费倍蓰,奚止十年之田而不偿也。回首丁卯至今三十年,卷帙纵衡,丹黄纷杂,夏不知暑,冬不知寒;昼不知出户,夜不知掩扉。迄今头颅如雪,目睛如雾,尚矻矻不休者,唯惧负母读尽之一言也。而今而后,可无憾矣"①。毛晋为刊印《十三经》和《十七史》,请专人负责校勘,每人一经、一史,虽居乱世仍不惧时局困扰,唯一心于版籍校刻,历时十三载,《十三经》乃成,不料想资金短缺,忍痛卖掉三百亩田地以资刊印。待《十七史》衰然成帙,岂料又兵临城下,慌乱中将书版藏匿,然虽避战乱之扰却遭水火鱼鼠之损,待战乱稍定,其又请人补其遗亡,费资十年之田而不止。回首三十年,其不分寒暑不舍昼夜,虽变卖家产亦在所不惜,岂能轻易非之?况遭逢战乱,性命尚可堪忧,其尚能矻矻于典籍校刊,心系书版之安危,岂非可敬?钱谦益为《十三经注疏》作序,赞之曰:"溯经传之源流,订俗学之舛驳,使世之儒者,孙志博闻,先河后海,无离经而讲道,无师今而非古。胥天下穷经学古,称圣明所以崇信表章至意。则是言也,于反经正学,其亦有小补矣夫!"② 而两书之成,迅速流布海内,一洗《五经大全》《四书大全》之独断,给广大士子更多可资治经学史之工具,实乃居功甚

---

① (明)毛晋:《汲古阁书跋·重镌十三经十七史缘起》,上海古籍出版社,2005,第123~124页。
② (清)钱谦益著,(清)钱曾笺注,钱仲联标校《牧斋初学集》卷二十八"新刻十三经注疏序",上海古籍出版社,2009,第852页。

219

 虞山派与明末清初的学风

伟,并为以后经史之丛书的刊刻提供了版式和样例。张之洞说:"刻书者,传先哲之精蕴,启后学之困蒙,亦利济之先务,积善之雅谈也。"① 而毛晋刻书不仅传先哲精神,启后学之蒙困,亦开明清两代刊印丛书之风气,惠泽至今。《十三经》《十七史》明以前均以单本行世,此为经史第一次以丛书面目见世;《宋六十名家词》是宋代以后大规模刊刻词集之始,在清代学者中流传最广,清冯煦的《六十一家词选》即据此为辑;《六十种曲》除少数元人作品外,大多为明人作品,是最早的传奇总集,也是规模最大的戏曲总集;《津逮秘书》收录了许多罕见而又有实用价值的笔记杂录的完本,去取颇有条理,张海鹏刊印《学津讨原》即以此为底本。

(二) 校雠学

典籍的收藏与鉴定均离不开校雠,"刻书不择佳恶,书佳而不雠校,犹糜费也"②。其即为鉴定版本优劣、判定版本价值的方法,亦是求经为学的手段。"校勘之学无处不靠善本:必须有善本互校,方才可知谬误;必须据善本,方才可以改正谬误;必须有古本的依据,方才可以证实所改的是非。凡没有古本的依据,而仅仅推测某字与某字'形似而误',某字'涉上下文而误'的,都是不科学的校勘。"③ 故校雠学兴起之必要条件即要具备质量精良之善本,而常熟派嗜宋刻和精抄,邑内向来不乏版本价值精良之善本。当然版本之良莠不能尽以时间论之,如陆贻典先后用毛诗汲古阁刻本、冯班校本、赵均刻本和钦远游校本校勘元至正刊本《乐府诗集》,发现元至正刻本经久缺版,抄补修葺,尤不可据。而毛氏汲古阁刻本经毛晋以钱谦益所藏宋刻本

---

① (清) 张之洞编撰,范希曾补正,孙文泱增订《书目答问补正》卷五"劝刻书说",中华书局,2011,第567页。
② (清) 张之洞编撰,范希曾补正,孙文泱增订《书目答问补正》卷五"劝刻书说",中华书局,2011,第567页。
③ 胡适:《校勘学方法论》,《胡适文集》第5册,北京大学出版社,1998,第112页。

第四章 虞山派藏书与明末清初的学风

校勘改正了很多错误。陆贻典云："古今书籍，宋版不必尽是，时版不必尽非。然较是非以为常，宋刻之非者居二三，时刻之是者无六七，则宁从其旧也。"① 故在宋本与时本相与比较时，宋本以其更古更接近原貌，更受校勘家偏爱。

1. 严于校雠

常熟派藏书家皆严于校雠，丹黄甲乙矻矻不休。钱谦益每手一编，终日不倦。钱孙保"日读书，夜必记于卷尾。藏书甚富，校雠精审"②。钱孙爱每与人通假抄录，朱黄两毫，不省去手。叶树廉所藏书籍，皆手笔校正，"临宋本、印宋抄俱借善本改正，博古好学称为第一"③。冯舒、冯班校勘的《玉台新咏》《才调集》，陆贻典校勘的《乐府诗集》皆以校勘精良严谨为藏书家及学者所秘宝。钱孙爱称赞冯班校本《玉台新咏》云："定远此本甚善，较之茅、袁两刻之谬，可谓顿还旧观矣。"④ 程琰云："灵均赵氏仿宋椠板，虞山二冯氏校正之，最为善本。"⑤《四库全书总目》卷一百九十一云："舒此本即据嘉定本为主，而以诸本参核之。较诸本为善。"⑥ 而且冯舒校本常为后人判定版本的参考依据，如《四库全书总目》判定左克明的《古乐府》时说："冯舒校《玉台新咏》于《焦仲卿妻》诗'守节情不移'句下注曰：案活本、杨本，此句下有'贱妾留空房，相见常日稀'二句。检郭、左二乐府并无之。今考此本乃已有此二句，知正文亦为重刻所改，不止私增其解题矣。"⑦

毛晋所刊印之书籍必校雠之后方才付梓。清人周中孚说："子晋

---

① （清）瞿良士：《铁琴铜剑楼藏书题跋集录》，上海古籍出版社，1985，第133页。
② （清）《常昭合志稿》卷三二"藏书家"，第26页。
③ （清）孙从添：《藏书纪要》第四则"校雠"，士礼居丛书。
④ （陈）徐陵编，（清）吴兆宜注，程琰删补，穆克宏点校《玉台新咏笺注》，中华书局，1985，第538页。
⑤ （陈）徐陵编，（清）吴兆宜注，程琰删补，穆克宏点校《玉台新咏笺注》，中华书局，1985，第536页。
⑥ （清）永瑢等：《四库全书总目·二冯校本玉台新咏》，中华书局，2008，第1735页上。
⑦ （清）永瑢等：《四库全书总目·古乐府》，中华书局，2008，第1710页下。

于书无所不窥，闻一异书旁搜冥探，不限近远，期必得之为快，且必手自雠校，亲为品题，无憾于心，而始刊行于世"。① 朱翔凤说："毛氏'汲古阁'刻经史诸书，始以宋本对校，已洗有明一代刻书之陋。"②《唐诗纪要》迄明朝一刻于嘉靖乙巳，再刻于万历甲午，然"其间遗逸淆讹，读者不能意逆"，或一人重见，或一诗重见，或脱去本诗，或误入他诗，其他"若乃白乐天因九老而再见，非重例也；僧沧浩因昼公而削去，非逸例也"。至于像綦毋潜的"钟声扣白云"，向误"和白云"；王维的"兴阑啼鸟换"，向误"啼鸟缓"；王维的"种松皆老作龙鳞"，向误"皆作老龙鳞"③ 等错字、误字之处就更多了。毛晋参校了两百多种书，将其中的讹误疏漏一一指出补正。又，毛晋感慨陆游富于文辞，诸体具备，而其集却罕见于世。马端临《文献通考》载《渭南集》三十卷，却于时未传。近来得见者有三本，一为吴中士夫抄本，然颇无诠次；二为绍兴郡所藏刻本，然去《入蜀记》，混增诗九卷；三为毛晋所藏光禄华君活字印本《渭南文集》五十卷，乃嘉定中翁幼子遹编辑，跋云：命名次第，皆出遗意。但毛晋所藏活板亦多谬多遗，因而严加抽订，并付剞劂。自秋徂冬，凡六月而书乃成。④

常熟派藏书家之抄书、校书之嗜之勤，时常让人感叹。如冯舒躲避兵乱，居无定所，但有生命危险之时，其念念不忘的仍是"未知可得终此书否也"，不由引发后人无限的感慨与崇敬。叶德辉曾言："尤可贵者，冯己苍舒当甲乙鼎革之交，遁迹于荒村老屋。酷暑如蒸，而手抄不辍。……古人拳拳爱书之心，直与性命为轻重。吾自遭国变，逃难四方。辛壬癸甲之交，始则避乱于邑之朱亭，居停罗南仙朝庆。患难相依，颇有抄书之暇。继而流寓海滨日下，终日嬉游征逐，几席

---

① （清）周中孚：《郑堂读书记》，商务印书馆，1959，第584页。
② （清）瞿镛：《铁琴铜剑楼藏书目录·序》，《宋元明清书目题跋丛刊》，中华书局，2006，第2页。
③ （明）毛晋：《汲古阁书跋·跋唐诗纪要》，上海古籍出版社，2005，第118页。
④ （明）毛晋：《汲古阁书跋·跋渭南文集》，上海古籍出版社，2005，第62页。

第四章　虞山派藏书与明末清初的学风

尘封。他时无一卷书之流传，无一片土之遗迹。以视扆守老人，滋愧甚矣，更何敢侈言绳武。"① 冯班于 1629 年抄录《玉台新咏》后，又于 1631 年和 1649 年先后两次校勘《玉台新咏》，历时二十载；陆贻典校勘《乐府诗集》，同时参校冯班校本、赵均校本、王咸毛晋校本、钱孙艾校本和钦远游校本，以及其他明刻本和明修本等，先后三次，历时二十九载始成完帙。古人拳拳爱书、校书、沉溺于学术之心，已经融入于生命之中，至死不休。钱谦益垂死之际，心中仍念念不忘其苦心孤诣多年编撰笺注的书籍，执手钱曾谆谆嘱托某页某处尚有疑义，某页某处尚需考补……还时念他人之托，适逢黄宗羲赶往探望，代人委请以序，并嘱托身后之事。

2. 校而不改

常熟派校勘重视古本宋椠，然并不以古本轻易妄改古书，而是采取"死校法"，即"据此本以校彼本，一行几字，钩乙如其书，一点一画，照录而不改，虽有误字，必存原本"②。此法既严格记录参校本的信息，又保存校本的版本面貌，仅忠实呈现校本与参校本的版本异同，而不做是非判断。陆贻典校《管子》"一遵宋本"。③ 冯武校《文选》"一依钱本改窜，亦有明知宋版之误而不必从者，亦依样改之"④。冯舒、冯班先后多次以宋本校本校勘《玉台新咏》，虽然"宋刻讹谬甚多，赵氏所改，得失相半，姑两存之，不敢妄断"⑤，一以宋刻本为正，即宋板有阙则仍之云。又，冯舒校勘《文心雕龙》"一依功甫原本，不改一字，即有确然知其误者，亦列之卷端，不敢自矜一隙，短损前贤也"⑥，只有校改抄录时的错误，直接在原字上涂改。如《明

---

① （清）叶德辉，《书林清话》，上海古籍出版社，2008，第 212~213 页。
② （清）叶德辉：《藏书十约·校勘七》，《澹生堂藏书约（外八种）》，上海古籍出版社，2005，第 50 页。
③ （清）陆贻典：《管子·跋》，陆贻典、黄丕烈校跋本。
④ （清）冯武：《文选·跋》，冯武、陆贻典校本。
⑤ （清）冯班：《玉台新咏·跋》，清冯鳌砚丰斋刻本。
⑥ （清）冯舒：《文心雕龙·跋》，明天启七年谢恒抄本。

诗》篇，冯舒校本抄作"则明于图谶"，"明"字上朱笔校改为"萌"字；《乐府》篇冯舒校本抄作"于是武德兴岁"，"岁"字上朱笔涂改为"乎"字。遇与他本不同，字少者书于行间，如《诠赋》篇，冯舒校本抄作"极貌以穷文"，冯舒朱笔书"极"字旁一"声"字；《颂赞》篇，冯舒校本抄作"促而不旷"，冯舒朱笔书"旷"字旁"《御》广"；……字多者书于页眉，如《乐府》篇，冯舒校本抄作"观其兆上"，冯舒朱笔校于页眉，曰："兆谢本作北"；《诠赋》篇，冯舒校本抄作"王扬骋其势翱翔"，冯舒朱笔校于页眉，曰："翔，曹学佺云，应作朔"；冯舒校本抄作"遂客至以首引"，冯舒朱校于页眉，曰："依《御览》改，遂客至览客主"；……并未更改钱功甫抄本面目。毛晋本人在校勘时亦遵守"不敢妄改""不敢妄补"的信条。① 如毛晋校勘《归愚词》云："其自题草庐曰'归愚识夷涂，游宦泯捷径'，故文集与诗余，俱名'归愚'。第其中如《雨中花》、《眼儿媚》诸调，俱不合谱，未敢妄为更定云。"② 跋《芦川词》云："凡用字多有出处，如'洒窗间惟稷雪'云云。见《毛诗疏》。'稷雪'，'霰'也，形如米粒，能穿窗透瓦。今本改作'霰雪'。又如'薄劣东风夭斜飞絮'云云。见白香山诗：'钱塘苏小小，人道最夭斜'，自注：'夭音歪'。时刻改作'颠斜'，便无韵味。姑记之以为妄改古人字句之戒云。"③

常熟派校雠常校而不改，遇明显之讹误缺漏时，或出旁注，或附以拾遗，或于题跋中加以说明，而这当为较早的校勘记。冯舒以元本校勘《梁江文通集》时，发现元本所缺处，时本多以意增，文理荒悖可笑，故仍缺之云；元本如而又两可通者，旁注加以说明；时本阙《乐府三章》，乃据元本补缀于后；并在题跋中加以说明。④ 冯舒校勘

---

① 华人德：《明代中后期雕版印刷的成就》，《苏州大学学报》（哲学社会科学版）1988年第3期，第118页。
② （明）毛晋：《汲古阁书跋·跋归愚词》，上海古籍出版社，2005，第93页。
③ （明）毛晋：《汲古阁书跋·跋芦川词》，上海古籍出版社，2005，第95页。
④ （梁）江淹：《梁江文通集》冯舒跋，国家图书馆藏。

第四章　虞山派藏书与明末清初的学风

《吕和叔文集》时，或于行间注明某字作某，或于卷后增入阙诗十五首。其并于题跋中加以说明，并言明乃据何本所校、所补，云："凡行间所注某作某，俱愚所校。此本则一照宋本抄写。第二卷闻砧以下十五首，宋本所无，案陈谢元棚本增入。"① 毛晋藏孟襄阳诗甚多，"可据者凡三种，一宋刻三卷，逐卷意编，不标类目，共计二百一十首；一元刻刘须溪评者，亦三卷，类分游览、赠答、旅行、送别、宴乐、怀思、田园、美人、时节、拾遗凡十条，共计二百三十三首；一弘治间关中刻孟浩然者，卷数与宋元相合，编次互有异同，共计二百一十八首。至近来十二家唐诗及王孟合刻等，或一卷，或二卷，或四卷，诠次寡多，本本淆讹。予悉依宋刻以元本关中本参之，附以拾遗，共得二百六十六首，间有字异句异先后倒者，分注元刻某今刻某，不敢臆改云"②。毛晋校勘《溪堂词》时疑有赝笔，不敢混入，附记于题跋中以俟识者。毛晋刻《陶靖节集》，遍搜宋元善本，"合以今刻，更博稽严订，汰彼淆讹。而卷次互殊，无可确据，特汇诗为一卷，文为一卷，而四八目附焉。至评注并列本文，繁琐参错，悉用删去，间有一二可疑可采者，另附卷末，以俟赏识君子"③。

　　常熟派校勘记和题跋，常详细而清晰地记录其校勘的时间、地点、校勘所据的参校本和底本、参校本和底本的来源、参校本和底本的版本面貌乃至校勘时的时局和状况，恰似微型史书，兼具史料价值。如冯舒的校勘题记，清晰记录其躲避战乱苦心校雠之状况，并杂记所见所居之民生。从中我们可以得知，冯舒在战乱之中，于隆武元年（顺治二年，1645）避兵于洋荡村，在酷暑之中先后抄《汗简》七卷、校《重勘嘉祐集》十五卷、抄《近事会元》五卷。其间持续校勘，其于崇祯十五年（1642）即已经开始校勘的《水经注》三十三卷，并于顺

---

① （唐）吕温：《吕和叔文集》冯舒跋语，清抄本。
② （明）毛晋：《汲古阁书跋·跋孟襄阳集》，上海古籍出版社，2005，第45页。
③ （明）毛晋：《汲古阁书跋·跋陶靖节集》，上海古籍出版社，2005，第45~46页。

虞山派与明末清初的学风

治三年（1646）完成。其中冯舒校本《水经注》诸卷卷尾之题记，犹如一部明末江南民间的小型史书，记录了冯舒于崇祯十五年（1642）至顺治三年（1646）校书之四年间时事的变迁、朝局的动荡和官匪横行、民不聊生的社会民生。陆贻典校本《乐府诗集》几乎汇集了常熟文人的主要校勘成果：冯班校本、钱孙爱校本、王咸毛晋校本、钦远游校本，记录了明末清初常熟文人校勘《乐府诗集》的状况，并评判诸校本之价值，如云冯班校本"略而有据"，王咸毛晋校本"详而多改"，钦远游校本"杂隐臆改"等。在其所参校的冯班校本、钱孙爱校本、王咸毛晋校本、钦远游校本均已失传的情况下，陆贻典校本保留了诸校本的版本面貌、校勘成果和差异，为研究常熟派藏书家校勘《乐府诗集》提供了重要资料和版本线索。[①]

3. 兼具考证

从常熟派校勘实践来看，其校勘的重点有二：一是通过校勘比较版本的异同优劣，以揭示版本的价值；二是确定版本所属的时代，考证版本源流。如《玉台新咏》的明代通行本共有四本：五云溪馆活字本、华允刚兰雪堂活字本、华亭杨元钥本和归安茅氏重刻本。冯舒跋语叙述四本的版本优劣及版本源流，曰："活字本不知出何时，后有嘉定乙亥永嘉陈玉父序，小为朴雅，讹谬横出矣。华氏本刻于正德甲戌，大率是杨本之祖。杨本出万历中，则又以华本意掺者。茅本一本华亭，误逾三写。"[②] 五云溪活字本最早，虽伪谬横出，然较他本亦为朴雅；华允刚兰雪堂活字本刻于明正德甲戌年（1514），为杨元钥本之祖；杨元钥本刻于万历中，而又有以华允刚兰雪堂活字本意掺，次之；归安茅氏重刻本源于杨元钥本，误逾三写，更次之。冯班云："余十六岁时，常见五云溪活字本于孙氏，后有宋人一序，甚雅质。

---

① 参见尚丽新《〈乐府诗集〉的刊刻和流传》，上海师范大学博士学位论文，2002，第127页。
② （清）冯舒：《玉台新咏·跋》，清康熙冯鳌刻砚丰斋藏本。

第四章 虞山派藏书与明末清初的学风

今年又见华氏活字本于赵灵均,华本视五云溪馆颇有改易,为稍下矣。然较之杨、茅则尚为旧书也。"① 在其所见所校雠诸本中,五云溪活字本最雅质;华氏活字本颇有改易,次之;杨元钥本和归安茅氏重刻本更次之。这与冯舒的判定无二。除上述四本外,冯班又见袁宏道评本,其与归安茅氏本一样源自华亭杨元钥本,又经后人增益,版本质量大打折扣。冯班云:"是书近世凡有三本:一为华亭杨玄钥本,一为归安茅氏本,一为袁宏道评本。归茅、袁皆出于杨书,乃后人所删益也。"② 陆贻典校勘《乐府诗集》搜集到了其所见到的所有版本,详细地记录了各本之间的差异,甚至反映了因修补重印时间前后不一而造成的明修本的差异和讹误,并描述了元本缺版处抄补的流传状况,还在其具体校勘过程中详细列出估价抄补的异文,真实反映了清初《乐府诗集》版本的刊刻流传情况。虽然从校勘来看,汲古阁刻本远胜元刻本,但是汲古阁本尚不为人所识,通行本仍为元本。③

校雠书籍,看似简单实则甚难,冯武云,"校书甚难,不可以一知半解而斟酌去取"④,需要一定的学识和根底,心浮气躁者不能为之,疏学无识者不能为之。"校雠书籍,非博学好古,勤于看书,而又安闲者,不能动笔。每见庸常之人校书,一部往往弗克令终,深可恨也。唯勤学好问,隐居君子,方能为之。"⑤ 正如孙从添所言,校书苦且难,唯有勤学好问精于学术且又心气沉静者方能为之,否则校犹不校,甚不如不校,徒增烦累。故常熟派校雠但取异本相互校勘,真实而全面记录底本和参校本之间的版本面貌与差异,而不做是非判断,遇有深有疑虑者或书于卷中或记于卷尾,留给后世学者评判。而这也正是明末清初虞山派藏书家扭转明季空疏学风之所在。明季学子大多

---

① (清)冯班:《玉台新咏·跋》,明崇祯冯班抄本。
② (清)冯班:《玉台新咏·跋》,明崇祯冯班抄本。
③ 参见尚丽新《〈乐府诗集〉的刊刻与流传》,上海师范大学博士学位论文,2002,第127页。
④ 转引自王欣夫《文献学讲义》,上海古籍出版社,2005,第179页。
⑤ (清)孙从添:《藏书纪要》第四则"校雠",士礼居丛书。

227

虞山派与明末清初的学风

拘于八股及心学之困囿,读书不多而心思浮夸、自矜自贵,漫自删改臆断他人著述,古书因之刻而亡。"妄改之病,唐宋以前,谨守师法,未闻有此。其端肇自明人,而盛于启、祯之代。凡汉、魏丛书,以及《稗海》、《说海》、《秘笈》中诸书,皆割裂分并,句删字易,无一完善,古书面目全失,此载籍之一大厄也。"[①] 常熟派深知"妄改"之病甚于水火、兵乱、虫蠹、子孙不肖等,故其在校雠书籍时力避此病,恐毁书籍的原貌。又常熟派深知学海无涯而个人学识之有限,一知半解而斟酌去取反增讹谬,倒不如按下不表,以俟赏识君子论断。这种严谨谦虚之学风所包含的学术旨趣、学术态度和学术方法,实于扭转明末空疏浮泛学风大有裨益,故为清代喜好研究典籍的学者所继承,进而形成校雠学,为以求实尊古为特征的考据学风的兴起提供了肥沃的土壤。

(三) 考据学

考据学的兴起实与校雠学是相生的,明清刻书业发达,然书籍既多且杂乱不齐,善恶斑驳无从辨目,故常熟藏书家大量收购宋椠元版,并以此为底本或参校本作校雠、考据工作,使许多延续已久的错误获得订正。

常熟派校雠时除了考据版本质量和版本来源、梳理版本的递承关系外,亦注重小学,或校句读,或校讹字,或校音义,已开乾嘉考据学重小学的端倪。如钱谦益作《读左传随笔》或考句读,或辨讹字,或辨音义,皆小学功底也。"公入而赋:(句)大隧之中,其乐也融融,姜出而赋曰:(句)大隧之外,其乐也泄泄。杜注曰:赋,赋诗也。以赋字为句,则大隧四句,其所赋之诗也。钟伯敬不详句读,误认为《左传》叙事之辞,加抹而评之曰:俗笔。今人学问粗浅,敢于

[①] (清)黄廷鉴:《第六弦溪文抄》卷一"校书说二",《丛书集成初编》,商务印书馆,1936,第23页。

228

訾讥古人，特书之以戒后学。"① 又"僖二十四年传：郑公子士、泄堵俞弥。建安本公子士泄，（读）岳柯本公子士，（读）按二十年注：公子士，郑文公子。泄堵寇，郑大夫。此注云堵俞弥郑大夫者，泄姓见前，不须更举也。今人皆以泄属上读，宜从岳本。二十五年：楚子伏已而盐其脑。建安本伏字绝句，则已当音以。岳本及淳熙本皆伏已绝句，则已当音纪。陆德明《音义》不云音纪，则知当以楚字伏为绝句，而已作以音，不音已也。读书句读宜详，勿以小学而忽之"②，皆以句读之点断，辨明文义，考断版本。"少读宣十二年战于邲传云：屈荡尸之。殊不觉其读误。《前汉·王嘉传》：坐户殿门失阑免。师古曰：户，止也。嘉掌守殿门，止不当入者，而失阑入之故坐免也。《春秋左氏传》曰：屈荡户之。乃知流俗本尸字，乃户字之讹也。本传云：麇子尸之。又与：以表尸之。遂讹户为尸耳。淳熙《九经》本、长平游御史本、相台岳氏本、巾箱小本并作户，而建安本却作尸。知此字承讹久矣，宜亟正之。"③ 以《前汉书》《春秋左氏传》颜师古之声训，考证"屈荡尸之"当为"屈荡户之"之讹，并佐以淳熙九经本、长平御史本、相台岳氏本、巾箱本证之。

常熟派校雠亦注重对篇章的作者、篇次作考订，使许多延误已久的错误获得订正。

1. 考订作者

如毛晋跋《陆玑草木鸟兽虫鱼疏》云："右《毛诗》疏二卷，或曰吴太子中庶子乌程令陆机作也，或曰唐吴郡陆玑作也。陈氏辨之曰：'其书引《尔雅》郭璞注，则当在郭之后，未必吴时人也。但诸书援

---

① （清）钱谦益著，（清）钱曾笺注，钱仲联标校《牧斋初学集》卷八十三"读左传随笔"，上海古籍出版社，2009，第1747页。
② （清）钱谦益著，（清）钱曾笺注，钱仲联标校《牧斋初学集》卷八十三"读左传随笔"，上海古籍出版社，2009，第1747页。
③ （清）钱谦益著，（清）钱曾笺注，钱仲联标校《牧斋初学集》卷八十三"读左传随笔"，上海古籍出版社，2009，第1748页。

虞山派与明末清初的学风

引多误作机。案：机，字士衡，晋人，本不治《诗》，则此书为唐人陆玑字元恪者所撰无疑矣。后世失传，不得其真，故有疑为赝鼎者。'或又曰：'赝则非赝，盖摭拾群书所载，漫然厘为二卷，不过狐腋豹斑耳。'其说近之。"① 关于《毛诗草木鸟兽鱼虫疏》的作者，历代书籍或书"陆机"，或书"陆玑"。毛晋依据《毛诗草木鱼虫疏》多引郭璞注，则作者必当晚于郭璞，必非晋人陆机；又陆机善作诗歌，但并不善治《诗》，故《毛诗草木鸟兽鱼虫疏》当非晋代"陆机"，而为唐吴郡"陆玑"。关于此"陆玑"非彼"陆机"，唐代陆德明、宋代陈振孙等已多次考证，证据基本相同，但关于陆玑生活的时间却有不同。陆德明和陈振孙认为陆玑为三国吴郡人，毛晋则认为陆玑为唐吴郡人。又如关于《香奁集》的作者，或说是韩偓所作，或说是五代和凝所作。沈括认为作者为和凝，《梦溪笔谈》卷十六曰："和鲁公凝有艳词一编，名《香奁集》，凝后贵，乃嫁其名为韩偓，今世传韩偓《香奁集》乃凝所为也。"② 刘克庄亦持此观点。然叶梦得、范正敏认为作者为韩偓。毛晋引吴融《和韩侍郎无题诗三百》及《致光亲书袅娜多情》等诗，以证此集确为韩偓所作。又如关于沈括与沈遘之关系，史传和《姑苏志·名臣小传》皆云沈括与沈遘为兄弟，"但马氏又云：沈括字存中，有《长兴集》四十卷；沈遘字文通，有《西溪集》十卷，俱为翰林学士。括于文通为叔，而年少于文通，世传文通常称括叔，今四朝史本传以为从弟者非也。文通之父曰扶，扶之父曰同，括之父曰周，皆以进士起家，官皆至太常少卿，王荆公志周与文通墓及辽志，其伯父振之墓可考。合诸家之说参之，当从马氏。盖兄弟命名偏旁取义相肖，古今人皆然。沈氏曰同曰周，一代也；曰振曰扶约括，二代也；曰辽曰遘，三代也，则四朝史与《姑苏志》之误无疑矣"③。毛晋据马氏所言

---

① （明）毛晋：《汲古阁书跋·跋陆玑草木鸟兽虫鱼疏》，上海古籍出版社，2005，第3页。
② （宋）沈括著，施适校点《梦溪笔谈》，上海古籍出版社，2015，第105页。
③ （明）毛晋：《汲古阁书跋·跋梦溪笔谈》，上海古籍出版社，2005，第15~16页。

230

第四章 虞山派藏书与明末清初的学风

及《王荆公志》、《文通墓志》及《辽志》考其二人当为叔侄关系，而非兄弟。

2. 考订书名

关于《鲍溶诗》，曾巩在曾氏叙略云：《崇文总目》与《史馆书》俱疑《鲍溶集》为《鲍防集》。毛晋对此表示怀疑，理由如下。第一，鲍防，字子慎，襄州襄阳人，工诗，与中书舍人谢良弼友善，时号"鲍谢"。《列传》中详记其生平事迹，然《艺文志》中未著录诗集。第二，鲍防所著《杂感》一篇，唐代宗时就中外轰传。他任御史大夫期间游历福建、江南，曾与谢良辅等十二人分《忆长安》十二咏，与严维等十二人分《状江南》十二咏，又与吕渭等十四人中元联句，诸诗昭昭可考，并未混入鲍溶的集中。第三，与他们同时代的计有功在《唐诗纪事》四十一卷、四十七卷，分别记载鲍防、鲍溶两人的事情。可见，鲍溶与鲍防并非一人。于是，毛晋将《鲍溶集》分为两部分，以鲍溶诗为主体，而以鲍防的诗作为附录，附在《鲍溶集》的后面，以解曾巩之疑问。①

3. 考辨真伪

钱谦益辨析《归太仆文集》中掺入伪作，曰："归熙甫先生文集，昆山、常熟皆有刻，刻本亦皆不能备。而《送陈自然北上序》《送盖邦式序》则宋人马子才之作，亦误载焉。"②《王建宫词》掺入他人诗作，毛晋为之一一辨明，曰："予阅《王建宫词》，辄杂以他人诗句，如'奉帚平明金殿开，暂将纨扇共徘徊。玉颜不及寒鸦色，犹带昭阳日影来。'此王少伯《长信秋词》之一也。'日晚长秋帝外报，望陵歌舞在明朝。添炉欲爇熏衣麝，忆得分时不忍烧。日映西陵松柏枝，下台相顾一相悲。朝来乐府歌新曲，唱着君王自作词。'此皆刘梦得

---

① （明）毛晋：《汲古阁书跋·跋鲍溶诗》，上海古籍出版社，2005，第51~52页。
② （清）钱谦益著，（清）钱曾笺注，钱仲联标校《牧斋初学集》卷八十三"题归太仆文集"，上海古籍出版社，2009，第1759~1760页。

 虞山派与明末清初的学风

《魏宫词》也。'泪尽罗衣梦不成,夜深前殿按歌声。红颜未老恩先断,斜倚熏笼坐到明。'此白乐天《后宫词》之一也。'新鹰初放兔初肥,白日君王在内稀,薄暮午门临欲锁。红妆飞骑向前归,黄金杆拨紫檀槽。炫索初张调更高,尽理昨来新上曲,内官帘外送樱桃。'此皆《张文昌宫词》也。'银烛秋光冷画屏,轻罗小扇扑流萤。天街夜色凉如水,卧看牵牛织女星。'此杜牧之《秋夕作》也。'闲吹玉殿昭华琯,醉打梨园缥蒂花。千年一梦归人世,绛缕犹封系臂纱。'此又杜牧之《出宫人》之一也。"① 故而毛晋历参古本,保存王建之作而将掺入之作一一删去。

常熟派的考据大都建立在版本对校的基础上,再结合小学、史志、历代典籍之记载考辨源流,辨析真伪,音韵训诂,乾嘉考据学虽非以此为专,而是附庸于校雠之中,考据方法亦很简单,但此举已开考据之风气,而非人云亦云,任由讹谬流滋。

(四) 目录学

据姚名达《中国目录学史》,目录学之成词始于清王鸣盛之《十七史商榷》,然"目录之学,由来尚矣!《诗》、《书》之序,即其萌芽。及汉世刘向、刘歆奉诏校书,撰为《七略》、《别录》,而其体裁遂以完备"②。私家藏书目录则以梁任昉为开端,隋唐五代之后继有作者,但惜其俱已亡佚,至宋代,私家藏书目录有了较大的发展,出现了尤袤《遂初堂书目》、晁公武《郡斋读书志》和陈振孙《直斋书录解题》,私家藏书目录才自成体系,形成了与官修目录和史志目录三足鼎立的局面。时至明清藏书鼎盛,藏书目录的编撰亦达到顶峰。以明末清初常熟派藏书家为例,赵用贤编撰《赵定宇书目》,赵琦美承继父业编撰《脉望馆书目》,钱谦益编撰《绛云楼书目》,毛扆编撰

---

① (明)毛晋:《汲古阁书跋·跋王建宫词》,上海古籍出版社,2005,第69~70页。
② 余嘉锡:《目录学发微》,中国人民大学出版社,2004,第3页。

232

第四章　虞山派藏书与明末清初的学风

《汲古阁珍藏秘本书目》，钱曾编撰《述古堂书目》、《也是园书目》和《读书敏求记》……虽其最初著述目的或为检索之方便，或为藏校之可资，著录也较为简单，亦有杂乱无章分类不清之嫌，然其"将群书部次甲乙，条别异同，推阐大义，疏通伦类，将以辨章学术，考镜源流，欲人即类求书，因书究学之专门学术也"[①]，即常熟派藏书家有意识地将所藏典籍分门别类加以汇聚保存，并著录版式、来源、差异等，已经具备专门学问之特征。

赵用贤的《赵定宇书目》打破传统的四分法，按着储藏门类归类所藏图书，并注明藏书地点，以便于检索。此种方法为其子赵琦美所继承，所编《脉望馆书目》在传统经、史、子、集四部分类的基础上，以千字文总领各细部，从"天字号"至"调字号"，排为三十一个细部，分为经、史、子、集、不全宋元版书、旧版书、佛经、书画、古玩杂物、墨刻、碑帖等类，每个字号后面详细记明收藏的具体橱柜方位和所藏书的种类。在各个细部的具体编排上，先写字号，接着是该类书所属四部分类的总称，最后才是每本藏书的详细情况。关于藏本的介绍一般包括书名和所藏册数两部分，"不全宋元版书"一类，还详细说明版本残缺情况，及残缺本收藏线索，为其辑佚补遗提供线索。

《绛云楼书目》分类较为琐细，未列总类之名，直接列分类之名，具体书目的撰述上体例也不一，大略皆很简单，或著录版本、书名、作者、册数，或著录版本、书名、册数，或著录版本、书名，或著录书名、作者、册数，或仅录书名和作者，或仅录书名和册数，或仅录书名等。目录中关于版本的记载较少，只于宋元本、抄本、内府本、坊本等稀见珍贵之版偶有著录，亦非其全。亦间有说明著述原委、刊刻时间、版印流传，或略述一书大意、引述别人序跋、评定价值者，然皆为短短数语，不成系统和体例。且其仅著录钱谦益部分藏书，非其藏书之总貌，故历代研究者对其贬多褒少。然细致分析《绛云楼书

---

① 姚名达：《中国目录学史》，商务印书馆，2014，第10页。

目》，虽或随手编撰，不成体例，但仍有微义和可资借鉴之处。

现存《绛云楼书目》不同版本之间的分类数和名称微有不同，有73类、81类、87类等多种，然细察之仍可按四部分类法归类，不出经、史、子、集四部及明史专题五类。现以《粤雅堂丛书》本为例言之。《粤雅堂丛书》之《绛云楼书目》分73个类目：经总类、易类、书类、诗类、礼类、乐类、春秋类、孝经类、论语类、孟子类、大学类、中庸类、小学类、尔雅类、经解类、讳书类，凡16类可归入经类，收书343种；正史类、编年类、杂史类、史传记类、故事类、刑法类、谱牒类、史学类、书目类、地志类，凡10类可归入史部，收书315种；子总类、子儒类、道学家类、子名类、子法家类、子墨家类、子类家类、纵横家类、子农家类、子兵家类、子释家类、子道家类、小说类、杂艺类、天文类、历算类、地理类、星命类、卜筮类、相法类、壬遁类、道藏类、道书类、医书类、天主教类、类书类、伪书类，凡27类可归入子部，收书1270种；六朝文书类、唐文集类、唐诗类、诗总集类、宋文集类、金元文集类、国初文集类、文总集类、骚赋类、金石类、论策类、奏议类、文说类、诗话类，凡14类按可归入集部，收书659种；其余本朝制书实录类、本朝实录类、本朝国纪类、传记类、典故类、杂记类，凡6类，收书617种，为钱谦益为修明史而设立的专题书目。从分类来看，钱谦益是有其规划和考量的，并非随手编撰，当为读书著述之用，故《书目》所载仅其部分藏书而非全貌，此点从"伪书类"和明史专题书目的设置上可见一斑。《绛云楼俊遇》有云："牧翁披吟之好，晚而益笃，国史校雠，唯河东君是职，临文或有待探讨，柳辄上楼番阅。虽缥缃盈栋，而某书某卷，随手抽拈，有百不失一者。"[1] 苟非编目清晰和经常阅读，实难以做到随手抽拈，百无一失。且绛云楼一炬，大多藏书均化烟灰，实难求索，多赖此书目保存线索。严佐之云："人赖书传，书赖目传。钱牧斋开清季虞山

---

[1] （清）佚名：《绛云楼俊遇》，《香艳丛书》二集卷二，上海书店出版社，1991，第347页。

第四章 虞山派藏书与明末清初的学风

藏书风气之先河,他藏书为读书、藏书讲究版本的特点,对虞山几代藏书家的藏书乃至目录、版本研究都有深刻影响。"①

钱曾据所收藏先后编成几部藏书目录,其中最重要的有《述古堂书目》、《也是园书目》和《读书敏求记》。《述古堂书目》编撰于康熙八年,采用四部分类法和《绛云楼书目》细分法,所列门类琐碎冗杂,著录也很简单,以书名和卷数为主,间或记版本,收录图书2200余种。《也是园书目》于康熙二十五年(1686)左右编撰,著录最为简单,只记书名和卷数,然所录图书最为详全。《也是园书目》的分类更为无序,在经、史、子、集四部外又设明史部,另又附设三藏、道藏、戏曲小说和伪书四个门类,故为四库馆臣所不齿。然从图书的使用来看,系可明白其用心。《绛云楼书目》虽设明史研究之专类目录,然并未将其用以"明史"之总名。钱曾使用此名殆为继承钱谦益之分类法,亦为其著述明史之使用。至于其他四类,《绛云楼书目》亦分设之,可归类于子部。然绛云之火前,钱谦益用心最多者乃明史和国朝诗集的编撰,故其手头常用之典籍乃为明代史料文献和诗文集,故佛释类和伪书类只分细目,并未单设一类。绛云楼失火后,钱谦益将劫后余书大部赠与钱曾,而其又因明史版毁心灰意冷,沉溺于佛释道家类的著述与笺注,故钱曾单列此分支,似为钱谦益笺注研究佛道释典提供便利。

《读书敏求记》修撰时间最晚,专记宋元抄校本、善本,详列书籍之解题、书籍的次第完缺、写刻工拙、版本异同真伪、版本价值、版刻源流等,还总结了版本鉴定方法,如可以从字体、完缺、祖本和抄写方式等鉴定写本的版本价值和优劣;而刻本的鉴定可以从序跋、刻书时地、校雠精粗和印章图记等方面辨识。所以说,《读书敏求记》既因"述授受之源流,究缮刻之同异,见闻既博,辨别尤精"②,编目其所

---

① 严佐之:《近三百年古籍目录举要》,华东师范大学出版社,2008,第5页。
② (清)永瑢等:《四库全书总目·读书敏求记》,中华书局,2008,第745页上。

 虞山派与明末清初的学风

收藏的六百余种善本书目,从而成为"在目录学史中,实为奠定版本学基础之创作。善本书目,莫之先焉"①,又以其记录了古籍善本的版本内容、版本源流及总结版本鉴定之方法,成为版本学的创始之作。

常熟派藏书家为反对明末游谈无根的学风,身体力行以藏书、读书为学术旨趣,埋首于书山籍海之中,并为检索书籍的便利而编制各种藏书目录,从而将其治学特点反映于题跋和目录之中,宗经致用、明史辨伪。这种乾嘉考据学兴起之初的实学思想,体现在《赵定宇书目》和《脉望馆书目》中,即二者兼列"不全宋元版书"类,不仅详细记载缺本之状况,且注明所缺部分所藏何处,为搜缺补遗提供线索;体现在钱谦益《绛云楼书目》和钱曾《也是园书目》中最明显的地方,就是分类著录"伪书类",或详或略记录伪书的版式和作伪情况,以资借鉴。常熟派藏书家不仅仅将自己在实践中总结的知识加以汇集著录,而且传承于后,这些著述皆成为后世研究者入门之依据。如赵琦美"不仅在《脉望馆书目》中著录了一批戏曲、小说作品,还手抄手校元明杂剧 242 种,编成《脉望馆抄校本古今杂剧》"②。这不仅保存了当代的学术门类,也可供后代研究者按图索骥,居功厥伟。

三 以藏书助人治学

钱谦益往日滥尘史局,有意昭代编年之事,故荟萃所辑事略,颇可观览,不料天不假人,绛云一炬,靡有孑遗。其视海内何人可嘱托此事,适近得松陵吴子赤溟、潘子力田,奋然有《明史记》之役,分目为本纪、书、表、世家、列传,取材甚富,论断甚核,足感后人者得百事,钱谦益见之击节,因助以藏书。③《牧斋有学集》卷三八《与吴江潘力田书》曰:"伏读《国史考异》,援据周详,辨析详密,不偏

---

① 姚名达:《中国目录学史》,商务印书馆,2014,第 345 页。
② 周少川:《古籍目录学》,中州古籍出版社,1996,第 166 页。
③ 徐世昌:《清儒学案小传》卷一,《清代传记丛刊》,台湾明文书局,1985,第 196 页。

236

第四章 虞山派藏书与明末清初的学风

主一家，不偏执一见。三复深惟，知史事之必有成，且成而必可信可传也。一官史局，半世编摩，头白汗青，迄无所就。不图老眼，见此盛事。……墙角残书，或尚可资长编者，当悉索以备搜采。《西洋朝贡典录》，乞仍检还，偶欲一考西洋故事耳。"① 《复吴江潘力田书》又曰："手教盈纸，详论《实录辩证》，此鄙人未成之书，亦国史未了之案。考异刊正，实获我心，何自有操戈入室之嫌。唱此论者，似非通人。吹万自已，不必又费分疏也。……《东事记略》，东征信史也。人间无别本，幸慎重之。俞本《纪录》，作绛云灰烬。诸侯陆续寄上。"② 钱谦益并为吴潘二子作征书引，代为征书，曰："近得松陵吴子赤溟、潘子力田，奋然有《明史记》之役，……数过予索烬余，及讯往时见闻。……予因思澥内藏书诸家，及与二子讲世好者，不能一一记忆，要之，此书成，自关千秋不朽计，使各出所撰著及家藏本授之二子，二子必不肯攘善且忘大德也。敢代二子，布告同人。"③

惜钱谦益《明史》二百五十卷化为灰烬，他伤心向空门，不再言著述之事，见潘、吴二人之史才，期盼二人能早日完成，以遂旧志。修史之难，莫先乎网罗典籍，故钱谦益乐意将所藏有关书籍倾囊借与二人，甚至连由借抄得来的《东都事略》割编成的明臣志传数百本，亦不吝出手，大异于其平日"片楮不肯借出"的作风，并主动请缨代为征求借书，可见钱谦益重才、重学，积极利用自己的藏书帮助他人进行学术创作，亦见其渴见明史完成的毕生之志。

顺治十三年，朱鹤龄为笺注杜诗，借居于红豆山庄，以便利用钱谦益的丰富藏书进行笺注事宜。钱谦益感其注杜的学术诉求和苦学用心，欣然允其自由出入红豆山庄，取阅家藏图书，而其中又以宋本、

---

① （清）钱谦益著，（清）钱曾笺注，钱仲联标校《牧斋有学集》卷三十八"与吴江潘力田书"，上海古籍出版社，2010，第1319~1320页。
② （清）钱谦益著，（清）钱曾笺注，钱仲联标校《牧斋有学集》卷三十九"复吴江潘力田书"，上海古籍出版社，2010，第1350~1353页。
③ （清）钱谦益：《牧斋有学集文抄补遗》"为吴潘二子征书引"，（清）钱谦益著，（清）钱曾笺注，钱仲联标校《牧斋杂著》，上海古籍出版社，2007，第500~501页。

 虞山派与明末清初的学风

孤本居多。同时,为帮助朱鹤龄注杜诗,他还把自己苦心十数载笺注的草堂诗笺的原本交付给朱鹤龄,可见他学术为公的挚诚之心。至次年,朱鹤龄告知杜诗辑注稿成,请钱谦益为之作序,钱谦益欣然为之,云:"余笺解杜诗,兴起于卢德水,商榷于程孟阳。已而学子何士龙、冯巳苍、族子夕公递代雠勘,粗有成编,犹多阙佚。老归空门,不复省视。吴江朱子长孺,馆于荒村,出所撰《辑》、《注》相质。余喜其发凡起例,小异大同,敝箴蠹纸,悉索举似。长孺櫽栝诠次,都为一集。……长孺深知注诗之难者也,因其请序,重举以告之,并以念于后之君子。"① 钱谦益为助朱鹤龄完成笺注之作,不仅留朱鹤龄宿于家中,允他随意使用自己的珍藏,还将自己辛苦编撰的草笺赠予朱鹤龄,又特意为朱鹤龄荐馆于毛晋所,以便其可以使用汲古阁的馆藏,以备笺注之资。钱谦益与毛晋书曰:"顷在吴门见朱长孺《杜诗笺注》,与仆所草,大略相似。仆既归心空门,不复留心此事,而残稿又复可惜,意欲并付长孺,都为一书。第其意欲得近地假馆,以便商订,辄为谋之于左右,似有三便。长孺与足下臭味许合,长孺得馆,足下得朋,一便也。高斋藏书,足供翻阅。主人腹笥,又资雠勘,二便也。长孺师道之端庄,经学之渊博,一时文士,罕有其偶。皋比得人,师资相说,三便也。仆生平不轻荐馆,此则不惜缓颊,知其不以虀言相目也。"② 并请毛晋代其求书、取书,曰:"杜诗想复为料理,已能缮写成帙否?此番再一校订,便可卒业。《吴郡文献》稿,许氏已期相付,未知子晋曾往取否?"③ 钱谦益对朱鹤龄期许甚高,不仅将自己未成之书稿赠予鹤龄,亦将石林长老之《李义山诗注》稿本赠予朱鹤龄以助其完成笺注李商隐诗集之役,曰:"往吾友石林源师好义山诗,穷老

---

① (清)钱谦益著,(清)钱曾笺注,钱仲联标校《牧斋有学集》卷十五"吴江朱氏杜诗辑注序",上海古籍出版社,2010,第699~700页。
② (清)钱谦益:《钱牧斋先生尺牍》卷二"与毛子晋",(清)钱谦益著,(清)钱曾笺注,钱仲联标校《牧斋杂著》,上海古籍出版社,2007,第306页。
③ (清)钱谦益:《钱牧斋先生尺牍》卷一"与朱长孺",(清)钱谦益著,(清)钱曾笺注,钱仲联标校《牧斋杂著》,上海古籍出版社,2007,第236页。

第四章　虞山派藏书与明末清初的学风

尽气,注释不少休。乙酉岁,朱子长孺订补于《杜诗笺》,辍简,将有事于义山,余取源师遗本以畀长孺。"① 不料钱谦益所托非人,朱鹤龄非但泯石林长老之李注,亦与钱谦益产生注杜分歧,虽经人调停,然因注疏理念的差异而分行刊印,所谓"离之则双美,合之则两伤"。然钱谦益以藏书提携后学之心仍昭然可赞。

常熟派"各藏书家之经营网罗也,或费手抄之勤,或节衣食之费,得之艰而好之笃。情一志专,珍护愈甚。储藏装修一切整理保管之法,无不加意考察,力求至善。虽聚散无常,而楚弓楚得,苟非绛云之炬,及裹物代薪之不幸,其他大抵转相售购,仍多归于好之而力者之库,其爱惜保护一如从前也。……故今日之珍藏,实幸往昔藏书家,互相保留,以迄于今也"②。李致忠《宋版书叙录》著录国家图书馆藏宋版书60种,其中31种经虞山派藏书家递藏;翁氏售予上海图书馆的80种藏书中,宋刻11种,元刻3种,明清抄本26种,清稿本1种,其中8种被定为国家级文物;赵氏脉望馆收藏的《古今杂剧》被郑振铎盛赞为"仅次于敦煌石室和西陲汉简出世"的戏剧宝库;毛晋所刻很多书籍或为现在仅存之本,或为仅存之完本,或为后世翻刻之版本依据和来源。故常熟派藏书家于古籍保存和书籍流通而言,居功厥伟。

常熟派藏书家疯狂执泥于宋椠元版、影录古本、翻刻古本之举,对文学与刻书都有很大的影响,并与学界为扭转明末空疏学风而兴起的汉唐复古之风互为影响。正如李致忠先生所言:"文学上的复古运动,影响了整个社会风气,反映在刻书风格上也一洗前期旧式,全面复古。文学上的复古是复汉、唐之古,刻书风格上的复古是复宋之古。"③ 而刻书及版本学上的复古,又反过来推动学术界的复古之风,

---

① (清)钱谦益著,(清)钱曾笺注,钱仲联标校《牧斋有学集》卷十五"朱长孺笺注李义山诗序",上海古籍出版社,2010,第705页。
② 洪有丰:《清代藏书家考》,《图书馆学季刊》第1卷第1期,1926,第41页。
③ 李致忠:《明代刻书述略》,《文史》第23集,1984,第127页。

 虞山派与明末清初的学风

为根本汉学考据学风之兴盛提供土壤。学术复古当从读书之复古始,故读书须求古本。校勘、考据作为求学问知的学术方法,以"还原古书的本来面貌,纠正传世各本的错讹,校勘古书,为读书人提供可靠的文本"①为学术追求。

常熟派以宋元旧刻和名人旧抄本为校本或参校本的"死校法",与对古本和古学的看重及学术复古思潮相表里,均为扭转学风提倡实学之具体举措和研究方法。常熟派既然以古本旧椠为重,那么对校时便不会随意勾画涂抹,而是尽可能全面地记录和保存原本的版本面貌。"同时,'死校'法又是对时人任意校改风气的拨正。既然以他人学识不到、校改多误为非,那么自己校书时便摒绝臆断,不轻易改动。这不仅是严谨的态度,更是对自己学识的反省——承认自己学识有限,因此'述而不作',只保留材料,而将裁断留待后人。……在明代校勘以对校、己意裁断为主要方式的背景下,'死校'的防弊之意十分明显。同时,它又是一种传播古本、古学的方式,对立足材料、实事求是的学风或有召唤之功。"②虽然于校勘学而言,常熟派"死校法"过于单一且深有弊端,但处于明代好臆改古书的背景下,此种做法无疑是进步的,不但有利于扭转浮靡不学、矜尚自夸之空浮学风,而且以严谨认真之态度和实践,为当世乃至后世学者留下了大量可靠的文本,广播读书之种子。以钱谦益为首的常熟藏书家崇尚宋元旧椠,讲究版本之学,对于明清实学的推动实起擅扬之功。

刘咸炘云宋元明人亦言旧刻,但"只视之如旧墨古器,为清玩之具而已。至于稍加考证,明其贵重,关于学术,则实始于钱谦益。毛晋、钱曾实其门人,开虞山版本学一派,旁及苏州各县,乘传勿替。乾嘉校勘之风,虽由小学考证之盛,亦自冯班及何焯、陈景云师弟等开之。班固谦益门人,而焯则谦益再传也。源流皎然,不可诬没。特

---

① 江曦:《清代版本学史稿》,山东大学博士学位论文,2011,第16页。
② 袁媛:《常熟藏书家与明末清初的学风》,《中国典籍与文化》2015年第2期,第93页。

第四章 虞山派藏书与明末清初的学风

谦益名败书禁,其裔流讳言之耳"①。罗炳绵云:"当时文人多以诗酒书画为事,不务实学,牧斋首倡藏古籍,起领导作用,对此不无裨益。……钱、毛诸家的重视宋元旧本旧抄,其实是保全古书本来面貌的最好方法。这也是他们特别重视宋元本的重要原因。有了许多像他们这样的藏书家,对书籍的流传保存作了许多功夫,给人们读书访书无限的方便,影响所及,造成风气,考据学始能大盛。"② 虞山派藏书家在围绕着藏书而进行的学术实践中,不仅为自己乃至他人治学提供书资,且在治学的过程中带来新的学术增长点,开版本学、目录学、校雠学、考据学等风气之先,为新兴学术门类的创立肇其端始。综而言之,虞山派对推动学术、扭转学风的贡献约略有四:一是改变了宋明以来以书籍为旧墨古器清玩之具的风气,开创了以版本学、考证学为学术研究服务的先河;二是虞山派重视宋元旧椠,保全了古书的本来面貌,为人们求学问知提供了可靠的版本;三是推动了藏书家之间的交流和联系,发起互抄、互校、刊刻典籍之风,裨益于藏书的保护和流通;四是钱谦益、冯班、陆贻典等人开创的版本校勘传的学术方法,开启乾嘉考据学之肇端,引发朴学之思潮。

---

① 刘咸炘:《刘咸炘论目录学》,上海科学技术文献出版社,2008,第97页。
② 罗炳绵:《清初钱毛诸藏书家与学风考》,台北新亚书院学术年刊(第6卷),1964,第252~253页。

结　语

　　伴随着明末清初"天崩地解"的社会大变革，中国的传统学术乃至学术风气都发生了明显的嬗递和演变，并形成一代之学。梁启超《清代学术概论》云："其在我国，自秦以后，确能成为时代思潮者，则汉之经学，隋唐之佛学，宋及明之理学，清之考证学，四者而已。"[①] 宋明理学向清代考证学转变不是一蹴而就的，而是经历了漫长的历史过程，其推动因素也是多方面的，绝非一人一方之力短期内可为之。然于时于地而言，其必有一人乃至一群人首发诘难，号召四海方能形成磅礴之势。学术史往往将此功归于顾炎武、黄宗羲等，但早于其人的杨慎等即已对宋明理学之空疏提出质疑，只其时为零散之个别现象，未能形成磅礴之势。及至钱谦益，沉潜载籍、博通经史，于关涉学风转变的经学、诗学、史学、佛学、目录学和文献学等诸多领域，都提出了具有先导作用的理论主张和学术实践，并以其"盟主"的学术地位，影响四海，以常熟一地的学风带动了明末清初学风的转变。

　　钱谦益等常熟人在学术一体化观念的指导下，通过对"六经皆史""经经纬史""诗史互证"的解读，使经学、史学、诗学、文章学等学术门类在经学的统范之下，四位一体于经世思潮之中。这不仅打通了学术门类之间的壁垒，使各个学术门类相互融通、相互借鉴，而且将所有学

[①] 梁启超：《清代学术概论》，上海古籍出版社，2011，第1页。

结 语

科统一于传道解经的大的历史范畴之中，赋予其经世致用的历史功效。经可入史、诗可入史，史亦可入诗、文亦入诗，经学和诗学、文章学既可为史学提供文献，亦可为其提供学术方法；同理，史学之方法亦可用于经学、诗学和文章学之中。这样，各个学科之间即可互为文献，又可互相提供研究方法，极大地促进了学术的发展。而且，钱谦益的"六经皆史"并没有拉低经学、抬高史学之意味，经学仍为各学科之统领，规定各学科的审美准则和学术价值，只是扩大了传道的范围和手段。在扭转明代空疏学风的战斗中，钱谦益等常熟人打破经学孤军奋战的局面，集结经、史、诗、文等各类学科，形成一支队伍庞大的学术军团，全方面抵制空疏学风，倡导实学与经世致用，在整个学术范围内很好地扭转了学风和时局。而且钱谦益等关于经、史、诗、文等学科门类关系之界定，既充分认识到了各学科在明道经世下的相通处，利于打通学科壁垒使其相互借鉴相互影响，又充分肯定了各学科自身的独特价值，在经学大的审美范畴下，又在每个学科内部树立典范和榜样，以便于学子学习与求索。

而且常熟派在学风改革运动中，结合邑地丰富的藏书，通过学术风气与藏书文化因果互动，在围绕着藏书而进行的学术实践中，首先，改变了宋明以来以书籍为旧墨古器清玩之具的风气，开创了以版本学、考证学为学术研究服务的先河；其次，虞山派重视宋元旧椠，保全了古书的本来面貌，为人们求学问知提供了可靠的版本依据；再次，推动了藏书家之间的交流和联系，发起互抄、互校、刊刻典籍之风，裨益于藏书的保护和流通；最后，钱谦益、冯班、陆贻典等人开创的版本校勘传的学术方法，开启乾嘉考据学之肇端，引发朴学之思潮。这不仅为自己乃至他人治学提供书资，且在治学的过程中带来新的学术增长点，开版本学、目录学、校雠学、考据学等风气之先，为新兴学术门类的创立肇其端始。难能可贵的是，虞山派不仅以一己之力倾注学术，谆谆于传道经世之教诲，亦不忘提携后进，以藏书与己著授之他人，迥然高于敝帚自珍、相倾相轧之流风。

参考文献

著作

1. （明）程玉润：《易窥》，《四库全书存目丛书》，齐鲁书社，1997。

2. （清）蒋廷锡：《尚书地理今释》，《文渊阁四库全书》，台湾商务印书馆，1986。

3. （明）毛晋：《毛诗陆疏广要》，《文渊阁四库全书》，台湾商务印书馆，1986。

4. （明）冯复京：《六家诗名物疏》，《文渊阁四库全书》，台湾商务印书馆，1986。

5. （明）冯复京：《圣明常熟先贤事略》，稿本。

6. （清）严虞惇：《读诗质疑》，《文渊阁四库全书》，台湾商务印书馆，1986。

7. （清）顾镇：《虞东学诗》，《文渊阁四库全书》，台湾商务印书馆，1986。

8. （清）陆化熙：《诗通》，《四库全书存目丛书》，齐鲁书社，1997。

9. （清）魏浣初：《诗经脉》，《四库全书存目丛书》，齐鲁书社，1997。

10. （清）严讷：《春秋国华》，《四库全书存目丛书》，齐鲁书社，1997。

11. （清）孙从添、过临汾同编《春秋经传类求》，《四库全书存目丛书》，齐鲁书社，1997。

12. （清）陈祖范：《经咫》，《文渊阁四库全书》，台湾商务印书馆，1986。

13. （清）陈禹谟：《经籍异同》，《四库全书存目丛书》，齐鲁书社，1997。

14. （清）陈禹谟：《经言枝指》，《四库全书存目丛书》，齐鲁书社，1997。

15. （清）颜元：《存学编》，《续修四库全书》，上海古籍出版社，2002。

16. （清）冯舒：《诗纪匡谬》，知不足斋本。

17. （清）冯班：《钝吟杂录》，清康熙陆贻典刻本。

18. （清）冯舒、冯班撰《常熟二冯先生集》，1925年张鸿铅印本。

19. （清）王应奎：《海虞诗苑》，古处堂藏板。

20. （清）王应奎：《柳南文抄》，清乾隆刻本。

21. （清）丁祖荫辑《虞阳说苑》（甲编），1917年虞山丁氏初园铅印本。

22. （清）王应奎：《柳南随笔、续笔》，中华书局，1983。

23. （清）钱谦益：《列朝诗集小传》，上海古籍出版社，1983。

24. （清）钱谦益著，（清）钱曾笺注，钱仲联标校《牧斋初学集》，上海古籍出版社，2009。

25. （清）钱谦益著，（清）钱曾笺注，钱仲联标校《牧斋有学集》，上海古籍出版社，2010。

26. （清）钱谦益著，（清）钱曾笺注，钱仲联标校《牧斋杂著》，

上海古籍出版社，2007。

27. （清）钱谦益：《钱注杜诗》，上海古籍出版社，2009。

28. （清）永瑢等：《四库全书总目》，中华书局，2008。

29. （清）顾炎武：《顾炎武全集》，上海古籍出版社，2012。

30. （清）傅增湘：《藏园群书题记》，上海古籍出版社，2008。

31. （清）黄宗羲：《明儒学案》，中华书局，2013。

32. 徐世昌：《清儒学案》，河北人民出版社，2009。

33. （清）李颙：《二曲集》，中华书局，1996。

34. 纪宝成主编《清代诗文集汇编》，上海古籍出版社，2011。

35. 中华书局编辑部编《宋元明清书目题跋丛刊》，中华书局，2006。

36. 丁福保辑《清诗话》，上海古籍出版社，1978。

37. 郭绍虞辑《清诗话续编》，上海古籍出版社，1983。

38. 吴文治辑《明诗话全编》，江苏古籍出版社，1997。

39. 丁福保辑《历代诗话续编》，中华书局，2006。

40. 张寅彭主编《民国诗话丛编》，上海书店出版社，2002。

41. 张寅彭主编《清诗话三编》，上海古籍出版社，2015。

42. 周骏富辑《明代传记丛刊》，台北明文书局，1991。

43. 周骏富辑《清代传记丛刊》，台北明文书局，1991。

44. 蔡长林：《从文士到经生——考据学风潮下的常州学派》，台湾研究院中国文哲研究所，2010。

45. （明）邓韨撰、吴相湘主编《常熟县志》，台湾学生书局，1965。

46. （清）钱陆灿等纂《康熙常熟县志》，江苏古籍出版社，1991。

47. （清）郑钟祥、张瀛修，庞鸿文等纂《光绪常昭合志稿》，江苏古籍出版社，1991。

48. （清）孙从添：《藏书纪要》，士礼居丛书。

49. （清）黄宗羲：《黄宗羲全集》，浙江古籍出版社，2012。

50. （明）林兆珂：《毛诗多识编》，《四库全书存目丛书》，齐鲁书社，1997。

51. （明）吴雨：《毛诗鸟兽草木考》，《四库全书存目丛书》，齐鲁书社，1997。

52. （清）颜元：《颜元集》，中华书局，2012。

53. （清）朱彝尊：《明诗综》，中华书局，2007。

54. （宋）王应麟著，（清）阎若璩、何焯、全祖望注，栾保群、田松青校点《困学纪闻》，上海古籍出版社，2015。

55. 钱锺书：《谈艺录》，生活·读书·新知三联书店，2001。

56. 章太炎、刘师培等：《中国近三百年学术史论》，上海古籍出版社，2012。

57. 刘师培：《清儒得失论》，中国人民大学出版社，2011。

58. 梁启超撰，朱维铮导读：《清代学术概论》，上海古籍出版社，2011。

59. 梁启超：《中国近三百年学术史》，商务印书馆，2013。

60. 钱穆：《中国近三百年学术史》，九州出版社，2011。

61. 皮锡瑞：《〈周予同注释〉经学历史》，中华书局，2011。

62. 吴晗：《吴晗全集》，中国人民大学出版社，2009。

63. 王俊义、黄爱平：《清代学术文化史论》，文津出版社，1999。

64. 陈寅恪：《柳如是别传》，生活·读书·新知三联书店，2001。

65. 林庆彰：《清初的群经辨伪学》，华东师范大学出版社，2011。

66. 林庆彰：《明代考据学研究》，华东师范大学出版社，2015。

67. 王应宪：《清代吴派学术研究》，华东师范大学出版社，2009。

68. 孙之梅：《钱谦益与明末清初文学》，齐鲁书社，1996。

69. 罗时进：《地域·家族·文学——清代江南诗文研究》，上海古籍出版社，2010。

70. 蒋寅：《清代诗学史》，中国社会科学出版社，2012。

虞山派与明末清初的学风

71. 曹培根、翟振业主编《常熟文学史》，广陵书社，2010。
72. 胡幼峰：《清初虞山派诗论》，台湾编译馆，1994。
73. 何振球：《常熟文史论稿》，南京大学出版社，1989。
74. 徐立望：《嘉道之际扬州常州区域文化比较研究》，浙江大学出版社，2007。
75. 严振球、严明：《常熟文化概论》，苏州大学出版社，2001。
76. 朱易安：《中国诗学史》，鹭江出版社，2002。
77. 谢国桢：《明末清初的学风》，上海书店出版社，2004。
78. 廖可斌：《明代文学复古运动研究》，上海古籍出版社，1994。
79. 陈鼓应、辛冠洁、葛荣晋主编《明清实学思想史》，齐鲁书社，1989。
80. 刘毓庆：《从经学到文学——明代〈诗经〉学史论》，商务印书馆，2003。
81. 刘毓庆：《明代诗经注疏考》，中华书局，2008。
82. 龚鹏程：《晚明思潮》，商务印书馆，2005。
83. 罗炳绵：《清初钱毛诸藏书家与学风考》，台北新亚书院学术年刊（第6卷），1964。
84. 瞿冠群：《常熟先哲藏书考略》，四川大学出版社，1990。
85. 王红蕾编《钱谦益藏书研究》，南开大学出版社，2013。
86. 简秀娟：《钱谦益藏书研究》，台北汉美图书有限公司，1991。
87. 蓝文钦：《铁琴铜剑楼藏书研究》，台北汉美图书有限公司，1991。
88. 汤绚：《清初藏书家钱曾研究》，台北汉美图书有限公司，1991。
89. 张家荣：《孙从添〈藏书纪要〉研究》，台北花木兰文化出版社，2008。
90. 陈冠至：《明代的苏州藏书——藏书家的藏书活动与藏书生

活》，台北花木兰文化出版社，2007。

91. 吉川幸次郎：《吉川幸次郎全集》，日本东京筑摩书房，1998。
92. 王欣夫：《文献学讲义》，上海古籍出版社，2005。
93. 刘咸炘：《刘咸炘论目录学》，上海科学技术文献出版社，2008。
94. 姚名达：《中国目录学史》，商务印书馆，2014。
95. 余嘉锡：《目录学发微》，中国人民大学出版社，2004。
96. 周少川：《藏书与文化：古代私家藏书研究》，北京师范大学出版社，1999。
97. 周少川：《古籍目录学》，中州古籍出版社，1996。
98. 严佐之：《近三百年古籍目录举要》，华东师范大学出版社，2008。
99. 胡适：《胡适文集》，北京大学出版社，1998。
100. 聂付生：《晚明文人的文化传播研究》，电子科技大学出版社，2014。
101. 洪湛侯：《明代诗学与心学》，学苑出版社，2002。
102. 左东岭：《诗经学史》，中华书局，2002。
103. 刘廷乾：《明代江苏作家研究》，东南大学出版社，2010。
104. 何宗美：《明末清初文人结社研究》，南开大学出版社，2003。
105. 何宗美：《明末清初文人结社研究续编》，中华书局，2006。
106. 张慧剑：《明清江苏文人年表》，上海古籍出版社，2008。

论文

1. 廖美玉：《钱牧斋及其文学》，台湾大学博士学位论文，1983。
2. 袁媛：《常熟藏书家与明末清初的学风》，《中国典籍与文化》2015 年第 2 期。
3. 李程：《从〈明诗综〉观明末清初学风》，《光明日报》2013 年

6月24日15版。

4. 罗时进：《虞山诗歌流派研究》，苏州大学博士学位论文，2000。

5. 罗时进：《李商隐对清初虞山诗派的影响》，《中国韵文学刊》2002年第2期。

6. 罗时进：《清初虞山派及其文化圈》，《苏州大学学报》（哲学社会科学版）2002年7月。

7. 罗时进：《清初虞山派诗学观分歧及其影响》，《文艺理论研究》2005年第5期。

8. 罗时进：《清代虞山诗派的创作气局》，《江苏社会科学》2002年第3期。

9. 李莆民：《清虞山诗派诗论研究》，复旦大学博士学位论文，2007。

10. 王海丹：《明代〈诗经〉考据特色研究》，《大众文艺》2010年第20期。

11. 亢学军、侯建军：《明代考据学的复兴与晚明学风的转变》，《河北学刊》2005年第5期。

12. 杨旭敏：《论清代学风及学者治学方法的变化》，《江苏社会科学》，2007年第1期。

13. 孔祥军：《蒋廷锡〈尚书地理今释〉研究方法与成就》，《常熟理工学院学报》（哲学社会科学版）2011年第7期。

14. 汪林茂：《浙东与浙西：浙江学术的区域分布及特点》，《浙江学刊》2011年第1期。

15. 孔爱峰：《钱谦益〈列朝诗集〉的编纂学研究》，苏州大学硕士论文学位，2005。

16. 石珺：《〈列朝诗集小传〉研究》，西北大学硕士学位论文，2012。

17. 许蔓玲：《钱谦益〈列朝诗集〉文学史观研究》，台湾淡江大学硕士学位论文，2004。

18. 王俊逸：《论钱谦益对明末清初学术演变的推动、影响及其评价》，《中国社会科学院研究生院学报》1996年第2期。

19. 李轩英：《毛晋编辑出版思想研究》，河南大学硕士学位论文，2013。

20. 胡英：《毛晋汲古阁刻书研究——兼从〈汲古阁书跋〉数跋看毛晋刻书的文学倾向》，广西师范大学硕士学位论文，2007。

21. 吕世妤：《〈汲古阁书跋〉研究》，东北师范大学硕士学位论文，2012。

22. 侯璨敏：《毛晋校刻书研究》，湖南师范大学硕士学位论文，2005。

23. 李务艳：《明代丛书编刻研究》，西北大学硕士学位论文，2014。

24. 陈佼：《明代私人抄本研究》河南大学硕士学位论文，2010。

25. 刘奉文：《毛晋刻〈十三经〉〈十七史〉考》，东北师范大学硕士学位论文，2011。

26. 江曦：《清代版本学史稿》，山东大学博士学位论文，2011。

27. 程体壕：《明代后期常熟藏书家刻书及文学活动研究》，延边大学硕士学位论文，2014。

28. 佟大群：《清代文献辨伪学研究》，南开大学博士学位论文，2010。

29. 王彦明：《牧斋与佛教》福建师范大学博士学位论文，2013。

30. 佘彦炎：《〈读书敏求记〉研究》，复旦大学博士学位论文，2005。

31. 尚丽新：《〈乐府诗集〉的刊刻和流传》，上海师范大学博士学位论文，2002。

32. 曹之：《毛晋刻书功过谈》，《出版科学》2011年第4期。

 虞山派与明末清初的学风

33. 毛文鳌：《汲古阁刻经考略》，《图书馆杂志》2010 年第 1 期。
34. 丁功谊：《钱谦益文学思想研究》，首都师范大学大学博士学位论文，2005。
35. 陈宝良：《论钱谦益的史学》，《明史研究》（第六辑）1999 年 5 月。
36. 靳宝：《论钱谦益的史学观》，《辽宁大学学报》（哲学社会科学版）2006 年第 2 期。
37. 段晓亮：《钱谦益的明史考证及影响》，《石家庄铁道学院学报》（社会科学版）2008 年第 2 卷第 3 期。
38. 张永贵、黎建军：《钱谦益史学思想述评》，《史学月刊》2000 年第 2 期。
39. 郝润华：《〈钱注杜诗〉与诗史互证方法》，南京大学博士学位论文，1999。
40. 吴梅兰：《钱谦益史学述略》，《厦大史学》（第四辑），厦门大学出版社，2013。
41. 刘重喜：《从笺注〈洗兵马〉看〈钱注杜诗〉的特点》，《古典文献研究》（第 16 辑）2013 年 7 月。
42. 郝润华：《论〈钱注杜诗〉的诗史互证方法》，《首都师范大学学报》（社会科学版）2000 年第 2 期。
43. 王世海：《杜诗诗史说研究》，南京大学硕士学位论文，2005。
44. 裴世俊：《杜诗学史中的〈钱注杜诗〉——钱谦益笺注杜诗的缘起》，《聊城大学学报》（哲学社会科学版）2002 年第 1 期。
45. 那兰兰：《杜注四种比较研究》，黑龙江大学硕士学位论文，2010。
46. 王世海：《钱谦益〈钱注杜诗〉研究》，陕西师范大学硕士学位论文，2008。
47. 钱穆：《述清初诸儒之学》，《史林》1987 年第 1 期。

252

图书在版编目（CIP）数据

虞山派与明末清初的学风 / 周小艳著. -- 北京：社会科学文献出版社，2020.8
 ISBN 978-7-5201-6268-5

Ⅰ.①虞… Ⅱ.①周… Ⅲ.①学风-研究-中国-明清时代②文化艺术-文化史-研究-常熟 Ⅳ.①G40-092.4②K295.33

中国版本图书馆 CIP 数据核字（2020）第 028850 号

虞山派与明末清初的学风

著　　者 /	周小艳
出 版 人 /	谢寿光
责任编辑 /	杜文婕
出　　版 /	社会科学文献出版社
	地址：北京市北三环中路甲29号院华龙大厦　邮编：100029
	网址：www.ssap.com.cn
发　　行 /	市场营销中心（010）59367081　59367083
印　　装 /	三河市尚艺印装有限公司
规　　格 /	开本：787mm×1092mm　1/16
	印张：16　字数：209千字
版　　次 /	2020年8月第1版　2020年8月第1次印刷
书　　号 /	ISBN 978-7-5201-6268-5
定　　价 /	98.00元

本书如有印装质量问题，请与读者服务中心（010-59367028）联系

▲ 版权所有 翻印必究